SAS와 교육통계처리 및 분석

박 성 열

창지사

머리말

대학에서 교육통계를 강의한 지 벌써 15년이 지났다. 그동안 적절한 교재를 사용하지 못한 것이 항상 마음에 걸렸다. 학부생과 대학원생 모두에게 핵심적인 통계지식과 더불어 실용적인 통계 패키지 사용법을 가르치기 좋은 교재가 드물었다. 일반적으로 이론적인 것을 주로 다루는 책인 경우 통계 패키지 사용을 많이 다루지 못하고, 통계 패키지 중심이면 너무 사용법에만 치우쳐서 교재로 사용하기 어려웠다. 이 두 가지를 동시에 만족시키고자 책을 저술하게 되었다.

통계란 전공자가 아니라면 어렵게도 느껴질 수 있다. 그러나 사실 기본 지식만 충실히 갖추게 되면 기초 통계를 사용함에 있어서 그리 어려운 것은 아니다. 이 책은 통계에서 가장 기본적이지만 꼭 필요한 핵심 사항을 다루고 있다. 대부분 이 책을 사용하는 것은 통계학 전공자보다 비전공자일 것이나 통계학 전공의 기초서적으로도 활용될 수 있다. 책의 수준은 일반 사회과학의 고학년 학부생과 통계를 전공하지 않는 대학원생이 사용할 정도이다.

그동안 저자가 각종 논문 심사나 학회활동을 통해 느낀 것은 많은 사람들이 통계 프로그램을 이용하여 통계 처리를 기계적으로 하고 해석과 활용에 오류를 범한다는 것이다. 외국 논문을 심사하는 경우에도 흔히 발생하는 일이다. 왜 그러한 통계가 나오고 나온 통계를 어떻게 해석해야 할 지 모르고 그냥 논문이나 보고서 등에 통계를 사용한다. 예를 들면 카이자승의 경우 예측빈도가 한 셀에 5 이하인 경우 사용하는 것이 적절하지 않은데 그냥 사용하거나 회귀분석에서 가정요건 검증을 하지 않고 결론을 제시하는 경우이다. 통계의 기본지식이 없고 프로그램만 이용하는 경우 이러한 문제가 발생한다.

통계란 수학적으로 재검증이 가능하므로 속일 수가 없다. 가령 원 데이터가 없더라도 상관계수 행렬만 있더라도 얼마든지 새로운 통계치를 만들어 낼 수 있고 통계치가 맞는지 틀리는 지 검증도 할 수 있다. 카이자승 역시 원 데이터가 없고 그냥 표의 통계치만 있다고 하더라도 카이자승 값이 맞는지 틀리는지 알 수 있다. 대부분 이러한 사실을 모르고 데이터를 잘못 사용하는 경우 어려움에 처할 수 있다.

이 책은 이러한 오류를 최소화하기 위해 직접 프로그램 명령문을 작성하고 결과를 산출하여 해석하는 식의 사례중심으로 저술하였다. 따라서 이 책을 활용하면 최소한의 논문을 만드는 데 어려움은 없을 것이다. 어떻게 하면 통계를 사용해서 논문이나 보고서를 만들 수 있는지 항상 머릿속에 담아 놓고 책을 저술하였다. 통계 따로, 논문 별도가 아닌 통계를 이용해서 실용적이며 과학적인 논문이 나올 수 있도록 도움을 주는 책을 만들고 싶었다.

통계는 수학을 잘하면 반드시 유리하다. 그렇다고 반드시 수학을 잘하는 것이 필요한 것은 아니다. 수학의 기초지식만 있어도 일반 수준의 통계처리는 문제가 없다. 그러나 고급 통계를 하기 위해서는 행렬정도의 이해와 계산 능력은 있어야 할 것이다. 우리가 흔히 말하는 고급 통계라고 하는 다변인 통계분석을 제대로 이해하기 위해서는 행렬에 대한 기초지식이 필요하다. 행렬을 몰라도 다변인 통계분석을 할 수는 있지만 행렬을 이해하면 다변인 통계는 더 쉬워진다. 이 책에서는 본문과 부록에서 기본적인 행렬 사항을 다루고 있으니 통계를 더 공부하고자 하는 사람은 꼭 살펴보기 바란다. 미국에서 통계학을 부전공 할 때 계산기를 이용해 수리적으로 문제를 풀고 그것을 다시 컴퓨터 프로그램으로 확인한 것이 생각난다. 이러한 방식으로 공부하면 상당히 도움이 될 것이다.

이 책은 SAS 프로그램만 다루고 있다. 과거에 제자가 국가 자격증 실습시험에서 SAS를 선택하자 담당자가 왜 SPSS를 선택하지 않느냐고 물었다는 것이 생각난다. 즉, SPSS가 더 쓰기 쉬운데 굳이 SAS를 사용하는 이유를 모르겠다는 것이다. SPSS는 사회과학에서 많이 사용하는 좋은 통계패키지이다. SAS가 일반인이 사용하기에는 어렵다고 생각하는 사람이 많으나 꼭 그렇게 어려운 것은 아니다. 보통 SAS는 통계학을 전공하는 곳에서 많이 사용하지만 최근에는 비전공도들도 많이 사용한다. SAS가 윈도우 환경으로 넘어 오면서 사용자 편의성이 좋아졌다. SAS는 어쨌든 현존하는 프로그램 중 가장 강력하고 전 세계에서 제일 많이 사용하는 통계 전용 범용프로그램이다. 물론 가격도 제일 비싼 것으로 알고 있다. SAS의 명령문은 실례를 사용해서 작성되었다. 또 그 결과가 제시되어 있으니 반복을 하면 익히는 데 그리 어렵지 않을 것이다.

이 책은 주로 통계학에서 보면 기초지만 비전공 측면에선 사실 어느 정도 중급정도의 내용도 다루고 있다. 앞으로 출판하게 될 다변인 통계분석의 초석이 되고자 하는 이유에서 그러한 내용을 삽입하였다. 이 책을 충분히 이해한 뒤 다변인 통계분석을 다룰 수 있다면 사회과학에서 전공자가 아닌 사람으로서 필요한 통계지식은 거의 갖추게 될 것이다.

항상 책을 저술하면서 느끼는 것은 흔히 말하는 2% 부족이다. 양과 질적인 측면에서 부족함이 있다. 그러나 나름 최선을 다했다고 생각한다. 국내에서 통계 이론과 프로그램 활용을 동시에 강조한 책이라고 자부심도 느낀다. 앞으로 나오게 될 다변인 통계분석에서는 좀 더 노력을 하리라 다짐도 해본다.

이 책이 나오게 도와주신 창지사와 원고 작성에 도움을 준 여러 제자들에게 감사의 마음을 전하고 싶다. 끝으로 이 책이 많은 사회과학도들에게 도움이 되었으면 좋겠다.

2010년 8월

저자 박 성 열

차 례

CHAPTER 08 이원변량분석

CHAPTER 09 단순회귀분석

CHAPTER 10 다중회귀분석

CHAPTER 11 상관관계분석

Chapter 01

통계의 기본적 이해

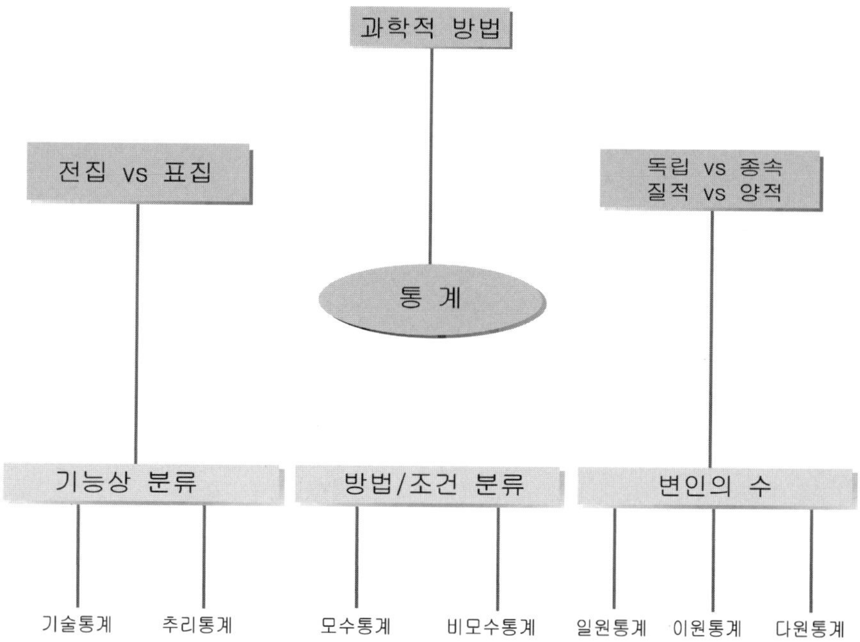

Situation 1

A씨는 교육 관련 회사에 얼마 전 입사하였다. 회사 직속 상사가 그에게 금번 1사분기 e-Learning 영업 실적을 전년도 1사분기 영업실적과 비교하고, 금년도 총 예상 온라인 교육영업 실적을 추리통계 방법으로 유추하라고 했다. 또한 초과달성하기 위한 전략을 수립하라고 하였다.

Problem: A씨는 비교를 하는 데 있어 어려움은 없다. 그러나 어떻게 실적을 유추해야 하는 지 혼란에 빠졌다.

Solution: 대학에서 배운 추리통계기법과 SAS 통계프로그램을 이용해서 해결할 수 있다.

Learning Objectives: 통계에 대한 정의, 다양한 통계기법의 기능과 목적, 모집과 표집, 변인 등에 대한 개념을 정립하고 표집 방법 및 절차 등을 설명할 수 있다. 2개 이상의 통계소프트웨어 특징을 말할 수 있다. SAS를 이용하여 간단한 데이터 세트를 만들고, 프로그램을 작성하여 돌릴 수 있다.

1.1 통계방법에 대한 이해

오늘날 대다수 사회과학과 관련된 학문의 엄청난 양적·질적 성장은 통계의 적용이 없었다면 불가능하였을 것이다. 특히 사회과학의 가장 기본적 기반학문인 사회학과 심리학의 경우 최근 2~30년 동안 통계의 도움으로 많은 연구성과를 이룰 수 있었다. 사회학이란 공동체의 현상, 즉 개인보다는 조직, 조직보다는 사회, 사회보다는 나아가 국가까지의 제반 현상을 연구하는 학문이다. 심리학의 경우는 조직이나 사회의 현상도 연구하지만(사회심리학 등) 개인에 좀 더 초점을 두고 연구하는 학문이라고 볼 수 있다. 교육은 개인과 조직 모두 관련이 있으므로 교육학의 경우 가장 기저에 있는 학문은 역시 사회학과 심리학이라 볼 수 있다. 교육학의 경우도 통계를 적용함으로써 더욱 신뢰할 만한 이론 축적이 가능하였다.

과학과 통계의 관계

과학(science)으로 인해 우리는 어떠한 한 변인(variable)이나 사건(event)을 기술(describe), 변인과 변인과의 관계성(현상) 또는 현상과 현상의 복합적인 관계성을 설명(explain), 나아가 한 현상으로부터 다른 현상을 예측(predict)할 수 있으며 마지막으로 우리가 원하는 방향으로 어떠한 현상 등을 통제(control)할 수 있다. 우리는 흔히 과학을 대단히 높게 평가한다. 그러나 거창하게 생각되는 과학도 사실 우리를 둘러싼 세계나 환경에 대한 정보를 수집하고 정리(organizing)하는 것으로부터 출발한다. 과학의 종류는 다양하고 다루는 문제나 현상도 그에 따라 다양하지만, 어떠한 형태이든지 기본은 역시 관찰(observation)을 통해 정보(information)를 수집하는 것으로부터 시작한다. 이와 같은 정보의 최소 단위를 데이터(data)라고 한다.

데이터가 수집되어 의사결정이나 문제해결로 쓰이는 도구가 될 때 우리는 이를 정보라고 하며, 정보가 좀 더 체계화되어 보편타당성을 가질 때 그것을 지식(knowledge)이라고 한다. 그리고 언제 어디서든 똑같은 조건을 가지고 실험을 했을 때 똑같은 결과를 산출하는 것을 과학이라고 한다. 여기서 말하는 과학은 사실 순수자연과학에 가까운 것을 말한다. 인간과 사회를 대상으로 하는 사회과학은 항상 같은 결과를 산출하지 않고 예측하지 못한 결과가 발생하기도 한다. 그러나 사회과학도 과학의 한 분야로써 현상을 가장 잘 설명하고 또한 어떠한 사건에 대해 가장 예측이 정확한 모델이나 이론을 만들어낼 수 있는 학문이다.

자연과학과 사회과학 모두 관계성을 설명하는 최적의 모델과 이론을 만들어내기 위해선 기본적으로 데이터의 수집, 정리, 변형, 가공, 저장 등의 일련의 과정이 필요하다. 이러한 일련의 과정을 통계처리(data processing)라고 하며 이러한 처리를 통해 의미 있는 해석을 하거나 사용하는 것을 통계분석(statistical analysis)이라고 한다. 즉, 데이터를 이용해 정보화시키거나 좀 더 보편타당한 지식을 생성하거나 더 나아가 지식들이 축적되어 많은 실험과 실행으로 인해 누구나 받아들여야만 하는 진리에 가까운 과학을 만들어지기까지 통계처리와 분석은 꼭 필요한 것이다.

통계(Statistics)의 정의

통계는 수집된 데이터를 조직화(organizing)하고 정리(summarizing)하여 의사결정과 문제해결에 도움을 주기 위한 특정한 사실(fact) 그 자체가 될 수 있고, 이는 다른 말로 통계치라고도 한다. 또한 이러한 사실에 기반하여 좀 더 추상적이고 광범위한 무엇인가를 추정(predict) 또는 추론(infer)하고자 하는 과정 자체를 의미하기도 한다. 보통 어떠한 특정 계층 혹은 특정 그룹의 소규모 관찰 값으로부터 그 특정 계층의 전부 혹은 그룹 전체의 특징을 추론하기 위한 과정으로 볼 수 있다.

일반적으로 넓은 범위의 통계는 추론 과정과 특정사실 관련 데이터 둘 다 포함하지만 좁은 범위에서의 통계는 우리에게 필요한 특정사실 그 자체인 통계치를 의미한다. 이러한 사실 또는 과정과 다른 차원에서 우리는 통계학이라는 단어를 사용하는데, 그것도 영어로는 똑같이 statistics이라고 한다. 영어로 통계학은 응용수학 그 자체를 지칭하기도 한다. 여기서는 좁은 범위의 통계치를 산출하는 것은 물론 넓은 범위의 통계 둘 다 포함하여 다루기로 한다. 실제로 통계는 단순히 간단한 의사결정 도구로써 필요한 통계치를 산출하는 것보다는 좀 더 확장된 개념으로 그 무엇인가를 추정 또는 추론하고자 하는 것에 그 목적이 있다고 볼 수 있다.

1.2 통계의 종류

통계는 여러 기준(criteria)에 따라 분류가 가능하다. 우선 통계가 가지고 있는 기능에 따라 분류할 수 있다. 앞에서 서술한 것과 마찬가지로 우리가 필요한 사실(fact)과 관련된 수적인 데이터를 산출하여 의사결정이나 문제해결의 기초적인 도구로 사용하는 기능의 경우 기술통계(descriptive statistics)라고 한다. 그 반면에 통계의 궁극적 목적이라고 할 수 있는 추론해 나가는 과정 또는 추론된 결과와 관련한 것을 추리통계(inferential statistics)라고 한다. 기술통계는 통계가 가지고 있는 첫 번째 기능이다. 이것은 우리가 수집한 데이터로부터 원하는 정보를 만들어내기 위해 데이터를 조직화, 변형, 정리하는 일련의 과정과 더불어 그러한 과정으로부터 나타난 결과물을 의미한다. 보통 이러한 결과물은 수치로 표시되지만 그래프나 도표로도 표시된다.

추리통계는 통계가 가지고 있는 두 번째의 기능이다. 기술통계에서 발생한 통계치를 좀 더 확장하여 무엇인가를 추론하거나 추리하고자 하는 것이다. 일반적으로 표집 또는 표본(sample)으로부터 발생한 기술통계치를 가지고 모집 또는 전집(population)의 어떠한 특징(characteristics)을 유추하거나 추리하는 것을 추리통계라고 볼 수 있다. 이러한 추리통계를 이해하기 위해서는 모집/전집, 표집/표본, 모수/특징수, 통계(좁은 범위)와의 관계성을 알아야 한다.

통계의 종류 (기능상 분류)

기술통계: 첫 번째 기능, 수집한 데이터로부터 원하는 정보를 끄집어내기 위해 데이터를 조직화하거나 정리하기 위한 그래픽이나 수적인 처리과정.

추리통계: 두 번째 기능, 모집으로부터 추출한 표집의 정보를 가지고 모집에 대한 특징 혹은 특징수 또는 모수(parameter)를 추론하거나 또는 일반화하는 과정.

모집 또는 전집이라는 것은 우리가 조사나 연구를 통해 궁극적으로 접근하여 알고 싶어 하는 개별적인 개체(objects)들의 전체 집단(total set)을 의미한다. 개체들이란 인간이 될 수도 있고 일반 생물체 혹은 부품 등이 될 수도 있다. 반면에 표집 또는 표본이라는 것은 전집으로부터 선택하여 뽑힌 관찰된(observed) 개체들의 집단이며, 모집의 하위 집단(subset)이라고 볼 수 있다. 모집의 어떠한 특징을 수치로 표시한 것을 모수(parameter) 또는 알려지지 않은 특징수라고 한다. 혹은 알려지지 않은 특징수이기 때문에 미지수(unknown parameter)라고도 한다. 우리는 모집의 어떠한 특징을 알고자 하나 그러한 특징수는 원래 알려지지 않았기 때문에 우리가 가지고 있는 하나의 통계치, 정확하게 말하면 기술통계치를 가지고 알려지지 않은 모수 또는 특징수를 추정하고자 노력한다. 통계치는 이러한 모집의 알려지지 않은 미지수를 추정하기 위한 표집의 특징수라고 볼 수 있다.

이러한 관계의 예를 들어보자. 한 연구자가 어떤 K대학 전체 학생의 정보소양(ICT literacy)의 정도를 알고 싶어 한다고 가정해보자. K라는 대학의 전체 학생 정원 N=15,000이라고 할 때, 여기서 모집 K대학 전체 학생으로부터 일정수의 학생들을 추출하여 표집을 구성할 수 있다. 가령 표집 크기 n=200이라고 하자. 일반적으로 대문자 N은 모집 크기를 나타내고 소문자 n은 표집 크기(sample size)를 나타낸다. 크기라고 해서 실제 어떤 사물의 크기를 의미하는 것이 아니고 개체들의 총합수라고 보면 될 것이다. 표집 크기 200명으로부터 특정 조사도구를 통해 표집의 특징을 파악하면 그 결과물은 기술통계치가 될 것이다. 이러한 기술통계치를 가지고 모집의 정보 소양 수준을 추리하게 될 것이다. 모집으로부터 표집을 만드는 절차를 표집방법(sampling method)이라고 한다. 정리하면 모집으로부터 표집방법을 통해 표집을 만들고 측정을 통해 표집의 특징을 파악하고 그 특징을 수치화한 기술통계치를 가지고 다시 모집의 특징을 유추하거나 추리하는 것이다. 아래 그림은 지금껏 서술되었던 기술통계와 추리통계의 관계를 도식화한 것이다.

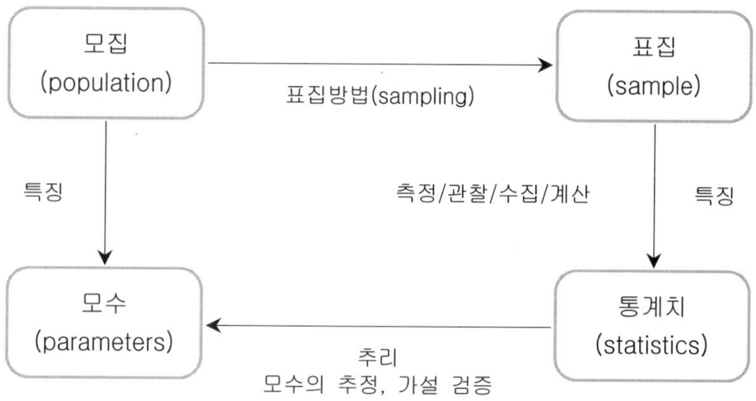

[그림 1-1] 기술통계와 추리통계 관계

표집 사용 이유

전집을 조사하여 모수를 직접 파악하지 않고 표집을 사용하는 이유는 다음과 같다. 첫째, 모집에 접근하기 어려운 경우가 있다. 모집은 접근할 수가 있는 경우, 접근을 애초에 할 수 없는 경우, 접근하고자 할 때 모집이 계속 변화하는 경우 등 세 가지 경우의 수가 있다. 가령 K대학을 모집이라고 하자. K대학의 학생을 어느 특정날짜에 특정장소에 강제로 다 모아놓고 학생과 관련된 어떠한 특징을 설문지를 나눠 주고 조사할 수 있다고 하면 그것은 모집에 직접 접근했다고 할 수 있겠다. 현실적으로 이러한 것이 물리적으로 가능하지 않다면 학생들에게 우편으로 모두에게 발송하여 조사를 실시할 수도 있을 것이다. 즉, 모집에 접근할 수도 있으며 직접 접근하지 못하는 경우 간접적으로 접근하는 경우가 있다. 접근을 애초에 할 수 없는 경우도 있다. 대학의 전체 학생들을 강제로 다 집합시킬 수도 없으며 간접적으로 우편조사를 한다고 하더라도 주소의 변경 등으로 애초에 접근을 할 수 없는 경우가 발생한다. 접근하고자 할 때 모집이 계속 변화하여 접근이 어려운 경우도 있다. 가령 대학의 경우는 학생들이 복학과 휴학이 매일 발생한다. 즉, 모집이 계속 변화하여 모집의 수를 정확하게 정의할 수 없는 경우도 있다. 따라서 접근의 문제가 발생할 시 전집 대신 표집을 사용하게 된다.

둘째, 접근하더라도 대개의 경우 비용과 시간이 많이 들며 조사하는 데 노력이 필요하다. 모집에 접근하여 조사나 측정을 할 수 있다고 하더라도 상당한 비용과 시간이 소요될 수 있다. 즉, 충분하지 않는 예산이라고 하면 모집에 접근한다고 하더라도 비용의 문제로 포기할 수밖에 없는 경우가 발생할 수 있다.

셋째, 신뢰할 수 있는 표집방법과 체계적인 통계방법을 이용하면 모집을 직접 조사하지 않더라도 모집을 직접 조사한 것과 거의 동일한 결과를 산출할 수 있다. 이렇게 모집을 직접 조사한 것과 거의 비슷한 결과를 가져온다면, 많은 비용과 시간을 투자하면서까지 모집을 조사할 필요가 없다.

통계는 다른 측면에서 모수통계(parametric statistics)와 비모수통계(nonparametric statistics)로 분류되기도 한다. 모수통계란 통계처리 함에 있어 몇 가지 가정요건을 검정하고 나서 수행하는 통계를 말한다. 보통 모수통계는 전집분포의 정규성(normality), 변량의 동질성(homogeneity of variance/equal variance), 전집에서 선택된 개체들의 독립성(independence), 그리고 측정도구의 연속성(continuity)이나 등간성(interval scale) 등이 요구된다. 반면에 비모수통계는 위의 요건들에 그다지 구애를 받지 않는 통계방법이다. 가령 비모수통계는 연속성이 아닌 측정도구로 데이터들이 수집되었다고 하더라도 적용될 수 있는 방법이다. 비모수통계는 가정요건에 엄격하지 않기 때문에 편하게 사용할 수 있는 통계방법이다. 즉, 비모수통계는 모수통계를 포괄적으로 포함하는 통계방법이라고 할 수 있겠다. 그러나 현실적으로 비모수통계보다는 모수통계를 더 선호하는 경향이 있다.

비모수통계는 모수통계보다 일반적으로 가설검정력(power)이 떨어진다. 이 말은 비모수통계가 모수통계보다 자유롭기는 하지만 정확도면에서 뒤처진다는 것을 의미한다. 또 다른 측면에서 모수통계는 좀 더 연구자가 원하는 고급통계적인 응용이 가능하다고 볼 수 있다. 가설검정력은 가설검증오류에서 다시 설명하겠다.

통계의 종류 (조건 충족 등, 방법상 분류)

모수통계: 전집/모집분포가 정규성, 변량의 동질성, 독립성, 측정도구의 등간성 등을 충족할 때 사용하는 추리통계기법.

비모수통계: 모수통계와 관련된 특정한 가정의 충족을 요구하지 않는 통계기법.

통계를 변인의 수에 따라 분류하기도 한다. 변인(variate)이 하나인 경우 그 변인에 대한 특징이나 변인의 현상을 나타내는 방법을 일원적 통계(univariate statistics)라고 한다. 반면 변인이 두 개의 경우 변인 간의 관계성을 분석하는 것을 이원적 통계(bivariate statistics)라고 할 수 있다. 가령 상호교차표(cross table), 상관관계(correlation), 변량분석(analysis of variance), 단순회귀분석(simple liner regression) 등이 대표적인 이원적 통계라고 볼 수 있다. 다원적 통계(multivariate statistics)는 두 개 이상 변인들의 관계성을 동시에 살펴보는 통계적 방법이라고 볼 수 있으나 한마디로 정의를 내리기는 어렵다.

다원적 통계에 대해서는 학자나 문헌마다 정의하는 방법이 다르다. 예를 들면 다원적 통계는 다원적정규분포(multivariate normal distribution)를 가져야 한다는 가정 조건하에 가능하다고 보는 경우가 있으며, 어떠한 학자는 독립변인과 종속변인 모두 두 개 이상으로 구성되어야 한다고 보는 경우도 있다. 가령 다중회귀분석(multiple regression)은 독립변인은 두 개 이상이지만 종속변인의 경우 하나이기 때문에 비록 다중(multiple)이라는 말을 쓰지만 진정한 다원적 통계라고 하지 않는 학자도 있다. 또한 이원변량분석에서 독립변인이 두 개이고 종속변인이 하나인 경우 이러한 변량분석을 다원적 통계라고 하지 않는다. 따라서 이러한 개념에 의거하여 독립변인들이 여러 개로 구성된 하나의 세트(set) 그리고 종속변인도 여러 개로 구성된 하나의 세트로 되어 있는 경우 세트 간의 관계성을 동시(simultaneous)에 해석하려는 통계를 다원적 통계라고 한다.

반면 다른 문헌에서는 다원적 통계라는 것은 변인의 수가 중요한 것이 아니라 변인들이 가중치의 계수를 가진 조합의 형태(weighted combinations of variables)로 관계성의 정도를 측정하고, 설명하고 예측할 수 있는 통계라고 한다. 이렇게 다원적 통계에 대한 정의는 다양하게 학자마다 다르게 표현되고 있다.

통계의 종류 (변인의 수에 따른 분류)

일원적 통계방법: 변인이 하나인 현상이나 특징을 나타내는 통계.
이원적 통계방법: 하나의 변인과 다른 또 하나의 변인의 관계성을 나타내는 통계.
다원적 통계방법: 여러 변인과 여러 변인과의 관계성을 동시에 나타내는 통계.

1.3 변인(Variable)과 관계성

앞에서 통계 종류를 변인의 수에 따라 분류하였다. 그럼 변인이란 과연 무엇을 의미하는가 알아보자. 변인은 변수라고도 한다. 변인이란 전집이나 표집의 개체(observations)들이 적어도 둘 이상의 값을 취하는 특징을 말한다. 즉, 개체들의 속성이나 특징이 변하는 것을 의미한다. 변인의 값은 결국 수로 표시되기 때문에 변수라고도 지칭한다. 가령 초등학교 학생들 개개인을 개체라고 볼 때 이들의 성적은 모두 다 똑같을 수가 없다. 높은 학생, 중간 학생, 낮은 학생들로 나뉠 수가 있는데 이렇게 개체들이 어떤 측정을 통해 얻어진 값이 다양하게 나타나는 것이 변인이다.

다른 측면에서 변인이란 어떠한 속성이 변화하는 것을 말하기도 한다. 변인의 속성이 어떠한 상황에서나 어떠한 자극을 받더라도 항상 똑같은 값을 가진다는 것은 변화가 없다는 것을 의미하며 그러한 것은 변인이 될 수 없다. 가령 온도라는 것은 여름에 높아지고 겨울은 낮아진다. 다른 측면에서 우리의 얼굴을 보자. 아직까지 인간복제가 되지 않기 때문에(인간복제가 된다고 해도 과연 100% 똑같을지는 의문이지만…) 우리의 얼굴은 사람마다 다 틀리다. 이렇게 틀린 값을 가진 우리의 얼굴 그 자체는 변인이 될 것이다. 반면에 항상 똑같은 값을 가진다면 그것은 변인이 될 수 없고 그러한 것은 상수(constant)라고 한다. 상수는 모든 개체들의 속성이 다 똑같으며 따라서 하나의 값을 취한다.

변인은 변인들 간의 관계성 측면과 측정적인 측면 두 가지로 크게 분류할 수 있다. 관계성 측면에서 변인은 가장 기본적으로 우선 독립변인(independent variable)과 종속변인(dependent variable)으로 나뉠 수 있다. 독립변인은 자신을 제외한 다른 변인에게 영향(influence)을 미치는 변인을 말하며 종속변인은 그와 반대로 다른 변인으로부터 영향을 받아 효과(effect)가 발생하는 변인을 말한다. 이러한 효과를 특별히 직접효과(direct effect)라고도 한다. 독립변인이면서 동시에 다른 변인으로부터 종속변인일 수도 있으며, 변인 간에 서로 상호효과(reciprocal relationship)가 발생할 수도 있다. 즉, X라는 변인이 Y라는 변인에 독립변인인 경우 동시에 Y가 X에 대해 독립변인으로 작용할 수도 있다는 것이다.

변인의 종류(관계성에 따른 분류)

독립변인: 다른 변인에게 영향을 미치는 변인.
종속변인: 어떠한 변인으로부터 영향을 받는 변인을 의미.

관계성을 좀 더 세분하여 나눈다면 독립변인과 종속변인 이외에 중재 혹은 매개변인(intervening variable)이 있다. 매개변인이라는 것은 독립변인과 종속변인 사이에서 또 하나의 변인으로 중간 다리 역할을 한다고 볼 수 있다. 혹자는 중재변인을 중간에서 변인의 수준을 조절할 시 종속변인의 값에 영향을 미치는 변인이라고 차별하기도 하지만 여기서는 큰 의미를 두지 않고 매개나 중재변인 모두 독립변인과 종속변인 사이에서 작용하는 변인이라고 하겠다.

제 삼수변인(spurious variable)은 독립변인과 종속변인 사이에서 직접적으로 중간에서 작용을 하는 것이 아니라 독립변인과 종속변인에 동시에 영향을 미쳐서 독립변인이 종속변인에 영향을 나타나게 하는 변인을 의미한다. 아래 그림을 보면 Z 변인은 독립변인 X와 종속변인 Y에 동시에 영향을 미친다. 이러한 경우 제 삼수변인인 Z가 통제된다면 X와 Y의 관계성은 없어질 것이다.

연합변인(association variable)은 X라는 독립변인과 또 다른 변인인 Z가 서로 관련성이 있어서 종속변인인 Y에 영향을 미치는 것을 말한다. 사실 변인 간의 관계성을 나타내는 가장 기본적인 지수인 상관계수(여기서는 Pearson의 r을 의미함)는 직접

효과 + 간접효과 + 제 삼수효과 + 연합효과를 다 더한 것이다. 이 밖에도 여러 가지 관계성이 존재할 수 있으나 여기서 다루기에는 무리가 있을 것이다. 참고로 변인 간의 관계성 특히 인과관계성(causal relationship)을 알고자 하면 인과관계모델링(causal modeling)이나 구조방정식모형(general structural equation modeling)을 별도로 공부해야 한다. 아래 [그림 1-2]는 상기 살펴본 변인들의 관계성을 도식화한 것이며 단순히 독립변인과 종속변인과의 관계를 넘어서 제 3의 변인이 추가되거나 제거되었을 때 발생할 수 있는 예도 나타내고 있다.

[그림 1-2] 변인 간의 관계성 종류

변인은 관계성에 따라서 분류를 하지만 변인이 측정된 결과에 따라 질적변인(qualitative variable)과 양적변인(quantitative variable)으로 나타내기도 한다. 질적변인은 말 그대로 변인의 속성이나 특징이 양적으로 측정될 수 없는 성질의 변인인 경우를 말한다. 가령 우리의 외모는 어떠한 특정 수치로 표시될 수 없는 성질이다. 그러나 이러한 외모는 사람마다 다르기 때문에 변인이 된다. 우리의 눈 색깔도 마찬가지다. 파란 눈, 초록색 눈, 갈색 눈 등 이러한 경우도 질적변인에 해당한다. 반면에 양적변인은 학생들의 몸무게나 키 등이 될 수 있다. 이러한 변인들은 수적으로 측정이 가능하기 때문에 양적변인이라고 한다.

모든 질적변인은 직접 수치로 표시될 수 없지만 수량화는 가능하다. 수량화가 되어야 통계프로그램에서 통계처리를 할 수 있다. 보통의 경우 가변인 코딩(dummy variable coding)의 방식을 사용하는데 이러한 경우 수량화는 되지만 특별한 의미가 발생하는 것은 아니다. 한편 질적변인을 어떤 기준을 삼아 양적변인으로 변환하기도 하는데 이러한 것은 변인을 구체적 또는 조작적으로 변인을 정의(operational definition)해 주는 것에 의해 가능하다. 가령 외모자체는 질적변인이지만 외모를 얼굴의 크기라고 정의를 내리면 그것은 질적변인에서 벗어나 양적변인이 되는 것이다. 사람의 얼굴을 가로와 세로의 길이를 재서 표시하면 그 크기의 대소 비교가 가능하기 때문이다. 이러한 경우 얼굴의 크기는 더 이상 질적변인이 아닌 것이다.

변인의 종류(측정에 따른 분류)

질적변인: 크기나 거리 등으로 표시할 수 없어 양적으로 비교가 불가능한 변인, 즉 수량으로 측정될 수 없는 변인을 의미.

양적변인: 크기, 거리, 길이, 순위 등 수적으로 측정 가능한 변인.

다른 측면에서 변인들은 유목변인(categorical variable)과 연속변인(continuous variable)으로 나뉘어진다. 유목변인이라고 하는 것은 변인의 값에 따라 조사대상자나 조사개체들을 그룹으로 묶을 수 있는 변인이다. 가령 성이라는 변인은 남자와 여자 두 그룹으로 나뉘어진다. 특히 이렇게 두 그룹 정확하게 말하면 변인의 값이 2개인 것을 이분법 변인(dichotomous variable)이라고 한다. 거주지역도 유목변인이 될 수 있다. 대도시, 도시근교, 농어촌 등은 역시 유목변인이다.

연속변인은 변인의 값이 연속상에서 측정의 결과값을 가지는 것이다. 가령 키나 몸무게는 딱 끊어진 값을 가지는 것이 아니라 연속선상에서 변인의 값이 발생하는 것이다.

여기서 한 가지 알고 넘어가야 할 것은 유목변인의 경우 대부분이 질적변인인데 이 경우도 통계처리를 하기 위해서는 특정한 값을 부여해야 하는 것이다. 가령 대도시는 1, 도시근교는 2, 그 밖의 지역은 3 등으로 데이터 코딩을 실시해야 한다. 아니면 대도시는 00, 도시근교는 01, 그 밖의 지역은 11로 데이터 코딩을 한다. 사실 이러한 방식이 앞의 방식보다 엄밀한 의미에서 가변인 코딩(dummy coding)이라고 할 수 있다. 지역은 유목변인이면서 질적변인이다. 그러나 앞에서 말한 바와 같이 단순히 그냥 사는 지역을 나타내는 것이 아니고 지역의 크기를 말하는 것이라면 그것은 더 이상 질적변인이 아니라 양적변인이다. 즉, 지역과 지역의 크기와는 다르다. 연속변인도 유목변인으로 전환이 가능하다. 가령 학업성적은 연속변인인데 이것을 100점에서 80점까지를 상, 79점에서 60점을 중, 59점 이하를 하 세 그룹으로 나누면 유목화된 그룹변인으로 전환이 된 것이다. 그리고 나서 상 그룹을 1로 중 그룹을 2로 하 그룹을 3으로 처리를 할 수도 있다. 실제로 통계처리를 하다 보면 이렇게 해야 하는 경우가 많이 발생한다.

변인의 종류(연속성에 따른 분류)

유목변인: 유목이나 그룹으로 묶이는 변인.

연속변인: 끊어지지 않고 계속 연속의 값을 가지는 변인.

1.4 SAS의 기본적 이해

SAS는 Statistical Analysis System의 약자로서 범용(general purpose)통계 소프트웨어이다. 보통 통계소프트웨어는 범용통계소프트웨어와 특정목적통계소프트웨어 두 가지로 나뉘어진다. 범용소프트웨어는 사회과학에서 많이 쓰이는 SPSS(Statistical

Package for the Social Sciences)를 비롯하여 BMDP(Biomedical Computer Programs), Minitab 등이 있다. 범용통계소프트웨어는 말 그대로 여러 가지 통계목적을 위해 통계처리가 가능한 소프트웨어이다. 반면 특정목적을 좀 더 쉽게 달성하기 위한 소프트웨어도 있다. 가령 EQS, LISREL 등은 구조방정식을 좀 더 쉽고 편하게 처리하기 위한 소프트웨어이다. 물론 범용소프트웨어에서도 구조방정식이 다 해결되지만 사용자 편의성에 좀 떨어진다고 보면 될 것이다.

SAS의 특징은 일단 범용소프트웨어에서 가장 강력하고 여러 기능을 포함하고 있으며 전 세계에서 가장 많이 사용되는 프로그램이다. 또한 모듈로 구성되어 있어 필요한 프로그램만 설치하여 사용하면 된다. 반면에 단점은, 많이 보완이 되었지만 사용자 편의성에 있어서 좀 떨어진다고 하는 것이 일반적인 평가이다.

SAS 창의 구성

SAS는 모듈로 구성되어 원하는 것을 설치하여 사용하면 되지만, 기본적으로 통계를 처리하기 위해서 CORE, BASE, STAT는 기본적으로 설치하여야 한다. 그 밖에 필요한 특정목적 수행을 위해 IML(대화형 행열 연산소프트웨어), ETS(계량경제 모델링 및 시계열 예측 소프트웨어), GRAPH(고품위 그래픽 소프트웨어), QC(통계적 품질관리 소프트웨어) 등을 설치할 수 있다. SAS가 제대로 설치되어 있다면 프로그램을 가동시킬 수(open) 있으며 초기의 화면은 5가지 창으로 표시될 것이다. SAS의 기본 창은 확장편집기(Program Editor), 로그(Log), 출력(Output), 탐색기(Explorer), 결과(Result)이다.

확장편집기는 기본적으로 프로그램을 작성하고 실행하는 창이다. 보통 사용자가 최초로 작업을 해야 하는 창이다. 로그 창은 프로그램이 실행되는 과정을 제시하고 자료의 특성, 오류에 관련된 정보를 제공한다. 출력은 확장편집기에서 작성된 명령문이 실행(run)되었을 때 실행된 결과의 값들이 제공되는 창이다. 반면 결과 창은 확장편집기에서 작성된 각각의 명령(Proc)의 타이틀들이 제공된다. 즉, 확장편집기에서 평균(Proc Means)문이 작성되고 수행되었다면 그 결과값은 출력 창에 제시되고 결과 창에는 결과라는 폴더에 하위 폴더로 Means: SAS 시스템이라는 이름으로 표시되며 사용자가 포인터를 이동시켜 마우스의 오른쪽버튼을 클릭하면 결과값을 보거나 그쪽으로 이동할 수 있다. 탐색기는 윈도우의 탐색기와 같은 역할을 하는 창이라고 생각하면 된다.

SAS의 메뉴

메뉴막대(Menu bar)의 기본적인 메뉴는 파일, 편집, 보기, 도구, 실행, 솔루션, 창, 도움말이다. 대부분 메뉴는 일반 소프트웨어와 인터페이스가 다르지 않다. 파일메뉴에는 열기, 닫기, 저장, 인쇄와 같은 기본기능을 포함하고 있다. 편집은 실행취소, 복사, 자르기, 붙이기, 지우기, 찾기 등과 같은 기능이 있다. 보기는 각 창에 대한 이동을 할 수 있는 기능이 포함되어있다. 도구는 각종 환경을 제어하는 기능이 있다. 가령 폰트나 시스템 전반에 대한 기능을 원하는 방식으로 변경할 수 있다. 솔루션은 설치되어 현재 사용할 수 있는 소프트웨어의 목록을 보여준다. 창은 창의 배열을 조절할 수 있으며 도움말은 현재 설치되어 있는 SAS의 정보와 각종 도움말 목록을 포함하고 있다.

참고로 기능키(function key) F1(help)은 도움말에 대하여, F3(submit)은 명령문의 실행을, F4(recall)는 이전화면의 내용을 불러오는 것, F5(PGM), F6(Log), F7(Output)은 각각의 창으로 이동을, F9(key menu)는 주요메뉴의 표시를 나타낸다. SAS는 윈도우 기반이기 때문에 일반 윈도우환경에서 작용하는 공통된 기능은 거의 그대로 적용된다고 보면 된다. 가령, Alt + F(명령문의 파일메뉴 열기), 오른쪽 버튼 메뉴사용, drag & release, CTL + C 등의 기능은 똑같다.

SAS의 수행단계

SAS는 크게 Data와 Proc 2개의 단계(step)로 나뉘어진다. Data Step은 일반적으로 Data문, Input, Cards, Infile문 등이 사용된다. Data Step은 SAS 안에서 데이터의 생성, 변환, 새로운 변인 생성, 데이터 세트의 읽어들임(Cards) 등이 수행된다. Proc Step은 Data Step에서 구성된 데이터 세트를 이용하여 명령수행(procedure)과 관련된 문이 사용된다.

이것을 좀 더 구체적으로 나누면 다음과 같다.

① 입, 출력 환경설정

② 자료 정의

③ 변인 변환

④ 데이터 세트

⑤ 데이터 분석 수행

아래 그림은 기본적인 SAS의 파일구조이다. Option문은 Data단계 앞에 설정될 수도 있으나 Data나 Proc단계에서 사용될 수도 있다. 아래의 Option문은 페이지 사이즈(ps)를 60으로 라인 사인즈(ls)를 100으로 출력 시 날짜를 나타나지 말라는(nodate) 환경 설정이다.

```
Options ps=60;
Options ls=100 nodate;
Data psy;
Input id sex$ middle final;
Total=middle + final;
Cards;
10 m 88 90
11 f 85 82
12 m 100 77
13 f 66 60
14 f 78 89
15 m 94 82
;
proc print; run;
proc means; var middle final total; run
proc univariate; var middle; run;
```

Option

Data Step

Proc Step

[그림 1-3] SAS의 기본구조

SAS의 언어와 구문

SAS의 문장(statement)은 keyword로 시작되며 semicolon(;)으로 끝난다. 문장은

어느 칼럼에서 시작해도 좋으나 서로 다른 keyword를 쓸 때는 semicolon으로 구분해야 한다. 한 line에 여러 개의 명령문을 사용할 수 있다. 하지만 문장 속의 각 요소들은 한 칸 이상 띄어주어야 한다. PC환경에서는 proc 명령문 다음에 반드시 run; 명령문을 사용해야 한다.

SAS의 문장은 Key Word(중심어), SAS Name, Special Character(특수문자), Operator(연산자)로 구성되어있다. Key Word는 반드시 규정된 용어를 사용하여야 한다. 가령 Data, Input, Proc, Do, Cards와 같은 것은 사용자가 임의로 바꿀 수가 없다. Name은 8개의 영문자(처음 시작 a-z, 나중에는 0-9까지 사용할 수 있음)를 사용할 수 있고 변수이름, procedure(처리절차), format, option 등의 이름을 지어준다. 이 경우 특수문자 사용은 금지된다(@, $, # 등). 이와 같이 이름을 지정하는 경우를 제외하고 특수문자와 연산자 ( ), $, . (period), ; (colon), = (equal sign), + , -, *, / 등을 사용할 수 있다.

❙ SAS의 dataset

프로그램 내에서의 생성, 외부에서 파일을 읽어오는 방법, 이미 형성된 SAS dataset을 이용하여 만들어 쓰는 방법 등 세 가지가 있다. SAS의 데이터 세트를 만드는 것은 SAS를 사용하는 데 있어서 가장 중요하다. 왜냐면 원하는 데이터 세트가 생성되지 않았다면 그 다음에 명령문을 수행(Proc Step)을 할 수 없기 때문이다. 프로그램 내에서의 생성은 사용자가 확장편집기에 직접 데이터를 입력하는 경우를 말한다. 외부에서 만든 데이터는 파일메뉴에서 데이터 가져오기(import)를 이용하여 데이터를 가져올 수 있다. 한편 가장 많이 쓰이는 한글프로그램이나 마이크로소프트 워드의 경우 단순히 복사(copy)하여 데이터 스텝에 붙이기(paste)하면 사용할 수 있다. 마이크로소프트 엑셀 프로그램도 드래그해서 릴리스하면 사용할 수 있다. 다만 엑셀의 경우는 자유형입력(free format)이 아니고 열지정방식입력(column input)인 경우 byte문제가 발생할 수도 있으니 최종적으로 명령문을 수행하기 앞서 데이터의 오류가 발생하였는지 확인할 필요가 있다.

마지막으로 SAS 안에서 이미 외부에서 데이터를 불러왔거나 아니면 직접 프로그램 안에서 입력을 하여 확장편집기 상태인 경우 SAS명령문 SET이나 OUT 등을 이용하여 새로운 데이터 세트를 만들 수 있다. 외부에서 만든 데이터를 복사하여 붙이기 방식을 사용하지 않고 불러오기(import) 방식으로 Excel 파일을 사용할 수 있는데 그것은 따로 설명하겠다.

SAS의 기본문

- DATA문

Data문은 SAS 안에서 수행될 데이터 세트의 이름을 지칭하는 문이다.

형식: Data 데이터명(option); 예) Data park;

- INPUT문

Input문은 입력되는 원 자료를 읽어 해당 변인에 그 내용을 기억시킨다. 기본은 8바이트이다. 사실 Data Step에서 가장 중요한 것은 Input문이라고 볼 수 있다. Data문에서 변인을 제거(drop)시키거나 보유(keep) 등을 옵션에서 가능하게 할 수 있지만 변인이름의 지칭, 변형, 제거, 새로운 변인의 생성 등이 이루어지는 것은 Input문에서 수행되기 때문이다. Input은 크게 자유형입력, 열지정방식입력, 포인터입력방식, 기타혼합형 방식이 사용된다.

형식: Input 변인이름;

① List input/Free format input

가장 기본적이며 입력하기 쉬운 방식이다. 데이터가 많지 않은 경우 많이 사용되는 방식이다. 변인 사이에 하나 이상의 공백에 구분되어야 하며 칼럼을 맞출 필요는 없다. 문자 변인은 뒤에 $표시를 해야 한다. 결측치(missing value)는 공백 대신 소수점을(·) 찍어야 한다.

예
```
Data psy;
Input a b $ c;
Cards;
1 Park 3
2 Kim 2
;
Proc Print; run;
```

프린트를 출력한 결과는 다음과 같다. 여기서 OBS는 관찰치, 즉 각 개체에 자동으로 숫자를 부여하는 SAS고유의 numbering이라 보면 된다. Proc print;는 특별한 변인(SAS에서는 var)을 지칭하지 않았을 시 모든 변인 관찰치의 모든 변인 값을 출력하라는 명령문이다.

```
OBS    a    b      c

 1     1    Park   3
 2     2    Kim    2
```

② Column Input

보통 많은 데이터 세트인 경우 중간 중간에 공백을 두어 데이터들을 구분하는 경우가 있다. 이러한 경우 데이터를 잘 파악하기 위해 데이터의 위치를 지정하여 변인의 값을 불러들이는 방식이다. 입력은 변인 시작열(column)-끝열(column)의 양식이다. 이와 같은 경우 열의 위치가 중복되어도 무방하다. 즉, 그 열에 해당하는 변인으로 데이터 값을 읽는다. 시작열-끝열 다음에 점을 찍으면 소수점 이하의 자리로 읽으라는 것이다.

예
```
Data psy;
input id 1-3  method 3 result 4-5 .2;
cards;
10125
10210
10356
;
Proc print; run;
```

```
OBS    id    method    result

 1     101     1        0.25
 2     102     2        0.10
 3     103     3        0.56
```

③ Pointer input

pointer input의 경우는 데이터를 지정된 열부터 읽는다. @n 현재 읽고 있는 line에서 주어진 위치로 Pointer를 이동(column)하는 것을 의미한다.

예
```
Data psy;
input id 1-3 @3 result;
cards;
10125
10210
10356
;
Proc print; run;
```

```
OBS    id    result

 1    101     125
 2    102     210
 3    103     356
```

input id 1-3 @3 result 2.;을 돌리면 결과값이 12, 21, 35로 출력될 것이다. 즉, n. 은 그 수만큼 읽으라는 것이다.

④ 기타 input

기타 input은 위의 input방식 이외에 방식이거나 위의 방식이 혼용되어 사용되는 방식이다. 대표적인 것은 ( ) 안에 같은 범주의 변인들이 여러 개로 구성되어 있을 경우 가령 Likert type 척도로 측정된 연속적인 변인의 경우 첫 번째 변인부터 마지막 변인을 - 로 연결하여 변인의 값을 읽을 수 있다.

예 id라는 문자변인을 처음 5열(column)들로부터 읽고 다음에 7번째 열로 이동하여 순차적으로 x1-x10까지의 10개의 변수의 값을 1칸씩 읽어라.

```
Data psy;
Input id $ 5. @7 (x1-x10)(1.);
Cards;
park 1234567890
Kim  2345678901
;
Proc print; run;
```

```
OBS   id     x1  x2  x3  x4  x5  x6  x7  x8  x9  x10

1     park   1   2   3   4   5   6   7   8   9   0
2     Kim    2   3   4   5   6   7   8   9   0   1
```

예 @@ input문의 마지막에 있으면 그 데이터 단계를 계속 수행하여 모든 data 값을 읽어들인다.

```
Data psy;
Input x y @@;
cards;
1 2 3 4
4 5 6 7
;
proc print; run;
```

```
OBS   x   y

1     1   2
2     3   4
3     4   5
4     6   7
```

- CARDS문

Card문은 원 자료의 입력 데이터 라인이 바로 다음에 뒤따라옴을 알려준다. 즉, Input문이 다 끝나서 지금부터 데이터 세트가 시작된다는 의미다.

SAS 새로운 데이터 세트 만들기

여기서는 SET구문을 이용하여 새로운 데이터를 만드는 예를 들어보자. 새로운 데이터를 만드는 방법은 이밖에 MERGE 등이 있다. SET는 이미 존재하고 있는 데이터 세트에서 일부분을 읽거나 두 개 이상의 데이터세트를 서로 집어넣거나 연결시키는 경우 사용된다.

if문은 if식이 참인 경우의 값만 보유한다. delete문은 그에 해당하는 관찰치(observation: OBS)를 삭제한다. 즉, 라인제거라고 생각하면 된다. 반면에 Input문에서 자주 사용되는 drop문은 해당 변인을 삭제한다. 다시 말하면 delete는 행을 삭제하는 것이고 drop은 데이터세트에서 열을 삭제한다고 보면 된다. 한편 keep은 drop의 반대로 해당하는 변인만 보유하라는 명령문이다.

예
```
Data psy; input sex$ iq; cards;
M 120
F 128
M 143
F 114
;
Data male; set psy; if sex='M';
Proc print data=male; run;
Data female; set psy; if sex='M' then delete;
Proc print data=female; run;
```

```
OBS    sex    iq

 1      M    120
 2      M    143

OBS    sex    iq

 1      F    128
 2      F    114
```

SAS에서 새로운 변인의 생성

SAS에서 원래 입력되어 있는 변인 이외에 추가로 변인을 생성하고자 할 경우 DATA문에서도 가능하지만 보통의 경우 INPUT문에서 이루어진다. INPUT문에서 변인을 추가로 생성하고자 하는 경우 변인을 생성할 때마다 세미콜론으로 문장을 끝내야 한다. SAS문은 기본적으로 = 다음의, 즉 오른쪽 값을 = 이전의, 즉 왼쪽의 이름에 집어넣으라는 방식을 이해하여야 한다. 아래의 예는 mid와 final을 더해서 total이라는 이름의 변인에 집어넣으라는 것이다.

예 새로운 변인 total을 생성하고 drop문을 이용하여 변인 mid와 final을 데이터세트에서 없앤다.

```
Data psy;
```

```
Input mid final; total=mid+final; drop mid final;
Cards;
1 2
2 3
;
proc print;run;
```

OBS	total
1	3
2	5

예 새로운 변인 total을 생성하고 keep문을 이용하여 total만 보유한다.

```
Data psy;
Input mid final; total=mid+final; keep total;
Cards;
1 2
2 3
;
Proc print; run;
```

OBS	total
1	3
2	5

SAS의 대표적 연산자

형식: 변인=SAS식

위에서 설명한 = 의 의미는 기호 오른쪽의 SAS식을 평가하여 그 결과를 등호 왼쪽에 있는 변인에 기억시킨다는 것이다. 이때 변인은 새롭게 창출되거나 이미 존재하는 것이 될 수 있다. 일반적으로 산술연산자(arithmetic operators)는 +, -, *, / 이며 자승은 **2로 표시된다. 일반 산술 식과 같이()가 우선이며 곱하기와 나누기 그리고 더하기와 빼기의 순서이다. 비교연산자는 수식과 문자 두 가지가 있다. 그러나 가능한 Input명령문에서는 수식으로 표기하는 것이 바람직하다. 그 이유는 Input문에서

if문 그 다음에 같이 오는 then 이하에서는 문자식이 작동하지 않기 때문이다. 가령 If A EQ 1 then A EQ 2;와 같은 식은 If A EQ 1 then A=1; 식으로 입력을 해야 하는 혼동이 발생하기 때문이다.

참고로 1=X나 X=1이나 같다. 역시 1<=X나 X>=1이나 같다. =는 부등호 어느 쪽으로 가도 마찬가지 결과값을 가진다. 한편 논리연산자는 OR, AND, NOT 등이 있다. OR는 합집합을 AND는 교집합을 NOT은 여집합을 의미한다. 소문자로 입력해도 똑같은 결과를 가져온다.

<표 1-1> SAS의 연산자

설명	수식/기호	문자
X는 1과 같다	X=1	X EQ 1
X는 1과 같지 않다	X^=1	X NE 1
X는 1보다 크다	1<X	X GT 1
X는 1보다 크거나 같다	1<=X	X GE 1
X는 1보다 작다	1>X	X LT 1
X는 1보다 작거나 같다	1=>X	X LE 1
X는 1보다 크지 않다	X^>1	X NG 1
X는 1보다 작지 않다	X^<1	X NL 1
X 또는 Y			X OR Y
X 그리고 Y	&	X AND Y

SAS의 함수식(Function)

SAS에는 여러 가지 함수를 사용할 수 있다. 여기서는 가장 많이 사용되는 몇 가지 함수식만 제시하기로 하겠다.

<표 1-2> SAS의 함수

통계치	설명	함수식
합계	변인 X1 X2 X3를 더해 Y변인으로	Y=SUM(of X1-X3)
평균	변인 X1 X2 X3 평균값을 Y변인으로	Y=MEAN(of X1-X3)
변량	변인 X1 X2 X3 변량을 Y변인으로	Y=VAR(of X1-X3)

통계치	설명	함수식
최대값	변인 X1 X2 X3의 최대값을 Y변인으로	Y=MAX(of X1-X3)
최소값	변인 X1 X2 X3의 최소값을 Y변인으로	Y=MIN(of X1-X3)

SAS에서 IF문

형식: IF SAS식1 THEN 명령문 혹은 SAS식2;

SAS식1이 참이면 Then 이하가 수행되고 그렇지 않으면 Then 이하는 무시된다.

if method=5 then score=score-10; 방법이 5인 경우 점수에서 10점을 빼라는 의미이다.

if method=. then delete; 방법이 결측치일 때 행데이터를 삭제하라는 것이다.

예
```
Data psy;
input method score@@;
if method=5 then score=score-10;
if method=. then delete;
cards;
1 10 2 20 3 30 4 40 5 50 5 50 . 30
;
proc print; run;
```

```
OBS    method    score

 1       1        10
 2       2        20
 3       3        30
 4       4        40
 5       5        40
 6       5        40
```

형식: IF SAS식 THEN 명령문; ELSE 명령문;

SAS식이 참이면 THEN의 명령문이, 그렇지 않으면 ELSE에 있는 명령문이 수행된다.

예
```
Data psy;
input id score@@;
if score >=70 then judge='pass'; else judge='fail';
cards;
```

```
1 71 2 77 3 65 4 48 5 52 6 81
;
proc print; run;
```

OBS	id	score	judge
1	1	71	pass
2	2	77	pass
3	3	65	fail
4	4	48	fail
5	5	52	fail

SAS에서 Excel파일 사용하기

Excel에서 작성된 psy라는 파일이 있다고 하자. Excel에서 데이터를 입력하는 경우 맨 첫 번째 줄에는 변인명을 삽입해야 한다.

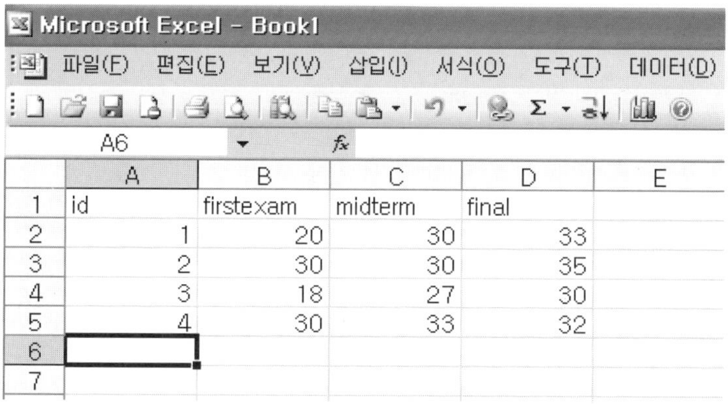

[그림 1-4] Excel 데이터 세트

Excel파일의 데이터를 SAS에서 불러와 사용하려면 우선 파일메뉴에서 데이터 가져오기를 선택한다. 이때 주의할 것은 SAS 창이 최대화(maximize)되어 있어야 데이터를 가져올 수 있다. SAS 창이 조그맣게 열려있으면 오른쪽 구석에 있는 최대화 버튼을 눌러 창을 최대화시키고 데이터 가져오기를 실행시켜야 한다.

SAS 창에서 파일메뉴를 누른 뒤 데이터 가져오기를 클릭하면 다음과 같은 창이 나온다.

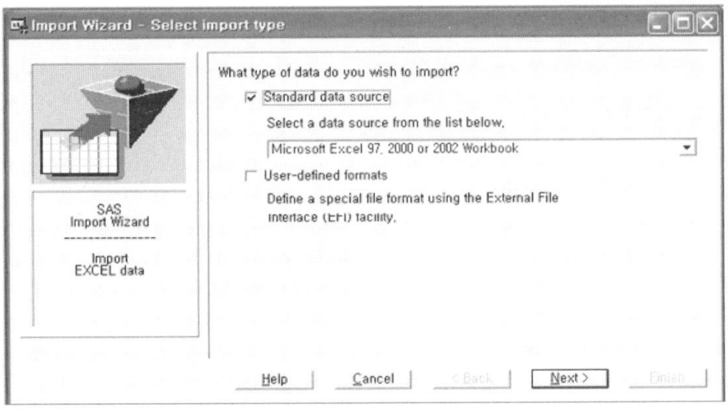

[그림 1-5] 데이터 가져오기

다음과 같은 창이 뜨면 Next버튼을 누른다.

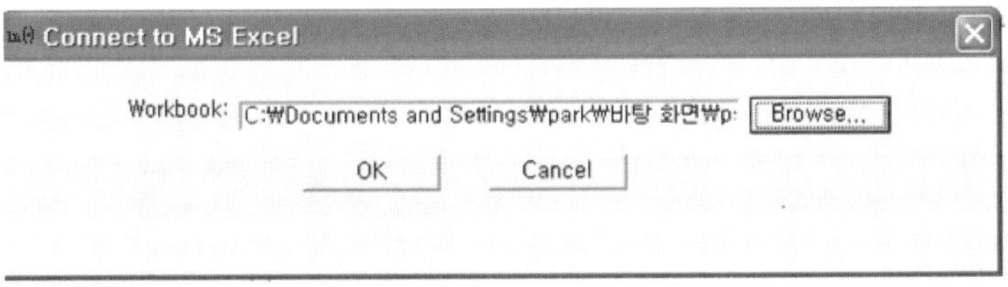

[그림 1-6] 데이터 경로

경로를 모를 경우 Browse버튼을 눌러 바탕화면에 있는 psy파일을 선택한 후 OK 버튼을 클릭한다. 그러면 어느 Sheet에서 Table을 가져올 것인가를 물어보는 창이 나오고 Sheet1$표시되어 있는 상태에서 Next버튼을 클릭한다.

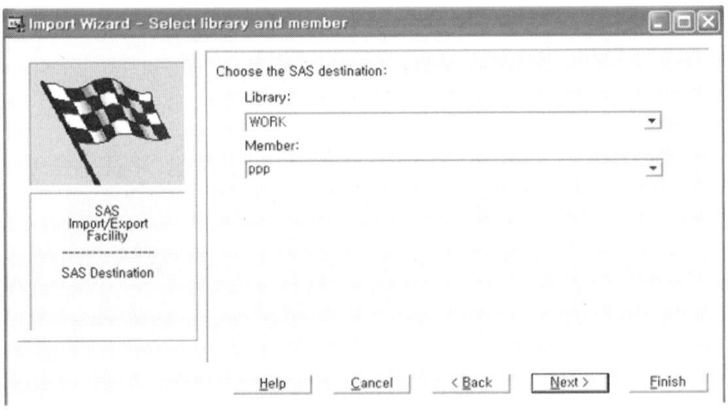

[그림 1-7] 라이브러리 선택

그리고 나서 Library의 선택이 나오는데 디폴트는 WORK로 설정되어 있다. 그 아래 Member에 자신이 원하는 이름을(여기서는 ppp라고 주었음.) 적어주고 Next버튼을 클릭한다.

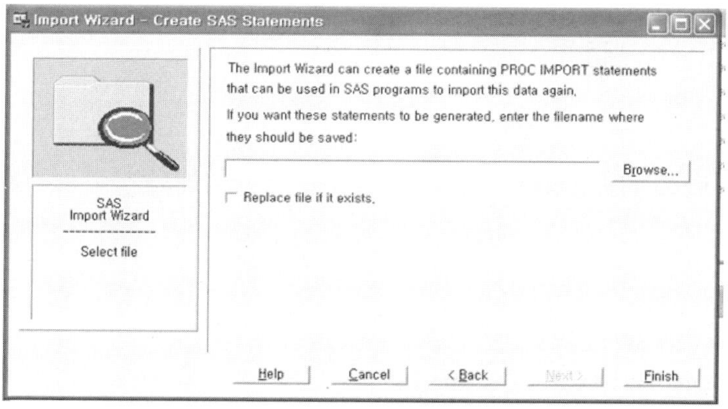

[그림 1-8] 종료단계

그 다음 상기 창이 나오면 특별한 경우가 아닌 경우 Finish버튼을 클릭한다.

그럼 LOG창에 WORK.PPP이(가)생성되었다는 메시지가 뜬다. 그러면 탐색기 창에 있는 라이브러리를 클릭하면 WORK 폴더에 PPP가 생성되고 그것을 클릭하면 아래와 같은 창이 뜬다.

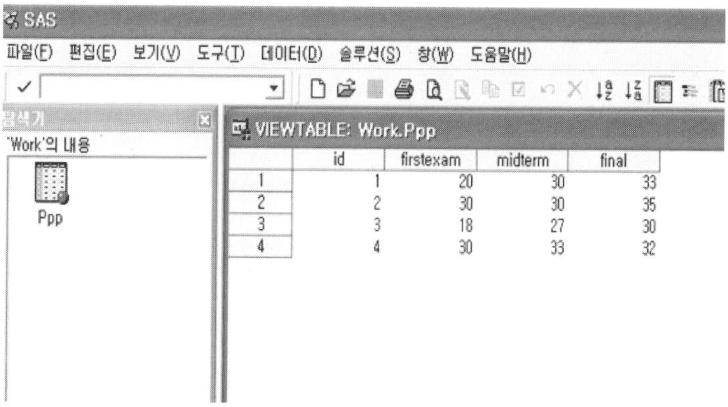

[그림 1-9] Excel데이터 세트의 확인

SAS프로그램을 돌리고 싶으면 확장편집기에 가서 Proc print; run;이라고 치고 F3 키를 눌러 명령을 수행하면 출력창에 다음과 같이 결과값이 나올 것이다.

OBS	id	firstexam	midterm	final
1	1	20	30	33
2	2	30	30	35
3	3	18	27	30
4	4	30	33	32

만약 추가로 data를 생성하고 SAS를 수행하겠다면 아래와 같이 SET명령문을 사용할 수 있다.

```
Data psy; set work.ppp;
drop firstexam;
proc print data=psy; run;
```

이 경우 psy라는 데이터 세트를 만들고 fristexam변인을 제거하여 출력하라는 명령문이다. 결과값은 다음과 같다.

OBS	id	midterm	final
1	1	30	33
2	2	30	35
3	3	27	30
4	4	33	32

Chapter 02

표집, 측정, 척도

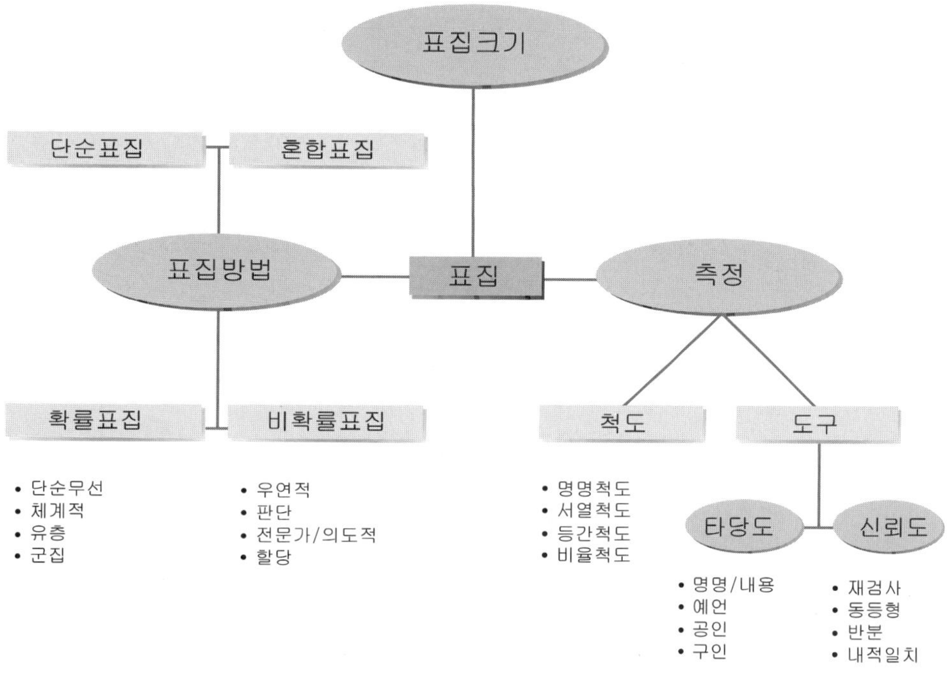

Situation 2

B씨는 오늘 드디어 K초등학교 3학년 대상의 영어교육용 멀티미디어 콘텐트를 새롭게 개발하였다. 제안서(RFP)의 규격대로 만들었지만 한편 불안하였다. 자체 베타테스트를 하였지만 최종 콘텐트를 보급하기에 앞서 기존의 콘텐트와 비교해서 사용 용이성이나 만족도를 한번 검사하고 싶었다.

Problem: B씨는 어떻게 조사대상자를 선별하고 접근할 수 있는가? 접근 후 어떻게 용이성을 측정해야 하는가?

Solution: 실험디자인을 적용하지 않더라도 단순하게 기존 3학년 중 일부를 무선표집하여 사용 용이성을 라이커트 타입 척도로 측정할 수 있다.

Learning Objectives: 표집방법 종류와 절차, 그리고 표집오차의 개념을 설명할 수 있다. 측정의 개념을 이해하고 각종 변인에 대하여 척도를 적용시킬 수 있다.

2.1 표집방법(Sampling)

표집방법은 연구자가 연구하고자 하는 특정 전집으로부터 표집을 추출하기 위한 절차나 과정이다. 결국 표집방법을 이용하여 통해 표집을 추출한다는 것은 표집을 만들겠다는 것과 마찬가지다.

▌확률표집과 비확률표집

표집방법은 우선적으로 확률의 기준에 의해 확률표집(probability sample)과 비확률표집(nonprobability sample)로 나뉠 수 있다. 사실 확률표집은 무선성(randomness)이 보장되었다는 것을 의미한다. 통계를 정확하게 사용하기 위해서 특히 표집으로 전집의 특징을 유추하기 위해서는 확률표집을 사용해야 한다.

확률표집이라는 것은 전집의 모든 개체로부터 표집개체가 뽑힐 수 있는 확률이 개체마다 똑같으며(same probability), 만약 표집의 크기가 결정되었다면 그 크기에 따라 뽑히는 확률이 사전에 똑같이 결정된 것(known probability)을 의미한다. 반면에 비확률표집이라는 것은 이러한 두 가지 기본 원칙에 위배된 것을 말하며 보통 연구자가 연구의 편리성 때문에 의도적으로 표집을 구성하는 경우를 말한다. 비확률표집자체가 의미가 없는 것은 아니나 추리통계를 적용하는 데에 있어서는 한계를 가지기 때문에 추리통계를 함에 있어서는 반드시 확률표집에 기반을 두어야 한다. 만약 그렇지 못할 경우는 연구의 제한점에 이를 밝혀 놓아야 한다.

표집방법의 종류(무선성의 유무에 따른 분류)

확률표집: 모집에 있는 개체가 뽑힐 때 알려진 혹은 개체마다 똑같이 뽑힐 확률을 가진 표집을 의미.

비확률표집: 상기 원칙이 무너진 표집방법.

확률표집을 하는 목적은 위와 같이 통계를 좀 더 정확하게 적용하기 위한 것이다. 이를 구체적으로 세분하면 결국 확률표집은 독립성(independence), 무선성(randomness), 대표성(representativeness)을 확보하기 위한 것이라 할 수 있다.

독립성이라는 것은 전집에서 개체들을 뽑을 때 하나의 개체가 다른 개체의 선택에 전혀 영향을 미치지 않는 것을 의미한다. 100명의 학생에서 5명을(가령 A, B, C, D, E) 뽑는다고 할 때 A가 뽑힐 때 A가 나머지 B, C, D, E 뽑히는 것에 영향을 주지 않는 것이다. 만약 친구 따라 강남 간다고 우리가 어떤 A라는 학생을 뽑았을 때 그 A와 친한 친구인 B가 어떻게든 뽑히고자 노력하여 뽑혔다면 그것은 독립성 원칙이 무너진 것이다. 또한 남편인 A씨가 뽑히면 자동으로 A의 부인인 B씨가 같이 뽑혀 표집을 구성한다면 이 또한 독립성을 갖추고 있지 못하다.

무선성이란 개체를 뽑을 때 어떠한 원칙이 존재하지 않는 것을 말한다. 고의적으로 어떠한 규칙을 만들어 개체를 뽑았을 때 무선성은 위반된다. 가령 앞에서와 같이 100명 중에 5명을 뽑을 때 100명의 이름을 적은 똑같은 규격의 카드를 속이 보이지 않는 검은 보자기에 집어넣고 어떠한 원칙이나 규칙 없이 무작위로 뽑는다면 무선성의 규칙이 지켜졌다고 볼 수 있다.

대표성은 표집이 전집의 특성을 반영하고 인정받을 수 있는가의 문제이다. 사실 상기의 독립성과 무선성은 표집을 만들 때 준수해야 할 절차상의 문제이며, 표집의 궁극적인 목적은 전집의 대표성에 있다고 볼 수 있다. 다시 말해서 표집방법을 통하여 소수의 개체가 뽑혔을 때 그 표집이 과연 전집이 가지고 있는 속성과 같은가 하는 문제이다. 가령 100명 중에 약 90여 명이 대졸의 자녀이며 약 10여 명이 고졸의 자녀라고 가정해 보자. 5명이 표집방법을 통하여 뽑혔을 때 4명이 고졸이고 1명이 대졸의 자녀라면 이 표집이 전집의 성격을 대표한다고 볼 수 없다. 가령 5명 중 4명이 대졸 자녀이고 1명이 고졸의 자녀라고 하면 최소한의 대표성은 확보했다고 볼 수 있다. 대표성은 연구의 일반화(generalization)와도 상관이 있다. 통계는 확률이론에 기반을 두었다고도 볼 수 있는데 연구결과를 일반화하기 위해서는 대표성이 무선성과 독립성에 의해 확보되어야 가능하다.

▌확률표집의 종류

확률표집은 앞에서 설명한 것과 같이 가능한 전집을 대표하고자 하는 표집을 무선성과 독립성을 위반하지 않고 만들고자 노력하는 방식이다. 확률표집에는 단순무선표집(simple random sample), 체계적표집(systematic random sample), 유층표집(stratified random sample), 군집표집(cluster sample) 등이 있다.

• 단순무선표집

확률적 표집의 가장 기본이다. 단순무선표집이란 말 그대로 전집개체의 명단(list)이 있을 때 그 명단으로부터 단순히 무선적으로 개체를 뽑는 방식이다. 이 경우 전집의 각 개체들은 표집단위(sampling unit)가 될, 즉 뽑힐 기회가 동일하고 독립적인(equal and independent chance) 것을 의미한다.

예 서울 시내 초등학교에 다니는 학생이 전집이라면 모든 학생들에게 번호를 부여하여 그 번호들을 모두 검은 보자기에 넣어 한 명씩 제비뽑기 식으로 원하는 수만큼 뽑아 표집을 구성하는 방법이다. 실제로는 이러한 방법으로 제비뽑기 식으로 하는 것이 용이하지 않기 때문에 난수표(random number table)나 컴퓨터 프로그램을 이용한다. 난수표에는 이미 무작위로 만든 번호(digits)들이 있다. 가령 100명의 학생 중에 20명을 선택한다고 하자. 보통 난수표에는 5자리의 수가 무작위로 들어 있다. 연구자는 난수표에서 임의의 출발점(starting point)을 그냥 무작위로 찍고 그 출발점으로부터 행이나 열로 이동하여 앞의 숫자가 001에서 100 범위의 수를 선택하여 20개를 만들면 된다. 그러나 이러한 방식보다는 최근에는 컴퓨터 프로그램을 이용하여 전체 사례 수에서 표집크기만 결정되면 난수를 만들어낼 수 있다. 이렇게 난수가 만들어진다면 그 난수에 해당하는 개체만 뽑아서 표집을 만들면 된다.

● 체계적표집

체계적 표집은 단순문선 표집의 변형이라 할 수 있다. 표집크기(n)를 결정한 후 이것을 가지고 전집의 전체 사례수 N을 나누어 표집간격(sampling interval) k를 구하고 1~k사이에서 하나의 번호 r을 임의로 선택하여 그것을 기점으로 하여 r, r+k, r+2k, …등의 순으로 r+(n-1)k까지 뽑는 방법이다.

예 전집 100명 중에 10명을 뽑는다면 k=100/10=10이다. 난수표를 이용하여 1~10 중 하나의 숫자를 뽑은 것이 2라고 하자. 그러면 2, 12, 22, …, 92번째 개체를 선별한다. 만약 전집개체의 명단이 특정양식(pattern)을 가지고 구성되어 첫 번째 개체와 다음 개체가 모두 똑같은 양식 하에 놓여있다면 문제가 발생할 수 있다. 가령 각 학교로부터 명단을 받아 그 명단으로부터 표집을 한다고 가정하자. 교사의 보직에 따라 두 번째는 항상 교감이며 출발점이 2라면 모든 표집의 구성이 교감으로 이루어질 수 있다. 반면에 만약 순위점수로 명단이 구성되었다면 전집의 대표성을 확보하는 데 유리할 수 있다. 가령 1번부터 100번까지가 순위점수로 구성된 그룹이라면 각 순위가 골고루 뽑히기 때문에 단순무선표집보다 대표성을 확보할 확률이 크다고 볼 수 있다.

● 유층표집

전집의 하위집단(subgroups), 즉 유층(strata)으로 일단 나눈 후 각 유층별로 표본을 추출하는 방법이다. 이러한 유층은 연구자가 관심을 가지고 있는 주요변인에 따라 전집의 개체들을 분류한 것이다. 가령 성, 나이, 소득수준, 교육수준에 따라 유층을 나누고 그 유층으로부터 개체를 무선적으로 뽑는 표집방법이다. 유층표집은 결국 전집의 구성요소 성격을 반영하여 대표성을 확보하기 위한 목적이 크다. 유층표집은 비율적 유층표집(proportional stratified sample)과 비비율적 유층표집(disproportional stratified sample)으로 나뉘어진다. 비율적 유층표집은 유층의 비율을 맞추어 뽑는 것이고 비비율적 유층표집은 꼭 비율을 맞추지 않는 표집방법이다.

예 전집의 남학생이 1000명 여학생이 500명일 때 표집크기를 150명이라고 하자. 성에 따라 남학생 유층과 여학생 유층을 만들 수 있다. 남학생과 여학생 2:1 비율을 고려하려 남학생을 100명, 여학생을 50명씩 뽑는다면 비율적 유층표집이 될 것이며 꼭 비율을 맞추지 않고 각 유층으로부터 75명씩 뽑는다면 비비율적 유층표집이 될 것이다.

- 군집표집

군집표집은 전집으로부터 개체들이 그룹들에 속해있다는 점에서 유층표집과 비슷하다. 그러나 군집표집은 유층표집과 달리 전집 개체 각각의 특성에 따라 유층이 발생하여 그 속에서 뽑는 것이 아니라 이미 자연발생적으로, 혹은 행정적으로 생긴 어떠한 군집을 선택하여 그 속에서 개체를 뽑는 것이다. 즉, 군집을 이용하여 편리성과 효율성을 가져오기 위한 표집방법이다. 군집표집은 전집개체들의 명단(list) 확보가 어려울 때 사용하기 편한 방법이다. 그러나 군집표집은 단순무선이나 유층표집에 비하여 대표성이 약한 단점이 있다.

예 서울시내 성인들의 소비자 의식성향을 파악하고자 할 때 서울시내 전체 26개 구에서 5개를 무선 선발하여 그 구에 거주하는 성인전체 혹은 일부를 조사할 수 있다.

확률표집의 종류

단순무선표집: 표집의 개체가 뽑힐 확률이 똑같은 표집.

체계적/계통표집: 전집 명단으로부터 일정 순번 째의 개체를 뽑는 표집.

유층/층화표집: 전집의 개체가 특정변인에 따라 유층으로 묶이고 그 유층으로부터 무선적으로 개체를 뽑는 표집.

군집/군락표집: 자연발생적이거나 혹은 인위적으로 그룹들이 생겼을 때 그룹들 중 일부를 선택하여 그 그룹의 개체를 뽑는 표집.

비확률표집의 종류

비확률표집은 앞의 4가지 확률표집과 달리 무선적으로 표집개체를 선택하지 않는다. 일반적으로 비확률표집은 일반화나 통계적 추론을 함에 있어서 문제가 발생하지만 그렇다고 해서 의미가 전혀 없는 것도 아니다. 실제로 교육학과 관련한 연구에서 연구자는 표집개체를 접근하는 용이성(accessibility)이 어려울 때 또는 어떤 경우 소수가 오히려 다수보다 대표성이 더 있다고 판단되는 경우 비확률표집을 수행하는 경우가 있다. 그러나 어찌되었든 통계의 추론은 확률표집에 근거를 두기 때문에 가능한 비확률표집보다는 확률표집을 하는 것이 바람직하다. 비확률표집은 우연적 표집(convenience or accidental sampling), 의도적 표집(purposive sampling), 할당표집(quota sampling) 등이 있으며 각 표집의 특징은 아래 박스를 참조하기 바란다.

비확률표집의 종류

우연적 표집: 우연히 만나거나 편의적으로 얻을 수 있는 대상을 표집.

의도적 표집: 연구자가 자신의 판단에 의하여 전집을 가장 잘 대표한다거나 전형적인 개체라고 판단하여 표집하는 방법으로 판단표집이라고 하며 특히 소수의 전문가 집단을 선정한다면 전문가표집이 됨.

할당표집: 비확률표집 중에서 가장 정교한 기법으로 연령, 성별, 학력, 직업, 지역 등 일정한 기준을 가지고, 사전에 이미 결정되어 있는 백분율 혹은 표본수와 일치하도록 표본을 추출하는 방법. 일정한 기준에 따라 분류한다는 점에서는 유층표집과 유사하나 할당표집은 작위적이며 유층표집은 무작위적이라는 것이 차이점.

다단계표집

확률표집과 비확률표집은 확률을 기준으로 나눈 것이다. 그러나 실제로는 표집이 여러 단계를 거치거나 여러 방식이 섞여서 혼합표집의 형태로 발생하기도 한다. 다단계표집(multistage sampling)과 혼합표집(multiphase sampling)하고는 엄밀히 말해 틀리기도 하지만 연구방법론을 다루는 것이 아니므로 여기서는 같이 포함하겠다. 가령 1차에서는 군집표집을 하고 2차에서 유층표집을 하는 경우가 있을 수 있다. 1차에서는 대학을 2차에서는 대학에 재학 중인 학생의 유층을 고려하여 선발하는 경우가 그 예가 될 것이다.

2.2 표집 크기(Sample size)

연구에서 선택된 개체의 수를 표집크기라고 한다. 흔히 N은 전집의 개체 수를 n이라고 표시되는 경우는 표집크기를 나타낸다. 표집크기는 일반적으로 어느 정도 커야 그로부터 발생한 통계를 신뢰할 수가 있다. 즉, 표집크기는 클수록 좋다고 본다. 그러나 표집의 크기가 크면 클수록 전집크기에 가까워지고 그렇다고 볼 때 만약 전집을 조사하거나 연구하는 것이 아니라면 추리통계의 모순에 빠진다. 우리는 표집을 통해 전집을 유추하려고 하는데 표집이 거의 전집에 가까운 크기라면 추리통계를 하는 의미가 없다.

❙ 표집크기 결정요인

여러 가지 요인이 표집크기를 결정하는 데 영향을 미친다. 보통 표집크기를 결정하는 데 고려되는 요인들은 전집의 크기 및 속성, 표집방법, 유의도 수준, 검증방향, 통계방법, 연구의 성격, 재정 및 시간 등이다. 전집의 크기가 크면 표집크기도 그에 따라 점차 커져야 한다. 또한 전집의 속성이 여러 유층으로 나뉘어 진다면 그러한 유층을 고려해서 표집크기를 적절히 조절해야 할 것이다.

일반적으로 표집방법이 확률이냐 비확률이냐에 따라 표집크기가 다를 수 있다. 가령 의도적으로 전문가 표집(expert sampling)을 만들고 소수집단의 의견을 산출한다면 많은 표집개체가 필요하지 않을 것이다. 유의도 수준(알파수준) 혹은 신뢰수준(95% 혹은 99%)에 따라 표집크기도 달라진다. 신뢰수준을 높일수록 요구되는 표집크기도 커진다. 검증방향이 일방향인가 양방향인가에 따라서도 달라진다. 똑같은 사례수인 경우 양방향에 비해 일방향 검증인 경우 가설 검증력(power)이 높아진다. 예를 들면 유의도 알파 수준이 .01의 경우 사례수가 똑같다고 할 때 양방향의 검증력이 .59라면 일방향의 검증력은 .70으로 높아진다. 검증력은 뒤에 나올 가설검증 오류에서 다시 설명하겠다.

일반적으로 간과하기 쉬운 것 중에 하나는 통계방법을 포함한 연구의 성격이다.

가령 상관관계에서는 최소한 30개의 개체가 필요하며 통제가 제대로 잘 된 실험연구에서는 8개 이하의 그룹사이즈가 용인될 수도 있지만 그룹을 비교하는 연구는 최소한 각 그룹 당 15개의 개체가 필요하다. 만약 변인 간 관계성이 작을 것이라고 기대하는 경우에는(가령 t값이 작은 경우) 표집크기를 가능한 크게 하는 경우도 발생할 것이다. 즉, 표집크기가 큼에 따라 유의적인 결과가 발생할 수 있다. 물론 임의적으로 표집크기를 무한정 크게 할 수는 없지만 통계적 유의성(statistical significance)과 현실적 유의성(practical significance) 사이에서 한번쯤은 생각해야 할 것이다. 이렇게 여러 요인을 고려해서 표집크기를 결정하지만 실제로 연구자들은 연구에 들어가는 비용과 시간 그리고 표집을 만드는 노력에 따라 표집크기를 결정하는 경우가 많다.

통계적 유의성은 통계적으로 설정된 연구가설이나 모수의 추정치를 통계 결과에 따라 받아들여야만 하는(가령 p값이 .05보다 작은 경우) 것을 의미한다. 반면 현실적 유의성은 통계 결과에 상관없이 연구자가 연구가설을 받아들여야 하거나 받아들이지 말아야 하는 것을 경험과 다른 요인들을 고려하여 결정하는 것을 의미한다. 가령 p값이 .055일 때 표집크기가 너무 작다면 이는 표집크기를 조금만 더 증가시키면 유의한 결과가 나올 것이다. 이 경우 통계적 유의성이 없다고 하나 현실적 유의성을 받아들일 수 있을 것이다.

❙ 표집 크기를 결정하는 요인

표집크기를 결정하는 요인은 앞에서 여러 가지가 있을 수 있다고 설명했다. 그러나 연구자들은 표집크기를 결정함에 있어 다른 사람들에게 자신의 연구가 어느 정도 신뢰성이 있다는 것을 증명해야 할 것이다. 만약 실험실에서 통제를 하지 않는 보통의 조사연구(survey)라고 하면 표집크기를 결정하는데 여러 가지 공식을 사용할 수 있다. 가령 아래의 경우 쉽게 사용할 수 있는 표집크기 공식이다.

$$n = \frac{\pi(1-\pi)}{\left[(\epsilon^2/z^2) + \frac{\pi(1-\pi)}{N}\right]}$$

여기서 n=표집크기, π는 전집과 표집 간에 알려진 예비 비율의 기대치, ϵ는 받아들일 수 있는 오차(acceptable error) z는 신뢰수준과 관련된 양방향 기준치, N은 전집크기이다. 만약 π가 알려져 있지 않을 경우 .5를 사용하고 z의 경우 95% 유의도 수준의 값은 1.96이다. ϵ는 .05로 정할 수 있을 것이다. 전집의 크기가 1000이라고 하면 표집크기는 277.5명, 약 278명이다.

최근에는 이렇게 수작업을 통해 계산하는 것보다 온라인상에서 직접 수치를 기입하여 표집크기를 결정할 수 있다. 아래 그림은 똑같이 1000명을 95% 유의수준에서 5%의 오차를 받아들이며 사례수가 1000명일 때 표집크기 계산기(sample size calculator) 사이트를 이용한 결과이다. 수작업으로 계산을 하는 것과 똑같은 결과가 나온다. 표집크기를 계산하는 사이트는 자바 애플릿을 이용하기 때문에 아주 용이하게 사용할 수 있으며 이러한 사이트는 인터넷상에서 상당히 많으며 특정통계방법과 관련하여 세분화하여 제시하는 사이트도 많다.

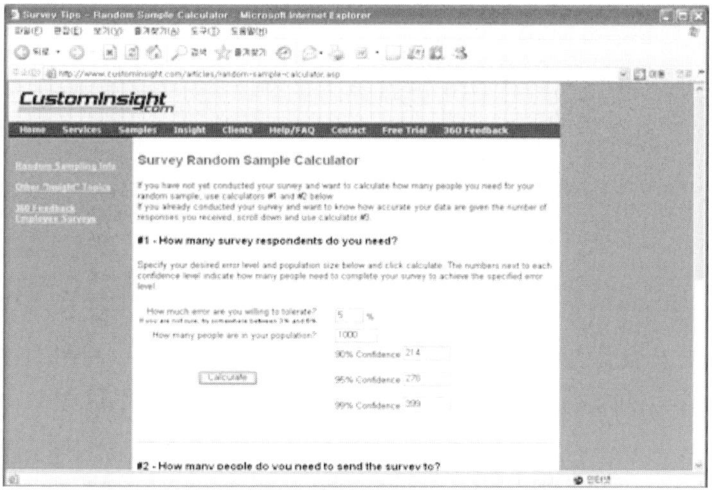

출처: http://www.custominsight.com/articles/random-sample-calculator.asp

[그림 2-1] 표집크기 결정 사이트 예

이렇게 실증적으로 표집크기를 결정하기도 하지만 통계에서 흔히 쓰이는 경험법칙(rule of thumb)에 의하면 보통 미국의 경우 전국적 여론조사는 1500~5000의 개체를, 우리의 경우 1000~1500 정도의 개체를 표집한다. 또한 일반 사회과학적 연구에서 변인이 10~20개 정도인 경우 약 200명 정도를 요구하며 앞에서 제시한 것과 마찬가지로 보통 1000명 정도의 모집인 경우 최소 표집크기로 약 200명이 바람직하다.

표집오차(sampling error)

표집오차란 전집 모수와 표집 통계치하고의 차이를 말한다. 아무리 대표성이 강한 표집을 갖고 있다고 하더라도 항상 전집과 표집은 100% 같다고 말할 수 있는 근거가 없으며 실제로 어느 정도 차이가 발생한다. 여기서 차이가 발생하는 이유가 전집의 모수보다 통계치가 더 클 수도 있으며 더 작을 수도 있다. 가령 전집의 평균이 100일 때 표집의 평균이 95인 경우가 있을 수 있으며 표집의 평균이 105가 나올 수도 있음을 의미한다. 이러한 표집오차를 수식으로 표현하면 다음과 같다.

e=S-θ (e=표집오차, S=통계치, θ=모수)

상기 식에서 e값만 알면 모수 값을 정확하게 추정할 수 있을 것이다. 왜냐면 우리에게 통계치는 있기 때문이다. 그러나 현실적으로 e값도 한 번에 알 수는 없다. 따라서 그 기대치를 유추하게 되고 그 값으로 모수를 유추하는 데 사용한다. 경우에 따라서는 모수가 먼저 유추되고 그에 따른 표집오차를 유추하기도 한다. 보통의 경우 e값은 0이 되지 않는다. 그렇다면 표집오차가 발생하는 주 이유는 무엇일까? 표집오차는 크게 두 가지 이유에서 발생한다. 보통 무선표집오차(random sampling error)와 편견(bias)에 의한 발생이다. 첫 번째는 표집과정에서 우연히 표집오차가 발생(occur by chance)하는 경우이다. 이 경우는 사례 수를 크게 하면 해결이 될 것이다. 두 번째는 표집방법이 잘못되어 발생하는 경우를 말한다. 따라서 올바른 표집방법을 채택해서 해결할 수 있다.

표집방법은 표집오차와 관련이 있기 때문에 올바른 통계적용을 위해 표집크기도 달리 생각할 필요가 있다. 보통 유층표집의 경우 대표성이 가장 확보되기 때문에 단순무선표집보다 적은 수의 표집크기를 가질 수 있다. 군집표집은 그 반대로 유층표집과 단순무선표집보다 표집크기가 커야 할 것이다. 가령 유층표집의 경우 80명이면 단순무선표집에서 표집의 크기가 100 군집표집에서는 약 120명 정도를 선발하는 것이 바람직할 것이다.

2.3 측정

측정(measurement)이란 어떤 특정 변인에 대하여 관찰을 통하여(different observation) 가치(value), 특히 수적인 가치(numeric value)를 부여하는 과정이다. 양적·질적 모든 변인이 통계에서 사용되려면 측정이 반드시 되어야 한다. 측정은 사실 측정도구(measurement tool)에 의하여 이루어진다고 볼 수 있다. 가령 우리가 몸무게를 재기 위해서는 저울이라는 도구가 있어야 하며 심리적인 어떠한 태도를 재기 위해서는 심리태도 설문지가 있어야 한다. 이러한 측정도구로부터 가치를 부여함에 있어, 즉 측정을 통하여 어떠한 결과를 나타낼 때 그 기준이 되는 것으로 척도가 있다. 척도에는 명명, 서열, 등간, 비율척도 등이 있다.

▌명명척도(norminal scale)

질적변인에만 해당하는 척도로서 질적인 면에서 유목들(categories)이 다양하게 변하는 척도를 의미한다. 유목들 사이에 크기의 대소 (magnitude)가 발생하지 않는다. 명명척도는 척도 중에서 가장 하위에 존재 하는 척도로서 말 그대로 유목들에 대하여 단순히 명명(naming)만 하는 것이며 그에 대하여 숫자를 부여하되 그 숫자는 의미 없다.

명명척도의 대표적인 예로 성(gender)이 있다. 성은 남과 여 두 그룹으로 유목화되며 남자의 그룹에 1이라는 수를 부여하고 여자 그룹에 2라는 수를 부여하여 컴퓨터에 코딩을 한다면 그것은 단순히 통계를 내기 위한 편의적인 방법이지 2가 1보다 크다고 말할 수 없다. 또 사람들이 정당에 가입한 경우(political party affiliation)를 크게 민주당, 공화당, 무가입 세 가지로 나눈다면 이는 단순히 어느 당을 명명만 하는 것이지 어떠한 의미가 있는 것이 아니다.

▌서열척도(ordinal scale)

측정을 통하여 각각의 개체에 해당하는 변인 값이 서열 또는 순위(rank)로 나타날 수 있는 것을 말한다. 다시 말해서 낮은 값에서 높은 값으로 나타내어질 수 있는 척도이다. 그러나 각 순위나 서열 간의 어떠한 의미 있는 간격이 있는 것이 아니다(no meaningful distance).

서열척도의 경우 특정인물, 개체 혹은 서비스에 대하여 순위를 매기는 경우가 많다. 대통령 후보에 대한 호감도(preference)를 나타낼 때 후보 세 명, 가령 A B C 중 각각의 순위를 1 위부터 3위까지 점수로 표시할 수 있다. 그러나 1위와 2위와의 호감정도 차이가 2위와 3위와 같지는 않을 것이다. 이러한 호감에 관련된 순위는 대표적인 서열척도이다. 또한 교육학이나 다른 사회과학에서 가장 많이 사용하는 태도나 정서적인 면의 측정도 서열척도이다. 흔히 이러한 태도를 등간척도로 말하는데 엄밀히 말하면 순위의 거리(distance)가 다르기 때문에 서열척도이다.

▌등간척도(interval scale)

서열척도의 상위척도로 개체들의 값이 서열화되는 동시에 각각의 값에 대한 간격 또는 거리가 일정한 것을 의미한다. 즉, 더하기 빼기인 가감이 가능한 척도이다. 가령 9와 10의 거리는 19와 20의 거리와 똑같다. 섭씨와 화씨의 온도가 이 척도에 해당하며 보통의 표준화된 학업성취와 관련된 점수들도 이에 해당한다.

▌비율척도(ratio scale)

등간척도의 상위척도로써 등간척도에다 절대값 0이 있으며 수학적 가감승제가 가능한 척도이다. 사실 등간척도와 비율척도의 차이점을 구분하는 것은 큰 의미가 없다. 몸무게, 키, 월급, 시간 등이 이에 해당한다.

척도의 종류

명명척도: 아무런 의미 없이 변인들의 값을 명명하는 것.
서열척도: 변인에 따라서 개체들의 순위가 발생하는 것.
등간척도: 순위가 발생하면서 동시에 개체 값의 거리가 똑같은 것.
비율척도: 절대기준점 0이 있음으로 순위와 등간뿐만 아니라 비율이나 퍼센트가 가능한 것.

▌척도의 특징

측정과 관찰로 발생한 네 가지 척도에 대하여 수적인 측면을 고려해 비교해보자.

명명척도에서는 수를 통해 개체들이 다른 것만 나타난다. 가령 9번과 10번은 단지 해당 변인에 의해 다른 개체일 뿐이다. 두 번째로 서열척도는 9번과 10번의 상대적인 비교가 가능하다. 즉, 10번이 9번보다 더 큰 값을 가지며 9번은 단지 3번보다 더 큰 값을 가진다. 따라서 10번이 3번보다 더 크다고 본다. 세 번째로 등간척도는 10번은 9번보다 1 단위(unit)가 더 크며 9번은 3번보다 6단위가 더 크다. 따라서 10번은 3번보다 7단위가 더 크다. 네 번째로 비율척도에서는 10번은 5번에 대해 2배가 크며 20번은 5번에 대해서 4배가 크다고 본다.

척도를 구별하는 것은 쉽다. 그러나 그것을 통계에 적용하는 것에는 신중을 기해야 한다. 앞 장에서 언급했듯이 변인에 대해 어떠한 척도로 수치 부여했는가에 따라 통계기법을 달리 적용해야 한다. 통계 처리기법과 척도의 종류는 매우 밀접한 관계이다. 대부분의 명명과 서열척도인 경우는 비모수통계 기법을 사용해야 한다. 등간척도 이상의 척도의 값이어야 사용할 수 있는 모수통계기법에 명명척도로 측정한 것을 사용할 수 없다. 하지만 보통 서열척도로 인간의 태도나 정서적인 것을 측정한 경우 등간척도로 인정하여 사용하기도 한다. 이러한 서열척도로 가장 대표적인 것이 라이커트 타입 척도(Likert-type scale)이다.

척도는 하위척도가 상위척도에 종속(nested)되므로 상위척도로 측정된 결과는 항상 하위척도로 변환이 가능하다. 그러나 그 반대로 하위척도로 측정한 값을 상위척도로 변환시키는 것은 불가능하다. 일반적으로 서열척도를 등간척도로 사용할 수는 없지만 등간척도의 데이터 값은 서열척도나 명명척도로 전환이 가능하다. 예를 들면 월급의 원 데이터 값은 비율척도이다. 그러나 월급을 200만원 미만은 하, 200만원 이상부터 500만원 미만은 중, 500만원 이상은 상이라고 하면 서열척도로 전환되어 그룹으로 유목화를 이룰 수 있다.

설문지를 작성함에 있어 연구자는 두 가지 양식에서 고민을 하는 경우가 많다. 가령 상위척도는 항상 하위척도로 전환이 가능하므로 설문지를 상위척도로 표시되도록 하고 싶어 하는 경우와 설문대상자의 편의성을 고려하는 두 가지이다. 예를 들면 나이를 측정함에 있어 아래와 같은 두 가지 방식이 있을 수 있다.

▸ 당신의 나이는 (만 　　세)

▸ 당신의 나이에 해당하는 아래 번호에 동그라미를 치시오.

① 10~19 ② 20~29 ③ 30~39 ④ 40~49 ⑤ 50세 이상

척도의 성격만 고려했을 때 첫 번째가 더 우수하다. 하지만 피조사자 입장에서는 직접 기입하는 것보다는 동그라미를 치는 것이 더 편할 것이며, 따라서 응답오류(response error)가 줄어들 수 있다. 즉, 응답오류와 척도의 우수성 차원에서 연구자는 고민을 하게 되지만 가능한 상위척도로 측정하는 것이 기본적으로 바람직하다.

라이커트 타입 척도(Likert-type scale)

라이커트 타입의 척도는 인간의 정서적인 면을 측정하는 가장 대표적인 척도이다. 이 척도는 보통 태도(attitude), 규범(norm), 믿음(belief), 감정(feeling) 등을 측정하는 데 좋은 도구이다. 태도는 긍정(positive)과 부정(negative)의 값을 가지며, 규범은 옳고(right) 그름(wrong), 믿음은 진실(true)과 거짓(false), 그리고 감정은 좋고(favor) 싫고(unfavor)의 값을 가질 수 있다. 상기 구성요인(construct)을 측정하기 위해 특정 서술문을 제시하고 응답자로 하여금 1점에서 5점 범위나 1점에서 7점 범위 안에서 자신의 반응을 표시하도록 하는 방식이 라이커트 타입 척도이다.

라이커트 타입 척도를 등간척도로 착각하고 등간척도에 적용해야 할 통계기법(가령 회귀분석)에 사용하는 경우가 있는데 원칙적으로 그것은 잘못이다. 라이커트 타입의 척도는 서열척도이기 때문이다. 가령 5점 척도로 어떤 태도를 측정하였다고 가정할 때 5점과 4점의 거리(차이)는 3점과 4점과 같다고 말할 수 없다. 라이커트 타입의 척도는 서열척도이지만 경험상 등간척도에서 사용하는 통계방법에 적용해도 큰 무리가 없다고 사용하는 척도이다.

라이커트 타입의 척도의 특징은 서열척도라는 것 이외에도 두 가지의 속성을 이해해야 한다. 첫째로 라이커트 타입 척도는 총합점수(summated scale)를 산출하기 위한 척도라는 것이다. 총합점수라는 것은 적어도 2개 이상의 아이템(문항)으로 측정을 하여 그것들의 합한 값을 변인의 값으로 사용한다는 것이다. 가령 이러닝(e-learning) 태도를 5점 척도로 10개 아이템으로 측정하였다고 하자. 그러면 이 10개 아이템의 값을 다 더하여 한 개체의 이러닝 태도 값으로 표시한다. 이때 한 개체는 5점 척도이기 때문에 10점에서 50점 범위

값을 가질 것이다. 그러나 총합점수를 사용할 때 이러한 점수보다는 다시 문항수로 나누어 1점에서 5점 사이의 점수로 표시하는 것이 바람직하다. 그 이유는 우리가 "1점 아주 부정" 그리고 "5점 아주 긍정"이라는 식으로 측정하였기 때문에 50점을 표시한다면 혼란이 생기기 때문이다. 사실 통계적으로 한 개체가 총합점수가 10점에서 50점 사이의 점수가 되든 1점에서 5점 사이의 점수가 되던 뒤에서 다룰 변량에는 차이가 없고 따라서 어떠한 통계방법을 적용해도 그 결과는 똑같다.

라이커트 타입 척도의 또 다른 특징은 단일 개념(single trait)을 측정하는 척도라는 것이다. 즉, 다개념(multi trait)이나 다중측정도구(multiple indicator)가 아니라는 점이다. 단일 개념 또는 단일 성격 측정도구라는 것은 가령 이러닝 태도를 측정하는 도구가 있을 시 이러닝 태도만 관련하여 측정을 하여야 한다는 것을 말한다. 따라서 이러닝 지식 측정 아이템이 이러닝 태도를 측정하는 라이커트 타입 척도와 같은 아이템에 포함되어서는 안 된다는 것이다. 반면 다개념 또는 다중 측정도구라는 것은 두 개 이상의 독립된 도구가 통합해서 하나의 구성요인을 측정하는 도구이다. 지능이 만약 언어적, 수리적 능력의 통합이라면 이것은 두 개의 다중 성격의 독립된 측정도구가 필요하다. 이러한 것은 사실 측정의 타당도와 신뢰도와 관련이 있는 개념인데 추후에 다시 설명하기로 하겠다.

라이커트 타입의 척도를 몇 점으로 측정하는가는 전적으로 연구자에 달려 있다. 가장 많이 사용되는 것은 5점 척도이다. 5점은 "매우 긍정", 4점은 "긍정", 3점은 "잘 모르거나 중간", 2점은 "부정", 1점은 "매우 부정"이라는 형태로 특정 아이템이 제시되고 응답자의 반응을 표시하도록 하는 방법이다. 물론 5점을 "매우 그렇다", 1점을 "매우 그렇지 않다" 등으로 표시할 수도 있다. 두 번째로 많이 쓰이는 점수의 척도는 7점 척도이다. 이 경우는 응답자의 변이(variation)를 좀 더 넓게 가져가려는 의미에서 많이 쓰인다. 5점 척도인 경우 중앙의 값은 3점인데 비해 7점 척도는 4점이 가운데이며 좀 더 넓은 범위의 값을 가지기 때문에 응답자의 폭이 넓다는 장점이 있다. 반면 응답자가 너무 선택의 폭이 넓기 때문에 아이템이 많을 경우 응답의 일관성이 떨어질 수도 있다는 단점도 있다.

중간점수를 제외하고 4점 척도로만 측정하는 경우도 있다. 이는 응답자가 어느 한쪽에 확실히 답하도록 중간점수를 없앤 경우로 경향을 파악하는 데 유리한 점이 있지만 수리적으로 바람직하지 않으며 최근에 많이 쓰이지 않는다. 마지막으로 응답을 함에 있어서 순서를 1점에서 5점으로 나타내기도 하고 그 반대로 5점부터 1점 순으로 나타내기도 하는데 어느 경우에도 수리적으로 차이는 없다. 그러나 일반적으로 5점을 "가장 긍정"에 1점을

"가장 부정"하는 식으로 표현하는 것이 바람직하다.

아래는 라이커트 타입 척도의 한 예이다. 실제로 이렇게 3개의 아이템 또는 문항으로 측정하기보다는 좀 더 많은 아이템으로 측정하는 것이 좋다. 수리적으로 2개 이상의 아이템으로 구성되어야 추후에 다룰 신뢰도에서 내적일치도계수(알파계수)를 산출할 수 있다. 따라서 3개 정도의 아이템이 최소한의 라이커트 타입 척도의 권장 아이템 수라고 할 수 있다. 그러나 라이커트 타입이 아닌 경우는 1개의 아이템으로 측정되어도 무방하다. 가령 한 달 월급액수를 여러 아이템으로 측정할 필요는 없는 것이다.

예) 5점 라이커트 타입 척도

	매우부정	부정	보통/중간	긍정	매우긍정
이러닝은 일반 교육에 비해 교육효과가 떨어지지 않음	1	2	3	4	5
이러닝은 사교육비를 절감할 수 있는 교육적 대안이 됨	1	2	3	4	5
이러닝은 앞으로 계속 투자해야 할 교육 방법임	1	2	3	4	5

2.4 SAS를 사용하여 난수를 생성하는 방법

난수를 추출하여 표집을 구성하는 방법은 여러 가지가 있다. 전집 개체들의 번호를 안다면 손쉽게 SAS프로그램을 이용하여 난수를 추출할 수 있다. 그리고 나서 그에 해당하는 번호만 뽑아 표집을 구성 하면 적절한 무선표집을 만들 수 있다. Do구문과 rauni명령문을 사용하여 프로그램을 작성하면 다음과 같다.

예 100명의 전집에서 10명을 추출할 때

```
data random;
do i = 1 to 10;                    ①
   x=ranuni(0);
id=round(100*x+0.5)                ②
  output;
 end; run;
proc sort data=random;             ③
 by id; run;
```

```
proc print data=random; run;            ④
```

●각 명령문의 기본 해설 및 결과값

① 여기서 i=1 to 10은 10번을 수행하라는 뜻인데 만약 50명을 추출하고자 하면 10 대신 50을 집어넣으면 된다.

② id=round(100*x+0.5)에서 100은 전집의 개체 수이다. 따라서 전집의 개체가 1000명인 경우 100 대신 1000만 대입하면 된다. 이 프로그램을 수행하면 id라는 변수에 해당하는 값들이 발생한다. 이 번호에 해당하는 개체를 뽑아 표집을 구성하면 되는데 이 id값은 수행할 때마다 말 그대로 다른 값이 만들어진다. 즉, 말 그대로 난수(random number)를 생성하기 때문이다. 아래 두 번째 난수 값과 세 번째 난수 값이 같을 경우는 충분한 사례수가 없기 때문인데 이 경우 세 번째 값을 18 대신 19로 해주면 된다.

③ proc sort data=random; by id; run; 새롭게 생성된 변인 id에 의해 정렬을 하라는 명령문이다.

④ proc print; 정렬된 데이터를 출력하라는 명령문이다.

OBS	i	x	id
1	4	0.10987	11
2	5	0.17275	18
3	10	0.17820	18
4	7	0.30535	31
5	2	0.31335	32
6	9	0.50809	51
7	1	0.60864	61
8	3	0.78570	79
9	8	0.86080	87
10	6	0.88173	89

2.5 SAS에서 표집을 만들기

난수를 만드는 것과 비슷하지만 아예 표집방법을 이용하는 구문도 있다. proc surveyselect;를 이용하여 단순무선표집을 만들어낼 수 있다.

예 10명의 전집에서 4명의 표집생성

```
data psy;
do i=1 to 10;
output;
end; run;                                                    ①
proc surveyselect data=psy out=psy2 method=srs
sampsize=4 seed=1; run;
proc print data=psy2; run;                                   ②
```

• 각 명령문의 기본 해설 및 결과값

① do구문으로 인해 10번(즉, 전집크기)을 수행하라는 것이다. Do구문에 의해 psy라는 데이터세트가 생성되었다.

② proc surveyselct;는 표집을 만들라는 기본구문이다. 앞에서 만들어진 psy데이터 세트를 이용해서 결과를 psy2로 내보내라는 것이다. method옵션은 단순무선표집, 즉 선택될 확률이 똑같고 대치가 없다(no replacement). srs 대신 sys를 사용할 수도 있다. sys는 체계적 표집방법이다. urs는 선택확률이 같지만 대치가 있다. sampsize는 표집크기를 지정하는 옵션이다. seed는 난수 seed를 지정한다. seed는 일반적으로 컴퓨터 보안처리 시 사용하는 것이라 생각하면 된다.

```
          The SURVEYSELECT Procedure

Selection Method     Simple Random Sampling

    Input Data Set                  PSY
    Random Number Seed                1
    Sample Size                       4
    Selection Probability           0.4
    Sampling Weight                 2.5
    Output Data Set                PSY2

 OBS     i

  1      2
  2      3
  3      4
  4      8
```

Chapter 03

기술통계

Situation 3

C씨는 프로젝트 매니저(PM)으로부터 K대학의 직원직무교육 학습관리시스템(LMS) 구축에 필요한 정보전략계획(ISP)과 비즈니스 리엔지니어링(BPR)수립을 위한 팀원으로 배정을 받고 나서 관련 기초자료 수집에 나섰다. 정보시스템, 전략, 업무 프로세스, 구조 등과 관련된 각종 기존 문헌자료는 수집이 가능하였다. 그러나 시스템 구축 완료 후 운영과 그에 따른 지원체계와 관련된 정보가 없어 이에 대한 직접적인 설문조사를 실시하기로 하였다. 운영에 대한 전략수립과 프로세스 개선을 위한 기초정보를 파악하여 PM에게 보고하여야 한다.

Problem: C씨는 조사를 하여 통계처리를 함에 있어, 어떻게 기초핵심사항을 도출하고 PM에게 보고하는 것이 효과적일까?

Solution: 일차적으로 학습관리시스템을 사용할 직원대상으로 현 직무교육의 만족도, 직무교육에서 받고자 하는 각종 프로그램의 순위, 직무교육 학습관리시스템 구축이 완성되었을 때의 각종 인사고과 평가 및 인센티브 그리고 운영방식에 대한 선호도 등을 파악하여 평균, 빈도, 순위 등을 산출하여 제시한다. 특히 이러한 기술통계를 제시함에 있어 비교가 가능하게 표나 그래프로 제시한다.

Learning Objectives: 기술통계로써 비율, 백분율, 비, 빈도 등을 표로 작성할 수 있다. 또한 경향을 파악·이해하며, 집중경향치의 속성과 각 경향치의 특성을 설명할 수 있으며, 분산도의 속성과 종류 및 특징에 대하여 설명할 수 있다. 분산도를 이해한 후 정규분포와 분포의 왜도 및 첨도의 속성과 그 유의점을 설명할 수 있다.

3.1 빈도, 비율, 백분율, 비

빈도(frequency)는 명명척도로 측정된 데이터 값을 표시하는 가장 기본적 단위이다. 보통 영어 약자로 f라고 표시를 한다. 표집의 빈도는 n 전집의 빈도는 N으로 표시하기도 한다. 빈도는 명명척도의 데이터이지만 전장에서 설명하였듯이 서열척도와 등간척도의 데이터 모두 유목화하여 빈도로 표시를 할 수 있다. 유목화된 그룹에 해당하는 데이터들은 하나의 그룹에 반드시 전적으로(exhaustive) 들어가야 하고 동시에 한 그룹에 들어간 데이터들은 다른 그룹에 절대로 들어갈 수 없다(mutually exclusive).

비율(proportion)은 빈도를 사용하여 표시할 수 있는 기술통계이다. 보통 전체 사례수에 대항하는 한 집단의 사례수의 관계를 알아본다. 즉, 집단의 사례수를 전체사례수로 나눈 값이다. 비율은 항상 소수값을 가지고 1보다 클 수 없다. 한편 비율과 관련하여 백분율(percentage)이라는 것이 있다. 백분율은 실제로 명명척도상의 빈도와 더불어 가장 많이 사용되는 기술통계이다. 백분율은 앞의 비율에 100을 곱한 것이다. 이렇게 100을 곱하는 이유는 한 눈에 비교를 쉽게 하기 위함이다.

비(ratio)는 흔히 몇 대 몇이라는 말로 많이 표현되는 기술통계이다. 과거 모 방송국의 유명한 음식프로그램에서 패널 멤버들이 최종 맛을 평가하는 시간에 몇 대 몇으로 어느 음식이 이겼다고 하는 그런 방식이다. 사실 비율이라는 말을 컴퓨터 한영사전에서 치면 ratio, proportion, percentage, rate 다양하게 나와서 모두 같다고 생각할 수 있지만 비와 비율은 엄밀히 말해서 통계적 의미가 다르다.

예 K대 직원 100명(N) 중 남성 70명(n_1), 여성 30명(n_2)이라고 하자.

남성의 비율은 70/100=0.7 백분율은 70%, 여성의 비율은 30/100=0.3 백분율은 30%이다. 남성대여성의 비는 7:3비다. 이것은 2.33:1 방식으로 표시할 수도 있다. 즉, 여성 1명에 남성은 2.33명이라고 해석할 수 있다. 또 다른 방식으로 여성(분모)에 대한 남성(분자)의 비는 70/30=2.33이라고 표시할 수 있다.

집단의 구조를 유목별로 분류

비율: $P = n_1/N$

백분율: $(n_1/N)*100$

비: n_1/n_2 또는 $n_1:n_2$

앞의 예에서 제시된 빈도와 백분율을 표로 제시하면 다음과 같다. 빈도표(frequency table)는 보통 합계가 나타나야 하며 그 퍼센트는 반드시 100이 되도록 해야 한다. 아래 표는 빈도표의 예시이다. 만약 무응답자 또는 결측치로 인하여 100%가 되지 않을 경우는 표 아래에 별도로 무응답에 대한 설명이 있거나 표시해야 한다. 그렇지 않으면 표 안에 결측치를 나타내어 100%로 맞추어야 한다.

<표 3-1> 직원 성의 분포

성	빈도 (n)	퍼센트 (%)
남성	70	70%
여성	30	30%
합계	100	100

때때로 표보다는 그래픽으로 제시하는 것이 비교를 시각화한다는 점에서 유리하다. 아래 그림은 똑같은 데이터를 막대그래프(bar graph)로 나타낸 것이다. 막대그래프를 제시함에 있어서 한 가지 주의할 점은 Y축의 급간이다. Y축의 급간을 너무 넓게 잡으면 비교의 폭이 어렵게 느껴진다. 즉, 아래 그림은 10의 단위로 표시되어 있는데 이것을 50으로 잡으면 별로 차이가 나지 않는 것으로 오해할 수 있다.

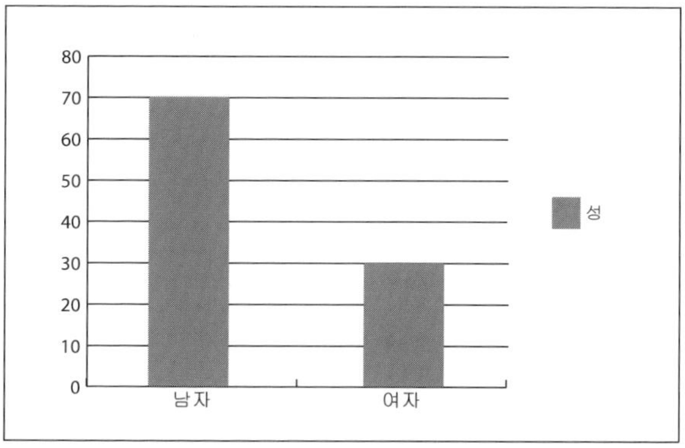

[그림 3-1] 막대그래프

3.2 집중경향치(Central tendency or Average)

대부분 연구에서 빈도와 퍼센트를 아는 것 이외에 데이터들의 전형적인 모습을 한눈에 알기 위해 흔히 사용되는 기술통계로 집중경향치가 있다. 집중경향치는 데이터 세트의 대표적인 특징, 즉 경향을 우리에게 손쉽게 전달하기 위한 기술통계이다. 집중경향치로 대표적인 것은 최빈치(mode), 중앙치(median), 평균(mean) 등이 있다.

최빈치

최빈치는 단순히 분포상에서 가장 많이 빈도가 발생한 점수를 말한다. 이것은 집중경향을 나타내는 가장 쉬운 통계지만 실제로는 교육관련 연구에서 많이 사용되지 않는다. 사실 우리가 "올 봄의 유행 모드는 어떤 색이다"라고 말하는 것은 그 색을 가장 많이 입는다는 것이고 따라서 그 색이 대표이라는 것을 의미한다. 최빈치는 모든 타입의 데이터에서, 즉 명명척도에서 등간척도까지 사용가능하다.

예 1, 1, 1, 2, 3, 4 의 최빈치는 1

중앙치

중앙치는 말 그대로 중앙에 위치한 점수를 의미한다. 원점수를 서열화 한 다음 중간점수를 뽑아내는 것이다. 그러므로 적어도 서열척도 데이터에서 사용할 수 있다. 이 중앙치는 50%의 점수가 중앙치 아래 위에 존재한다. 만약 사례수가 홀수 일 때는 (n+1)/2의 위치에 해당하는 점수이며 만약 사례수가 짝수일 때는 n/2, (n/2)+1 두 값을 이용한 평균값을 제시하면 된다. 중앙치는 50%에 해당하는 점수이므로 상하위의 극단치(extreme score)에 영향을 받지 않는 집중경향치이다(resistant measure).

예 1 2 3 4 5 의 중앙치는 3

1 2 3 4 5 6 의 중앙치는 3.5

평균

우리말 "보통"을 영어로 표현하면 "average"가 될 것이다. 이 "보통"이라는 것은 어의적인 측면에서 가장 그 집단을 대표하는 것으로 볼 수 있다. 이러한 "보통"을 수적인 측면으로 표현한다면 그것은 평균(arithmetic average)이 될 것이다. 평균을 사용하기 위해서는 적어도 등간척도로 측정이 되어야 한다. 원래의 데이터 세트에 없는 평균이 산출될 수도 있다. 가령 어떤 변인에 대하여 평균이 2.5명이라고 말 할 수도 있다. 사실 사람이 나뉠 수 없지만 수리상 가능하다는 것이다.

통계에서 평균이 사용되는 가장 큰 이유는 모든 데이터 값이 고려된 집중경향치라는 것이다. 따라서 평균만 봐도 특정 데이터 세트의 특징이나 경향을 파악할 수 있다. 그러나 모든 데이터가 사용된 것이 약점이 될 수도 있다. 즉, 극단치에 영향을 많이 받는 다는 것이다. 아래의 예를 보면 최빈치와 중앙치가 같을 때 극단치에 따라 평균이 달라지는 것을 알 수 있다.

예 52, 54, 54, 58, 62 최빈치= 54, 중앙치=54, 평균=56

41, 54, 54, 58, 62 최빈치=54, 중앙치=54, 평균=53.8

52, 54, 54, 58, 80 최빈치=54, 중앙치=54, 평균=59.6

평균은 두 가지 중요한 통계적 속성을 가지고 있다. 첫째, 평균에서 원점수를 뺀 값(편차)들을 다 더하면 0이 된다($\sum(x_i - \bar{x}) = 0$). 둘째, 평균을 이용하여 편차를 낸 값을 제곱화하여 다 더했을 때 그 값은 평균을 제외한 원점수를 이용하여 편차 낸 값을 제곱화하여 다 더한 값보다 항상 더 작다($\sum(x_i - \bar{x})^2 < \sum(x_i - x_j)^2 \; i \neq j$). 이 두 번째 속성은 나중에 설명하게 될 최소자승화 법칙과도 관련이 있다.

예 가령 한 데이터 세트의 구성이 1, 2, 3이라고 하자. 이때 평균(mean)=2일 것이다. 평균에서 각 원점수를 빼서 다 더하면 (2-1)+(2-2)+(2-3)=0이다. 두 번째 속성의 증명은 다음과 같다. 평균을 이용하여 편차를 만들어 자승하여 다 더한 것은 다른 값 가령 1이라고 할 때 그 점수로부터 각 점수를 빼서 자승해서 더한 값보다 더 작다. $(2-1)^2+(2-2)^2+(2-3)^2=2 < (1-1)^2+(1-2)^2+(1-3)^2=5$이다.

집중경향치의 종류

최빈치: 한 데이터 세트에서 가장 많이 발생한 수치를 의미.
중앙치: 한 데이터 세트에서 전체 사례 수를 양분하는 50% 백분위점수.
평균: 산술평균치를 의미함. 모든 점수를 다 더하여 사례수로 나눈 값.

3.3 분산도/변산도(Dispersion, Variability, Variation)

분산도는 한 데이터 세트에서 사례(개체)들의 변인 값이 어떻게 퍼져 있는가, 즉 밀집과 분산의 정도를 나타내는 수치이다. 일반적으로 집중경향치와 같이 사용된다. 분산도가 왜 집중경향치와 같이 사용되는가 하면 똑같은 평균이라고 해도 변산도가 틀려짐에 따라 상당히 다른 변인 값의 분포를 나타낼 수 있기 때문이다. 가령 똑같은 점수를 해석함에 따라 분포상의 위치가 분산도에 따라 달라질 수 있다. 또한 분산도를 이용하여 두 개 이상의 분포를 비교할 수도 있다.

아래의 데이터 세트는 최빈치, 중앙치, 평균 모두 70을 가지고 있다. 그러나 눈으로 보기에도 첫 번째 데이터 세트 A가 두 번째 데이터 세트 B보다 분포가 더 넓은 것을 알 수 있다. 이렇게 집중경향치 하나만 사용한다면 어떤 특정 데이터 세트의 속성을 파악하기에는 부족함이 있다.

예 데이터 세트 A: 90, 80, 80, 70, 70, 70, 70, 60, 60, 50
데이터 세트 B: 80, 75, 75, 70, 70, 70, 70, 65, 65, 60

사실 분산도는 나중에 다루게 될 추리통계의 기초가 되는 개념이다. 여기서는 분산도의 종류로 범위(range), 변량(variance), 표준편차(standard deviation), 변동계수(coefficient of variation)를 알아본다.

▌범위

범위는 사용하기 가장 쉽고 빠르게 분포를 알 수 있다는 장점이 있다. 범위는 데이터 세트안의 가장 큰 값(maximum)에서 가장 작은 값(minimum)을 빼면 구할 수 있다. 그러나 이러한 공식에서 알 수 있듯이 단지 두 값만 반영한다는 단점이 있다. 또한 데이터 세트의 개체 수에 따라 범위가 영향을 받기도 한다. 상기 예의 범위를 나타내면 데이터 세트 A의 범위는 40이며 데이터 세트 B는 20이 될 것이다. 즉, 범위를 통하여 데이터A가 더 넓게 분포되어있다는 것을 유추할 수 있다. 보통 분산도가 큰 집단을 이질적(heterogeneous)인 데이터 세트라고 하며 작은 집단을 동질적(homogenous) 데이터 세트라고 한다.

범위 = 최대값 − 최소값

▌변량

변량은 평균을 이용하여 분산도를 나타내고자 하는 생각에서 만들어졌다. 평균을 고려한 분산도를 만들기 위해서 편차라는 개념을 사용한다. 평균을 이용하는 이유는 평균이 단점도 있지만 그럼에도 불구하고 특정 데이터 세트를 가장 대표하는 값이기 때문이다. 편차(deviation)는 평균으로부터 원점수 간의 거리(distance), 즉 평균에서 원점수를 뺀 값이다. 편차를 고려하여 분포도를 생각한다면 평균으로부터 어느 정도 개체들이 떨어져 있는가의 그림을 그릴 수 있고 다른 데이터 세트와 비교를 할 수도 있을 것이다.

평균의 속성에서 이미 설명하였듯이 편차의 합은 0이 된다. 따라서 편차의 합이 0이 되지 않게 하기 위해서 편차를 자승해서 모두 더해야 한다(sum of squares). 변량은 이러한 편차를 자승해서 다 더하여 데이터 세트의 개체수로 나눈 값이 된다. 모집의 변량은 σ^2 표집의 변량은 s^2이라고 표시한다. 변량은 분산도를 나타내기 위한 기술통계치 중 하나이다. 그러나 현실적으로 어떤 데이터 세트의 속성을 파악하기 위해서 평균과 사용되는 통계는 변량보다 바로 뒤에서 설명할 표준편차가 많이 사용된다.

변량은 어떤 데이터 세트의 일반적인 경향을 평가하기 위해서는 표준편차보다 적게 사용되지만 실제로는 통계에서 가장 중요한 개념이다. 기술통계에서 추리통계로 갈수록 변량의 의미가 중요해지며, 고차원의 통계(다변량통계기법 등)로 갈수록 결국 변량의 원천(source of variation)이 중요하게 여겨질 것이다. 사실 변인의 관계성을 설명하는 것은 변량이 어디로부터 발생하는가를 설명하는 것이라 할 수 있다. 아래에 변량을 구하는 공식이 제시되어 있다. 어느 문헌에는 n-1 대신 n을 사용하기도 하는데 어느 정도 사례수가 크면 변량의 크기는 거의 차이가 없을 것이다. 가령 사례수가 100이라면 100이나 99나 분모의 값으로 나누어진다면 그 차이는 거의 없게 된다.

$$s^2 = \frac{\sum_{i=1}^{n} (\bar{x} - x_i)^2}{n-1}$$

표준편차

표준편차는 데이터 세트의 형태를 이해함에 있어 가장 중요한 기술통계치이다. 이것은 변량이 편차의 합이 0이 되어서 자승을 하였기 때문에 다시 그 자승을 풀어 주어야 한다는 개념에서 출발한다. 즉, 변량 값을 다시 제곱근으로 풀어 주는 변산도 수치이다.

$$s = \sqrt{\frac{\sum_{i=1}^{n}(\bar{x} - x_i)^2}{n-1}}$$

앞에서도 말했듯이 평균과 더불어 특정 데이터 세트를 이해하는 데 가장 많이 사용되는 통계치이다. 즉, 어떤 집단의 속성을 표(table)로 파악하기 위해 평균이 제시된다면 바로 옆에는 변량보다 보통의 경우 표준편차가 같이 제시될 것이다. 아래 표는 평균과 표준편차를 같이 제시한 예이다.

<표 3-2> 평균과 표준편차 표

성	중간고사평균 (표준편차)	학기말고사평균 (표준편차)
남자	78 (8.6)	82 (5.3)
여자	81 (6.8)	83 (6.2)

그럼 표준편차가 주는 의미는 무엇인지 알아보자. 표준편차는 보통 모집은 σ 표집은 s 또는 SD라고 표시를 한다. 표준편차는, 즉 시그마라는 단위와 함께 해석할 수 있다. 다음 그림은 정규분포(normal distribution)[1]에서의 표준편차와 백분위(percentile rank)의 관계를 제시하고 있다. 평균을 중심으로 +1 SD와 -1 SD 사이에는 68.2%의 데이터 개체들이 존재한다는 것이고 평균을 중심으로 +2 SD와 -2 SD 사이에는 95.4%의 데이터 개체들이 존재한다는 것을 의미한다. 아래 백분위를 살펴보면 0.1%에서부터 평균까지에는 50%의 개체들이 존재하고 그것들이 점차 누적되어 오른쪽 마지막에 가서는 99.9%로 확대되어 가는 모습을 볼 수 있을 것이다. 이렇게 평균을 중심으로 데

1) 정규분포에 대해서는 아래 3.4에서 자세히 설명함.

이터 세트 안의 개체들의 수를 안다는 것은, 즉 그 데이터 세트의 속성을 파악할 수 있다는 것을 의미한다.

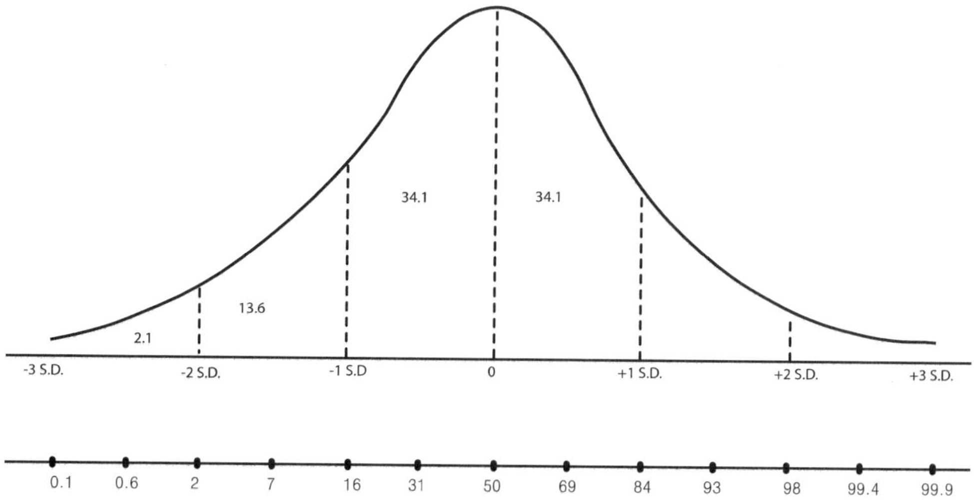

[그림 3-2] 정규분포와 표준편차

이것을 간단하게 다시 정리하면 다음과 같다. 만약 데이터 세트가 평균을 정점으로 정규분포에 가깝다면 다음과 같은 해석을 내릴 수가 있다.

평균으로부터 ±1 표준편차의 범위에 약 68%의 데이터가 존재.
평균으로부터 ±2 표준편차의 범위에 약 95%의 데이터가 존재.
평균으로부터 ±3 표준편차의 범위에 약 99.9%의 데이터가 존재.

표준편차를 이용하여 데이터 세트를 분석하는 아래 예에 제시되어 있다.

표준편차를 실제 데이터 분석에 적용하는 방법

가령 어느 집단 사례수가 n=200명이라고 하자. 조사를 하였더니 한 달 평균용돈이 mean =10만원이며 표준편차 SD=5라는 값이 제시되었다고 하자. 조사는 매우 간단하게 이루어진다. 가령 당신의 한 달 용돈은 얼마냐고 질문한 뒤 답을 요구한다. 그리고 나서 그 답에 표시된 금액을 다 더하여 200으로 나누면 평균이 나올 것이고 그 평균을 이용하여 각각의 응답자가 표시한 용돈을 빼서(편차) 자승하여 다 더한 다음 사례수로 나누어 제곱근으로 풀어 주면 표준편차가 나올 것이다.

평균이 10만원이므로 대체적으로 사람들이 이 정도는 한 달에 용돈을 쓰는 구나하고 유추를 할 수 있으며 최대값과 최소값이 나타나지 않았더라도 +1과 −1표준편차 사이에 평균을 중심으로 약 65%의 데이터가 들어있음으로 약 130명 정도가 5만원에서 15만원 정도를 한 달 용돈으로 사용한다고 해석할 수 있다. 나아가 약 95%, 즉 여기서는 200명 중 190명은 +2와 -2 표준편차 사이에, 즉 0원과 20만원을 쓰는 사람이라고 유추할 수 있다. 만약 +3과 -3 표준편차 사이를 고려한다면 −5만원에서부터 25만원을 쓰는 사람들이 거의 모든 사람들이라는 분포적 개념을 의미한다. 그렇다면 과연 한 푼도 쓰지 않는 사람 나아가 −5만원을 쓰는 사람들이 과연 존재할 수 있나 의문이 들 수 있다. [2]마이너스 5만원은 현실적으로 발생할 수 없을 것이다. 결국 표준편차라는 것을 이용하여 분포를 분석 할 때 실제로 원 자료에서 없는 값이 나올 수도 있다.

더불어 데이터 세트의 속성을 파악하기 위한 좋은 통계치인 표준편차도 극단치(extreme score)에 민감하다는 약점이 있다. 그리고 표준편차를 이용하여 두 개 이상의 분포를 비교하고자 할 때는 기본적으로 정규분포의 형태를 가져야 한다. 아래 데이터 세트는 평균과 중앙치가 같지만 변산도인 범위와 표준편차가 다른 데이터 세트의 예이다. 데이터 세트C가 A보다 동질적인 데이터 세트라고 할 수 있다.

예)

	범위	평균	중앙치	표준편차
A: 20, 30, 40, 50, 60, 70	50	45	45	18.7
B: 20, 43, 44, 46, 47, 70	50	45	45	15.9
C: 40, 43,44, 46, 47, 50	10	45	45	3.5

▌변동계수

표준편차를 산술평균으로 나눈 것이 변동계수이다. 변동계수는 따라서 산술평균에 대한 표준편차의 비율이다. 변동계수는 비율척도(ratio scale)상에서 산출이 가

2) 여기서 마이너스의 개념은 대출 마이너스 통장의 개념이나 카드빚을 고려한 마이너스가 아님.

능하다. 즉, 절대 0점이 있는 척도이어야 한다. 무게 변인의 값이 0라고 하는 것은 무게가 전혀 없다는 것이다. PH가 0이라는 것은 PH가 없다는 것이 아니고 산성이 0이라는 의미인데 이 경우 사용할 수 없다. 온도를 분석할 때 섭씨로 측정되었거나 절대온도인 켈빈 온도(Kelvin scale)로 측정되었거나 표준편차는 같다. 그러나 평균의 경우는 두 척도에서 다르고 따라서 변동계수도 달라질 것이다.

변동계수는 평균들이 상당히 다르거나 다른 측정단위를 이용한 데이터 세트를 비교하는 경우 표준편차 대신 사용한다. 가령 혈압의 표준편차와 맥박의 표준편차를 비교하는 것은 무의미하다. 그러나 혈압의 변동계수와 맥박의 변동계수는 비교할 수 있다. 반면에 평균이 거의 0에 가까운 경우 평균으로부터 작은 변화에 민감하기 때문에 사용하는 어려움이 있다. 또한 평균의 신뢰구간을 추정하는 데 표준편차와 달리 사용할 수 없다. 표준편차가 절대적인 변이(absolute variability)를 나타내는 것이라면 변동계수는 상대적인 변이(relative variability)를 나타내는 지표이다. 아래는 변동계수 산출공식이다.

$$C_v = \frac{\sigma}{\mu}$$

여기서 C_v는 변동계수, σ는 표준편차, μ는 평균

분산의 종류

범위: 최대치에서 최소치를 뺀 값.

변량: 평균을 이용한 편차들의 제곱합을 사례수로 나눈 것.

표준편차: 변량값을 다시 루트화시킨 것.

변동계수: 표준편차를 산술평균으로 나눈 것.

3.4 정규분포(Normal distribution)

정규분포는 정규분포라고도 하며 앞에서 제시된 것과 같이 평균값과 중앙치 최빈치가 모두 겹치며 종의 모습(bell-shape)을 띠고 최고 꼭지점이 하나이며 꼭지점

을 중심으로 좌우대칭(symmetric)적이다. 또한 봉우리 형태(unimodal)로 무한대 퍼져 있는 분포를 말한다. 그리고 이러한 분포를 연결하여 선으로 표시할 경우 그것을 정규분포곡선이라고 한다. 이러한 분포는 수학적 또는 이론적 모형이지 꼭 모든 자연발생적 사건이 정규분포를 이루는 것은 아니다. 그렇지만 대부분 우리 주변의 지능, 신장, 체중 등을 모두 측정하여 그 개체 수를 x축에 그리고 y축에 빈도나 상대적 비율 등을 나타낸다면 이러한 분포의 모습이 될 것이다. 정규분포는 추리통계의 기본이다. 사례수 n=1로, 평균 mean=0로, 표준편차 sd=1로 확률면적 전체의 합을 1로 만드는 단위/표준 정규분포곡선(unit/standard normal distribution curve)도 이 정상분포로부터 시작되는 개념이다.

정규분포곡선의 형태

평균값이 중앙치와 최빈치와 겹치는 형태, 좌우대칭적이며 기본적으로 종의 모습.
하나의 봉우리양쪽의 끝점이 무한대로 펼쳐짐.

정규분포는 추리통계의 가장 기본적인 요건이라고 볼 수 있고 이러한 정규분포와 관련하여 추리통계를 수행하려고 하지만 사실상 정규분포가 아닌 경우도 많이 발생한다. 정규분포가 왜곡되는 원인의 대부분 경우는 표집과 측정 두 가지 요인 때문이다. 가령 전집의 분포가 정상분포를 이루고 있다고 하더라도 확률표집을 하지 않거나 확률표집을 한다 하더라도 우연히 어떤 특정집단(개체들)이 뽑힌다면 이는 정상분포를 이루지 않을 것이다. 구체적인 예를 든다면 한국의 대학생 지능 전체가 정상분포를 이루고 있다고 할 때 상위권대학을 대부분 선택하고 한 두 대학만 하위권대학을 선택하여 학생들의 지능을 검사한다면 이 표집의 분포는 정상분포를 이루지 않을 확률이 크다. 앞 장에서 설명하였듯이 표집의 무선성, 독립성, 대표성이 무너진 경우 정규분포를 이루지 못할 것이다. 측정의 경우 대학교 수능검사가 너무나 쉽게 출제되어 난이도가 너무 낮거나 변별도가 떨어진다면 많은 개체수가 좋은 점수를 가진 데이터 세트를 만들어내고 이는 한쪽으로 치우친 분포를 나타나게 될 것이다.

정규분포와 관련하여 분포의 형태를 파악하는 방식에는 여러 가지 추가 고려사항이 있다. 여기서는 분포의 형태를 나타내는 기본적인 두 가지 용어인 왜도(skewness)와 첨도(kurtosis)에 대하여만 설명하기로 한다.

▌왜도

왜도는 분포가 왼쪽으로 급경사를 이루는가 아니면 오른쪽으로 급경사를 이루는가를 나타내는 지수이다. 왼쪽으로 급경사를 이루면서 오른쪽이 완만한 것을 긍정적왜도(positive skewness)라고 한다. 반면에 왼쪽이 완만하며 오른쪽이 급경사를 이루는 것을 부정적왜도(negative skewness)라고 한다. 일반적으로 +1과 -1 바깥의 점수인 경우 왜도가 있는 분포로 간주한다. 0에 가까울수록 정규분포에 가깝다고 볼 수 있다. 스키를 탈 때 리프트를 타고 급경사로 올라가서 슬로프를 미끄러져 내려오는 모습이 긍정적왜도라고 생각하면 혼동되지 않을 것이다. 아래 그림에서 오른쪽은 긍정적왜도 왼쪽은 부정적왜도의 형태를 보여주고 있다.

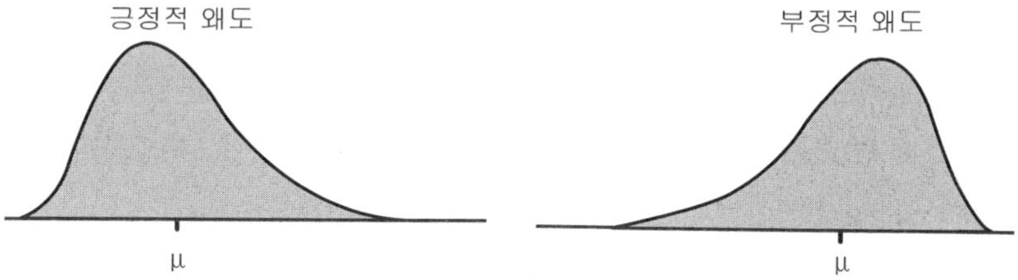

[그림 3-3] 긍정적왜도와 부정적왜도

▌첨도

왜도가 평균을 중심으로 어떤 식으로 꼭지점이 편향되어 있는가를 알려주는 지수라면 첨도는 평균에 해당하는 꼭지점은 같지만 뾰족한 정도가 다름을 알려주는 지수이다. 첨도의 경우 긍정적인 점수(positive value)는 뾰족한 분포를 부정적인 점수(negative value)는 편평한 분포를 의미한다. 따라서 0에 가까운 점수가 정상분포에 가깝다고 볼 수 있다. 다음 그림은 낮은 첨도와 높은 첨도의 예이다.

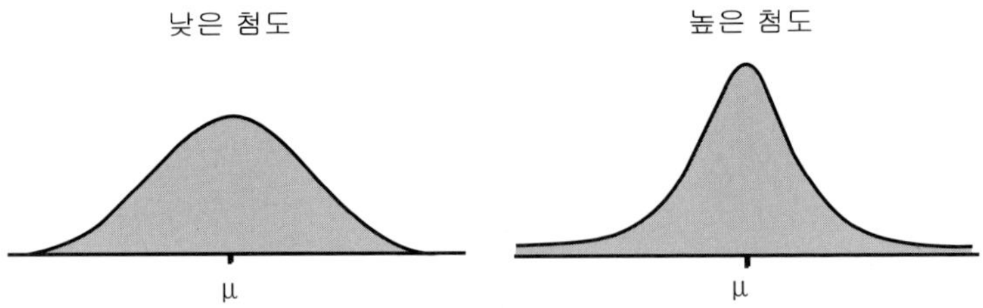

[그림 3-4] 낮은 첨도와 높은 첨도

왜도: 분포의 좌우 대칭의 정도를 알아봄.
첨도: 분포도가 뾰쪽한지 아니면 편평한지 알아봄.

3.5 SAS와 기술통계치

▎평균과 표준편차 등

Proc means; 평균과 표준편차, 최대값, 최소값 등의 기초 통계치를 계산한다. 가장 빠르고 단순하게 살펴볼 수 있는 장점이 있다. 때로는 입력의 오류가 발생하였는지 살펴보기로 한다. 가령 원래 데이터 값의 범위가 1점에서 5점 사이의 척도인데 최대값이나 최소값이 그 밖의 범위가 나온 경우(가령 5.3 등) 이를 확인할 수 있다.

proc univariate; 평균과 표준편차 이외에 좀 더 자세한 기술통계치를 제공한다. 특히 변인에 해낭하는 데이터가 정규분포성을 가지고 있는지를 확인하거나 검정할 수 있다.

예 데이터 세트의 설명: psy라는 데이터세트는 ID, sex, IQ, score라는 4개의 변인을 가지고 있으며 총 개체 수(observation)는 9개이다. 한 칸씩 띄운 List input 방식을 사용하여 입력을 하였다.

```
Data psy;
Input  ID sex IQ score;
Cards;
1 1 113 3
2 2 107 4
```

```
3 1 132 2
4 1 140 5
5 1 133 4
6 2 111 3
7 2 108 4
8 2 118 2
9 1 113 3
;
proc means; run;                                        ①
proc means; var iq score; class sex;run;                ②
proc sort; by sex; run;                                 ③
proc means; var iq score; by sex; run;                  ④
proc univariate normal plot freq; var IQ; run;          ⑤
```

• 각 명령문의 기본 해설 및 결과값

① 여기서는 특정 변인을 지정하지 않았기 때문에 모든 변인들의 평균, 표준편차, 최대값, 최소값이 산출된다. 아래는 출력결과이다.

변수	N	평균값	표준편차	최소값	최대값
ID	9	5.0000000	2.7386128	1.0000000	9.0000000
sex	9	1.4444444	0.5270463	1.0000000	2.0000000
IQ	9	119.4444444	12.2791603	107.0000000	140.0000000
score	9	3.3333333	1.0000000	2.0000000	5.0000000

② 특정변인 iq와 score를 var라는 구문으로 지정하여 두 변인 값만 제시됨. 제시될 때 class문으로 유목화된 sex변인의 기준으로 분류 제시한다.

sex	관측치수	변수	N	평균값	표준편차	최소값	최대값
1	5	IQ	5	126.2000000	12.4378455	113.0000000	140.0000000
		score	5	3.4000000	1.1401754	2.0000000	5.0000000
2	4	IQ	4	111.0000000	4.9665548	107.0000000	118.0000000
		score	4	3.2500000	0.9574271	2.0000000	4.0000000

③ sort명령문에 의해 정렬을 하되 by구문에서 지정된 sex변인으로 정렬을 함. 단순히 sort만 하였기 때문에 결과값이 출력되지 않는다.

④ 앞의 sort명령문이 수행되었기 때문에 같은 by구문이 지정되어야 하며 그에 따라서 변인 iq와 score 값들의 기술통계치가 제시됨. 앞의 C의 결과와 똑같지만

표시되는 양식이 다르다.

sex=1

MEANS 프로시저

변수	N	평균값	표준편차	최소값	최대값
IQ	5	126.2000000	12.4378455	113.0000000	140.0000000
score	5	3.4000000	1.1401754	2.0000000	5.0000000

sex=2

변수	N	평균값	표준편차	최소값	최대값
IQ	4	111.0000000	4.9665548	107.0000000	118.0000000
score	4	3.2500000	0.9574271	2.0000000	4.0000000

⑤ 변인 IQ의 정규분포성을 검증하는 데 필요한 normal 옵션, 각종그래프와 정규확률분포를 나타내는 Plot옵션, 빈도와 퍼센트를 나타내는 freq옵션을 통해 수행한다.

normal 옵션의 결과에 따라 기본적인 기술통계치 여기서는 앞의 mean이 수행된 것과는 달리 변량(분산), 변동계수, 첨도, 왜도 등 자세한 기술통계치가 제시된다. 여기서 왜도는 긍정적 왜도라는 것을 알 수 있으며 1을 벗어나지 않으므로 그리 정규분포에서 벗어나지 않았다고 해석할 수 있다. 첨도의 경우도 그리 문제 삼을 정도는 아닌 것으로 해석된다.

적률

N	9	가중합	9
평균	119.444444	관측치 합	1075
표준편차	12.2791603	분산	150.777778
왜도	0.74556705	첨도	-1.1919837
제곱합	129609	수정 제곱합	1206.22222
변동계수	10.2802272	평균의 표준오차	4.09305343

기본 통계 측도

위치측도		변이측도	
평균	119.4444	표준편차	12.27916
중위수	113.0000	분산	150.77778
최빈값	113.0000	범위	33.00000
		사분위 범위	21.00000

그 밖에 normal옵션에 의해서 정규성 검정[3)]이 실시되었다. 정규성 검정은 일종의 추리통계로서 가설검증의 일종이다. 가설검증에 대해서는 추후 자세히 설명하겠지만 여기서는 간단히 정규성을 검증함에 있어 영가설 "H_0: 이 데이터는 정규분포성을 띄고 있음"을 검정함에 있어 Shapiro-Wilk값이 .8580이며 p값이 .0911이므로, 즉 .05보다 크기 때문에 기각을 할 수 없다. 따라서 영가설을 그대로 받아들여야 한다. 즉, 이 데이터는 정규분포성이 확보되었다고 볼 수 있다.

정규성 검정

검정	----통계량----		-------p-값-------	
Shapiro-Wilk	W	0.857971	Pr < W	0.0911
Kolmogorov-Smirnov	D	0.255704	Pr > D	0.0882
Cramer-von Mises	W-Sq	0.109853	Pr > W-Sq	0.0728
Anderson-Darling	A-Sq	0.607144	Pr > A-Sq	0.0820

그 다음으로 freq옵션에 따라 각 관찰치의 값에 해당하는 빈도들이 제시되어 있다.

극 관측치

--작은값부터-		---큰값부터--	
값	관측치	값	관측치
107	6	113	5
108	8	118	9
111	7	132	2
113	5	133	4
113	1	140	3

빈도

값	빈도	백분율 칸	백분율 누적	값	빈도	백분율 칸	백분율 누적	값	빈도	백분율 칸	백분율 누적	값	빈도	백분율 칸	백분율 누적
107	1	11.1	11.1	111	1	11.1	33.3	118	1	11.1	66.7	133	1	11.1	88.9
108	1	11.1	22.2	113	2	22.2	55.6	132	1	11.1	77.8	140	1	11.1	100.0

3) 검증과 검정은 엄밀히 말해 그 뜻이 다르나 여기서는 검증과 검정을 혼용해서 사용하겠다. SAS에서는 검정이라는 용어를 쓰나 일반적으로 가설 관련해서는 검증을 사용한다.

마지막으로 plot옵션에 따라 줄기잎(stem-leaf) 그래프와 상자그림(box), 그리고 정규 확률도(normal probability plot)를 보여준다. 줄기 잎 그래프는 말 그대로 나무 줄기로부터 뻗어나간 잎의 수로 생각하면 된다. 140 점수가 1명, 132점 1명, 133점 1명, 합해서 # 표시된 것에 2명 이런 식으로 해석한다. 상자그림은 첫 번째 줄이 75%, 50%, 25% 순위에 해당하는 점수의 위치를 알려준다. 상자 안에 +로 표시된 것이 평균을 의미한다. 정규확률도는 45도 각도인 경우 정규분포임을 알려주고 연속되어 연결되어 있는 별표에서 떨어진 것이 정규분포성을 위반시키는 데 작용하는 데이터임을 알려준다.

```
                    UNIVARIATE 프로시저
                        변수:  IQ

줄기 잎                        #            상자그림
  14 0                         1               |
  13                                           |
  13 23                        2            +-----+
  12                                        |     |
  12                                        |     |
  11 8                         1            |  +  |
  11 133                       3            *-----*
  10 78                        2               |
     ----+----+----+----+
  값 : (줄기.잎)*10**+1
```

```
                          정규 확률도
142.5+                                            * ++++
     |                                          ++++
     |                                     *  ++++
     |                                    ++++
     |                                ++++
     |                            ++++  *
     |                        +++++
107.5+            *   ++++
      +----+----+----+----+----+----+----+----+----+----+
          -2        -1         0        +1        +2
```

▌빈도 및 퍼센트 등

Proc freq; 빈도분포표를 만들 때 사용된다. 주로 명명척도로 측정된 변인의 값을 나타내는데 사용된다. 특히 명명변인과 변인 간에 기초적인 관계성을 살펴보는 데 많이 사용되며 추후에 설명될 카이자승(χ^2) 검정을 실시할 때도 사용된다. Label문은 변인의 이름을 지칭하는 데 사용하는 구문이다. 반면에 Format[4]문은 변인 안의

유목화된 등급에 대한 명칭을 지칭할 때 많이 쓰인다.

예
```
Data psy; input id 1-2 sex 4 @6 (x1-x4)(1.);
Label sex='성별' x1='지역' x2='소득수준' x3='선호정당'
x4='선호후보';
Cards;
01 1 1111
02 2 1112
03 2 1211
04 1 2222
05 1 2333
06 1 2332
07 2 3233
08 1 3232
09 2 3333
10 1 3332
;
proc freq;
  tables x1-x4; run;        ①
proc freq;
tables sex*x1; run;         ②
```

● 각 명령문의 기본 해설 및 결과값

① freq문은 변인을 지정함에 있어 proc means에서 var를 쓰는 것과 달리 tables라는 명령어를 사용한다. tables x1-x4라는 것은 x1 x2 x3 x4 각각의 변인들 빈도와 퍼센트 값 등을 나타내라는 것이다.

② sex와 x1와의 2원테이블을 만들어 제시하라는 것이다.

---

4) Format을 시키는 방식은 여러 가지이나 여기서는 Data문 앞에서 수행하는 방식을 제시하였음. 자세한 사항은 SAS웹사이트를 참조하기 바람.

FREQ 프로시저

sex * x1 테이블

sex(성별) 빈도 백분율 행 백분율 칼럼 백분율	x1(지역) 1	 2	 3	 총합
1	1 10.00 16.67 33.33	3 30.00 50.00 100.00	2 20.00 33.33 50.00	6 60.00
2	2 20.00 50.00 66.67	0 0.00 0.00 0.00	2 20.00 50.00 50.00	4 40.00
총합	3 30.00	3 30.00	4 40.00	10 100.00

▌포맷구문

proc format;은 변인의 값에 대하여 명칭을 부여하기 위한 구문이다.

예

```
Proc format;
value edu 1='대학원졸' 2='대졸' 3='고졸' ;①
Data psy;
 input age edu count @@;
format edu edu.;
.label edu='학력' count='정답수';
Cards;
34 1 10 32 1 13 27 1 12
25 1 10 26 2 10 25 2 10
24 2 9 23 2 10 23 3 9
22 3 10 25 3 8 24 3 10
;
proc freq; title '학력과 정답빈도표'
; tables edu*count; run;                    ②
```

• 각 명령문의 기본 해설 및 결과값

① format문을 data문 앞에 사용한 경우인데 이 경우 data문 안에 있는 변인 중 하나가 선택한다. 여기서는 edu라는 변인이 선택되었고 그 변인의 값(value문으로 지정)이 1인 경우는 대학원졸로, 2인 경우는 대졸 등으로 표시를 하라는 것이다. 이렇게 data문 앞에 proc format을 사용한 경우 input문 뒤에 다시 format문을 사용하여 똑같은 변인을 두 번 작성하고 두 번째 작성된 변인의 이름 뒤에는 반드시 점(.)을 찍어주어야 한다. 즉, format edu edu.;으로 작성해야한다.

② title문은 여러 출력결과를 만들어낼 때 연구자가 손쉽게 결과의 내용을 알기 쉽게 파악하기 위해 중간에 넣는 구문이다.

학력과 정답빈도표

FREQ 프로시저

edu * count 테이블

edu(학력)	count(정답수)					
빈도 백분율 행 백분율 칼럼 백분율	8	9	10	12	13	총합
대학원졸	0 0.00 0.00 0.00	0 0.00 0.00 0.00	2 16.67 50.00 28.57	1 8.33 25.00 100.00	1 8.33 25.00 100.00	4 33.33
대졸	0 0.00 0.00 0.00	1 8.33 25.00 50.00	3 25.00 75.00 42.86	0 0.00 0.00 0.00	0 0.00 0.00 0.00	4 33.33
고졸	1 8.33 25.00 100.00	1 8.33 25.00 50.00	2 16.67 50.00 28.57	0 0.00 0.00 0.00	0 0.00 0.00 0.00	4 33.33
총합	1 8.33	2 16.67	7 58.33	1 8.33	1 8.33	12 100.00

출력된 결과 상단에 학력과 정답빈도표라는 title이 나와 있고 label문에서 지정된 edu(학력) count(정답수)라는 것이 표시되어 있으며 edu(학력)변인의 수준은 1,2,3 대신 대학원졸, 대졸, 고졸로 format구문에서 변환된 값들이 제시되어있다. 참고로 이러한 교차표(cross table)를 해석할 때 우선적으로 대학원의 경우 빈도가 10 12 13

에 주로 있으며 반대로 고졸의 경우 8 9 10의 정답수에 빈도가 있는 경향을 파악해야 할 것이다.

그리스 문자

일반적으로 그리스 문자 소문자는 전집(population)의 모수(parameter)를 의미하고 영문 소문자는 표집(sample)의 통계(statistics)를 의미한다. 통계에서 문자를 사용하는 약속이 미리 정해져 있기 때문에 해당 문자의 뜻을 이해해야 제대로 사용할 수 있다. 아래 표는 그리스문자의 이름과 대소문자의 표시를 나타내고 있다.

<표 3-3> 그리스 문자표(Greek letters)

Name	Large	Small	Name	Large	Small	Name	Large	Small
Alpha	Α	α	Iota	Ι	ι	Rho	Ρ	ρ
Beta	Β	β	Kappa	Κ	κ	Sigma	Σ	σ
Gamma	Γ	γ	Lambda	Λ	λ	Tau	Τ	τ
Delta	Δ	δ	Mu	Μ	μ	Upsilon	Υ	υ
Epsilon	Ε	ε	Nu	Ν	ν	Phi	Φ	φ
Zeta	Ζ	ζ	Xi	Ξ	ξ	Chi	Χ	χ
Eta	Η	η	Omicron	Ο	ο	Psi	Ψ	ψ
Theta	Θ	θ	Pi	Π	π	Omega	Ω	ω

Chapter 04

표준정규분포, 표준점수, 표집분포, 중앙집중한계법칙

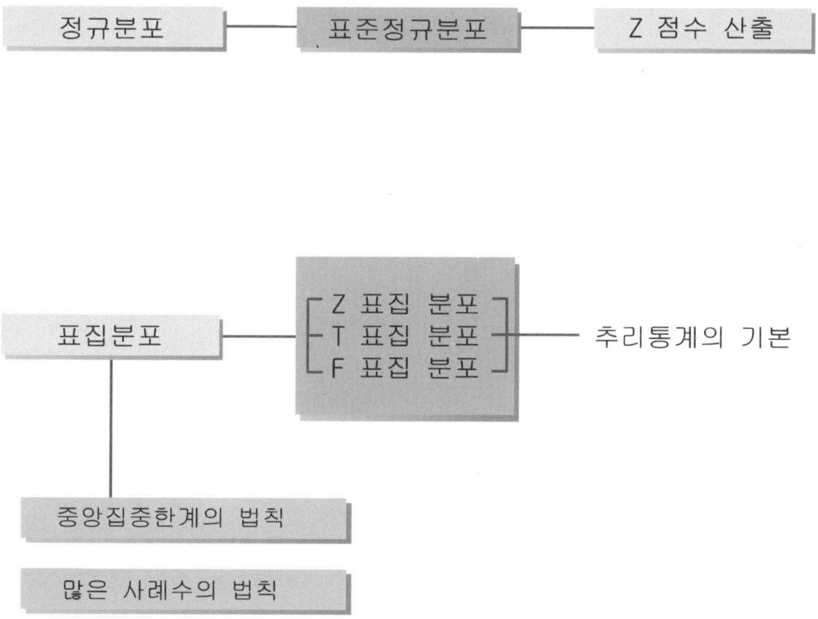

Situation 4

모든 학생들은 두 개의 점수를 가지고 있다. 하나는 A사가 제작하여 측정된 교육정보화 지수이며 또 하나는 B사가 제작하여 측정된 일반정보화 지수이다. 이 두 개의 점수를 D씨는 객관적으로 비교하고 싶다. 그러나 두 점수는 기본적으로 척도가 다른 것으로 얻어진 것이다.

Problem: D씨는 어떻게 두 개의 점수를 비교해서 어느 학생이 어떤 점수에서 높은 점수를 받았는지 알 수 있을까 고민에 빠졌다.

Solution: 원점수 자체로는 절대적인 해석을 할 수 없고 원점수 간의 비교도 불가능하다. 따라서 표준점수를 이용하여 비교할 수 있다.

Learning objectives: 표준점수 산출 공식을 설명할 수 있으며, Z점수를 산출할 수 있다. 표준정규분포곡선을 이해하며, 추리통계의 기본이 되는 표집분포를 설명할 수 있다. 중앙집중한계 및 많은 사례수의 법칙을 설명할 수 있으며, 표집오차의 개념을 설명할 수 있다. SAS를 이용하여 실제로 Z점수를 산출할 수 있다.

4.1 표준정규분포(Standard normal distribution)

표준정규분포는 정규분포곡선을 평균은 0, 변량 또는 표준편차를 1로 바꾼 분포이다. 표준편차가 1인 경우 1의 자승은 1이기 때문에 변량도 1이 되어 차이가 없다. 앞 장에서 표준편차가 가지고 있는 의미를 정규분포곡선과 관련지어 해석하였다. 정규분포곡선은 산술평균치와 표준편차 두 수치에 의하여 규정되는 분포곡선으로서 이 분포상의 어떤 원점수 X값을 알 때 그 X에 해당하는 면적의 비율을 알 수 있다. 그러나 이러한 면적의 비율을 일일이 계산하는 것은 복잡하며 또한 모든 정상분포가 평균치와 표준편차가 다르므로 이러한 각 분포에 대한 면적 비 수치를 모두 제시하는 것도 불가능하다. 따라서 이러한 면적 비에 대하여 평균을 0 표준편차를 1로 해서 미리 구한다면 각 면적이 상대적으로 비교될 수 있을 것이다. 다음 그림은 정규분포상에 있는 x점수를 표준정규분포상의 Z점수로 전환하였을 때 대응하는 위치를 나타내고 있다.

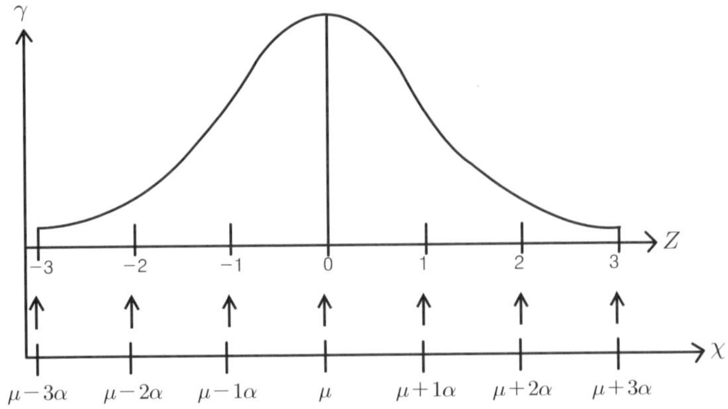

[그림 4-1] Z점수의 전환 및 Z분포곡선

표준정규분포의 전체확률적 면적은 정규분포와 마찬가지로 1이다. 일명 Z분포(distribution)라고도 한다. Z분포의 면적비율은 부록에 제시되어 있다. Z점수가 가령 2인 경우 Z보다 큰 바깥쪽 면적은 .0275이다. 아래 그림은 각각의 Z점수를 기준으로 해당하는 면적을 음영으로 처리한 예시이다.

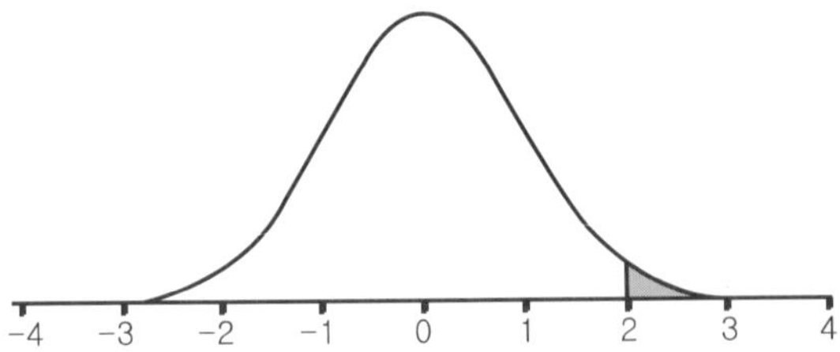

[그림 4-2] Z=2보다 큰 면적

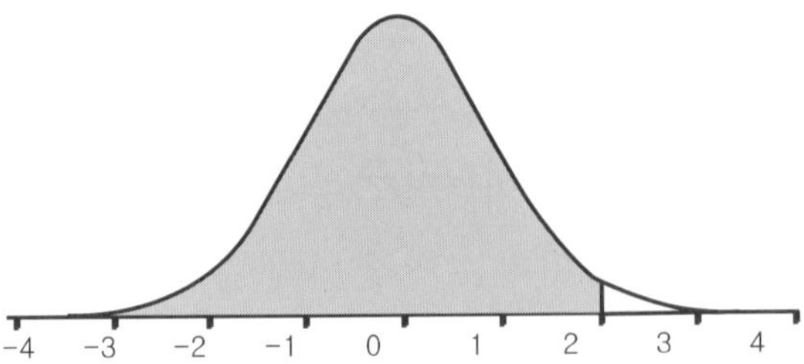

[그림 4-3] Z=2보다 작은 면적

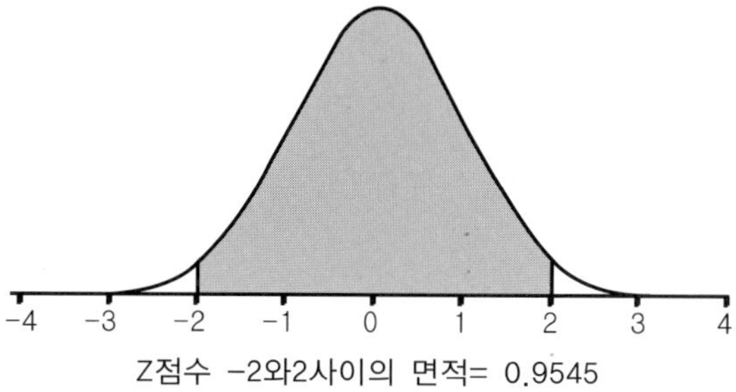

[그림 4-4] Z=-2보다 크고 Z=2보다 작은 면적

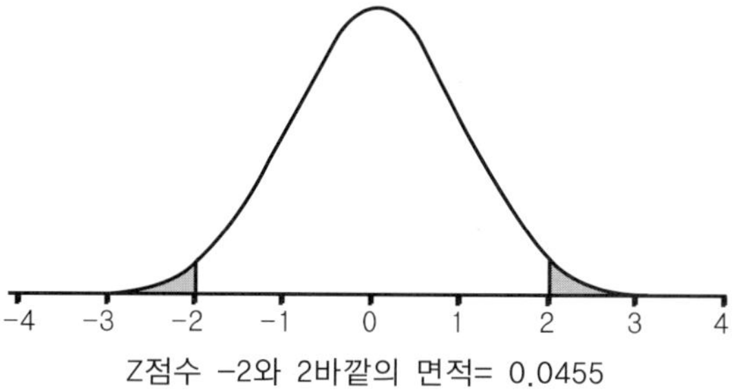

[그림 4-5] Z=-2보다 작고 Z=2보다 큰 면적

Z표준정규분포

어떠한 점수의 분포가 X ~ N (μ ~ σ^2)일 때 이것을 Z~N (0~1)로 변환시키는 것을 의미. X라는 변인의 평균이 μ이고 변량이 σ^2이면서 정규분포인 경우 이것을 Z점수, 즉 평균이 0, 변량이 1로 바꾸는 것임. 표준편차1의 자승을 하면 변량 역시 1이 됨.

4.2 표준점수(Standardized score)

표준점수는 평균과 표준편차를 고려하여 만든 점수이다. 표준점수란 사실 평균과 분산도를 고려한 점수라고 볼 수 있다. 표준점수란 원점수의 평균과 표준편차가 얼마가 되었든 간에 강제적으로 평균값을 0으로 만들고 원점수의 분산도, 즉 표준편차를 1로 만드는 것이다. 표준점수를 사용하기 위해서는 원점수의 분포도가 정규분포 이어야 한다. 표준점수를 사용하는 이유는 비교의 기준을 마련하기 위한 것이다. 분포가 다른 것을 똑같은 분포로 만들어 평균으로부터 떨어진 거리를 가지고

(사실은 전체확률면적) 비교할 수 있도록 하는 것이다. 이러한 표준점수를 구하는 공식은 아래와 같다.

$$z = \frac{X - \overline{X}}{s} = \frac{x}{s}$$

여기서 z=표준점수, x=원점수, x는 원점수와 평균과의 편차, s=표준편차이다.

얼마 전까지 고등학생들이 수능시험을 보고 나서 원점수 대신 표준점수를 입학사정할 때 제출하였다. 여기서 표준점수란 앞에서 제시한 공식과는 다른 방식의 표준점수가 사용되었을 것이다. 실제적으로 표준점수는 인위적으로 평균과 표준편차의 값을 조정할 수 있다. 즉, 여러 표준점수를 만들 수 있다. 마음대로 평균과 표준편차를 정하여 원점수가 표준화될 수 있다. 가령 평균을 100, 표준편차는 10 이런 식으로도 만들 수 있다. 나아가 가중치(weighting)를 부여하여 만들 수도 있다. 그러나 우리가 일반적으로 아무런 언급이 없을 때 표준점수는 평균이 0 표준편차는 1로 만든 Z점수를 의미한다.

> 표준점수: Z점수라고도 하며 편차(평균에서 원점수를 뺀 값)를 표준편차로 나눈 값.

표준점수를 만드는 이유는 다음과 같다. 첫째, 어떤 원점수를 비교한다고 할 때 비교의 영역이 다르다고 하면 문제가 발생한다. 가령 영어와 수학은 원래 내용자체가 다르기 때문에 비교자체가 어렵다. 이 경우 비교하고자 하면 표준점수로 전환해야 한다. 둘째, 비교를 할 수 있다고 하더라도 난이도의 문제 등으로 비교하기가 어려울 수 있다. 마지막으로 각각의 점수들의 분포가 상이하다고 하면, 즉 분산도나 분포의 모양이 다르다고 하면 비교가 어려운 것이다. 이러한 경우 똑같이 평균과 표준편차를 일치시킨다면 어떤 개인의 점수가 평균으로부터 얼마나 떨어져 있는지 알 수 있다. 또한 그러한 표준점수로 똑같은 확률면적을 이용하여 그 점수로부터 상위의 면적 또는 하위의 면적이 얼마나 되는지 파악할 수 있으며 이러한 면적을 백분위(percentile rank)점수로 환산하여 %로 나타낸다면 비교가 용이하게 될 것이다.

예 원점수를 이용하여 Z점수 산출

정규분포를 가지고 있으며 전체 평균 μ=500, 표준편차 σ=100인 점수의 분포가 있다고 가정하자. 이때 A라는 학생의 점수가 650이라고 하자. 이것을 표준점수로 전환한다면 아래와 같다.

$$Z=\frac{(650-500)}{100}=1.5$$

650이라는 점수는 평균으로부터 1.5 표준편차 상위에 있는 위치이다. 다른 양식으로 표현하면 650=μ + Zσ, 여기서 Z=1.5라고 표시할 수 있다. Z점수가 양(positive)인 경우는 평균보다 위의 위치(오른쪽)에 있으며 반면에 음(negative)인 경우는 평균보다 아래의 위치(왼쪽)에 있을 것이다. Z=1.5 상위 바깥의 면적은.0668, Z=1.5 아래 하위 면적은 0.9332, 평균 0과 Z사이의 면적은 0.4332이다. 즉, A는 상위 약 7%의 학생이라고 볼 수 있으며 그 아래로 약 93%의 학생들이 존재한다고 볼 수 있다.

만약 B학생의 점수가 똑같은 분포에서 340이라고 하면 Z=(340-500)/100=-1.6 여기서 -1.6은 음수이기 때문에 평균 0을 기준으로 아래에 위치하고 있으며 Z=-1.6 상위 바깥의 면적은 0.9452, 하위 아래의 면적은 0.0548 Z와 평균 0 사이는 0.4452이다. B학생의 경우 전체 학생의 약 95%가 상위의 점수를 가지고 있다고 볼 수 있으며 B보다 못한 학생은 전체의 약 5% 정도라고 해석할 수 있다.

4.3 표집분포(Sampling distribution)

앞에서 정규분포와 표준정규분포에 대하여 살펴보았다. 여기서는 표집분포를 알아보자. 표집분포는 추리통계의 기본이 되는 중요한 분포이다. 표집분포는 여러 표집을 통해서 산출된 어떠한 통계들에 대한 확률분포이다. 일정한 사례수(N)를 가진 전집으로부터 무선표집방법을 이용하여 일정한 표집크기(n)를 가진 표집을 수없이 만들고 나서 각 표집으로부터 발생한 통계치들을 가지고 분포를 만든다.

표집분포는 따라서 어떤 통계가 사용되었는가에 따라 여러 표집분포로 나타낼 수 있을 것이다. 가령 평균이나 빈도만을 이용한 표집분포가 있을 것이고 표준편차 혹은 변량만을 이용한 표집분포가 있을 수 있다. 이러한 표집분포는 아래에서 설명할 중앙집중한계의 법칙과 많은 사례수의 법칙을 통해 추리통계를 할 수 있는 기반이 되는 분포이다.

표집분포

일정한 사례수를 가진 전집이 있다고 하자. 표집분포는 확률적 표집방법(보통은 단순무선표집방법)을 이용하여 전집으로부터 일정 표집 크기를 수없이 만들었을 때 그러한 많은 표집들로부터 산출된 통계치들에 대한 확률적 분포.

예 평균 표집분포를 만드는 방법

K대학교 전체 학생들은 N=15,000명이다. 이 전집으로부터 500명을 무선표집방법으로 하나의 표집을(sample$_1$)만들고 그에 대한 통계치를 구하고 (여기서는 이 학생들의 정보화 $\bar{x}_1$ 이라고 하자) 그런 다음에 다시 이 500명을 전집에 넣은 다음 다시 500명을 추출하여(sample$_2$)그에 대한 통계치 $\bar{x}_2$를 구하고 다시 표집(sample$_3$)을 만들어 통계치 $\bar{x}_3$을 구한다. 그런 식으로 무한대의 표집을 추출하고 각 표집의 통계치(여기서는 수많은 평균들)를 산출하여 분포도를 만들 때 우리는 그것을 표집분포라고 한다.

수많은 표집들로부터 수많은 평균치들이 나올 것이다. 가령 전집으로부터 100개를 표집 하였다면 평균 $\bar{x}_1, \bar{x}_2, \cdots, \bar{x}_{100}$ 평균이 나올 것이다. 이들 평균들은 우연히 똑같은 점수가 나올 수도 있으며 어떤 표집의 평균치가 또 다른 표집의 평균치보다 크거나 작을 수도 있을 것이다. 이러한 평균100개로 분포를 만든다면 평균100개에 대한 평균, 표준편차, 최대값, 최소값 등을 산출할 수 있으며 그 모양은 어느 정도 정규분포의 형태를 띨 것이다. 그러나 실제로 이렇게 표집분포를 만들지는 않으며 표집분포는 일종의 가상적인 확률적 분포라고 생각하는 것이 옳을 것이다. 그 이유는 첫 장에서 언급했듯이 우리는 하나의 표집으로부터 나온 통계를 이용하여 전집의 모수를 추리하려고 하지 수많은 표집을 만들어 모수를 추리하려고 하지 않는다. 그리고 실제로 무한대에 가깝게 표집을 할 수도 없다.

4.4 중앙집중한계의 법칙(Central-limit theorem)

앞에서 설명한 표집분포는 다음과 같이 몇 가지 통계적 속성을 가지고 있다. 첫째로 표집분포를 만들기 위해 표집크기(sample size)를 크게 하면 할수록 표집분포의 표준편차(표준오차)는 작아진다. 반대로 표집크기를 작게 하면 표집분포의 표준편차는 커진다. 가령 사례수 100으로 표집분포를 만드는 경우 똑같은 통계치를 산출하여 그에 대한 표준편차를 사례수 50 표집분포로 만드는 경우 표준편차가 작아질 것이다. 아래 그림은 전집의 평균이 100이고 표준편차가 10인 경우 사례수 100명의 표집분포와 사례수 50명의 표집분포 각각을 제시하고 있다. 표집분포의 표준편차(standard error)의 경우 1에서 1.4로 증가함을 알 수 있다.

둘째로 전집의 분포가 어떠한 형태라도 가령 정규분포의 형태가 아니거나 왜곡된 분포를 가지고 있는 경우라 하더라도 그러한 전집분포로부터 일정 사례 수를 결정하여 그 사례 수를 무수히 뽑아 표집분포를 만든다면 그 분포는 정규분포에 가까워진다. 표집분포는 사례수가 커질수록 더욱 더 정규분포의 형태를 가지게 된다. 보통 어느 정도 사례수가 되어야 한다는 정확한 법칙은 없지만 일반적으로 30이상이면 어느 정도 정규분포의 모양을 확보할 수 있다고 볼 수 있다.

30이상 되면 어느 정도 정규분포성을 확보한다고 하지만 이것이 추리통계를 수행함에 있어 단순히 표집크기를 30정도 확보해야 한다는 것을 의미하지는 않는다. 우리가 얼마나 전집의 모수를 정확히 유추하고자 하는 정도에 따라 그 크기는 달라지며, 현실적으로 30으로부터 수천까지의 표집크기가 요구될 수도 있다. 30이라는 수는 단지 전집의 모양이 어떠한 형태이건 표집분포의 모양이 정규분포의 형태를 확보할 수 있는 최소 크기라는 것이다. 만약 전집 분포가 정규분포의 형태에 가까우면 사례수가 적다고 하더라도 표집분포는 정규분포에 가까워질 확률이 커진다. 다음 그림은 표집크기가 커짐에 따라 표집분포의 모양이 바뀌는 것을 나타내고 있다.

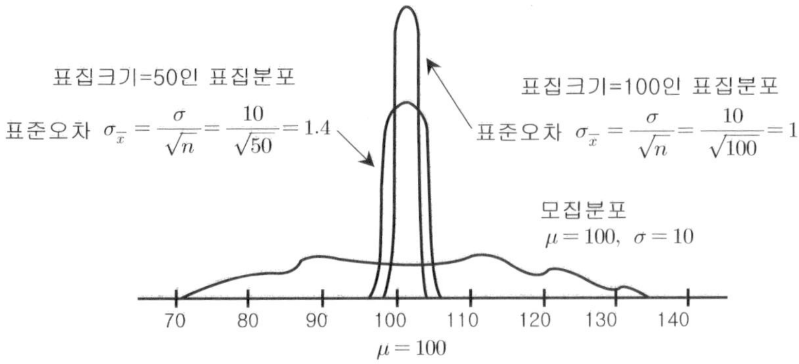

[그림 4-6] 전집분포와 표집크기에 따른 표준오차와 표집분포

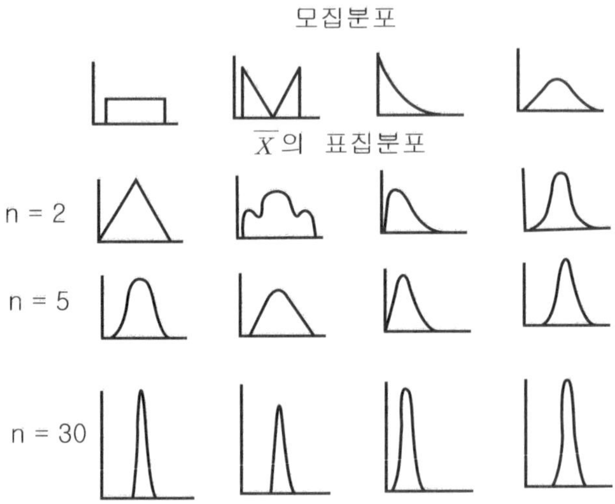

[그림 4-7] 표집크기와 표집분포모양

셋째로 표집분포의 평균은 전집의 평균에 가까워지며 표집분포의 표준편차는 전집의 표준편차를 표집크기로 제곱근하여 나눈 값과 같게 된다. 표집분포의 표준편차는 특별히 표준편차라고 하지 않고 표준오차(standard error)라고 한다. 즉, 앞에서 설명한 표집분포의 표준편차는 모두 표준오차라고 불리며 앞으로 표준오차라고 하면 표집분포의 표준편차와 같다고 생각하면 된다.

이러한 표집분포의 속성을 재정리하면 다음과 같은 중앙집중한계의 법칙을 얻을 수가 있다. 중앙집중한계의 법칙은 다음 장에서 설명할 추리통계의 가장 기본이 되는 중요한 법칙이다.

중앙집중한계 법칙

일정 사례수(n)가 어느 정도 크고 이것을 무선적으로 전집으로부터 무한대로 추출하여 분포를 만들면 전집이 왜곡된 분포라도 표집분포는 정상분포를 이루며, 표집분포의 평균치는 전집의 평균치와 같음. 즉, $\mu_{\bar{x}} = \mu_x$.

표집분포의 변량은 전집의 변량을 사례수로 나눈 값, 즉 $\sigma_{\bar{x}}^2 = \frac{\sigma_x^2}{n}$과 같음.

표집분포의 표준편차(표준오차)는 전집의 표준편차를 사례수로 제곱근하여 나눈 값, 즉 $\sigma_{\bar{x}} = \frac{\sigma_x}{\sqrt{n}}$과 같음.

4.5 SAS와 표준점수 및 순위점수

표준점수의 계산

표준점수는 proc standard문을 이용하여 구할 수 있다.

예 수학점수(math)와 영어점수(english)를 표준점수로 전환한다.

```
Data psy;
Input sex math english @@;
math1=math; english1=english;
cards;
1 78 88 1 90 65 1 94 98
1 86 80 1 76 73 1 67 78
2 92 86 2 57 69 2 99 100
2 85 74 2 76 75 2 64 80
1 79 85 1 69 78 2 87 82
;
proc standard data=psy mean=0 std=1 out=stdscore;    ①
     var math1 english1 ;
proc print data=stdscore;                            ②
run;
```

• 각 명령문의 기본 해설 및 결과값

① proc standard는 표준점수를 산출하라는 구문임. data=psy라는 데이터세트를

이용하라는 것(지정을 하지 않으면 바로 앞의 데이터 세트가 사용됨). mean=0이라는 것은 평균을 0으로 만들라는 옵션이며 std=1이라고 하는 것은 표준편차를 1로 만들라는 것이다. out구문은 proc standard로부터 만들어진 표준화된 변인들과 원래 변인들의 데이터들을 stdscore로 만들어 잠시 보관하라는 것이다. var는 변인 math1과 english1을 표준화하라고 지칭하는 구문. 앞의 input문에서 math1과 english1을 만들어 표준화점수로 전환하라고 한 것은 나중에 원래 점수 math와 english와 비교하도록 하기 위함이다. 이렇게 하면 결과의 출력에서 총 5개의 변인의 값이 나타난다.

② proc standard는 결과값을 그냥 제시하지 않기 때문에 out명령문을 이용해서 내보낸 자료 stdscore를 따로 출력을 해야 할 것이다. 따라서 proc print 구문을 사용하여 자료 데이터 세트 이름을 지정하여 출력을 한다. 사실 여기서 data=stdscore를 집어넣지 않더라도 결과는 똑같이 나올 것이다. SAS에서는 특정 데이터세트를 지정해주지 않으면 바로 앞의 데이터 세트를 사용하기 때문이다.

OBS	sex	math	english	math1	english1
1	1	78	88	-0.16083	0.75152
2	1	90	65	0.83745	-1.62714
3	1	94	98	1.17021	1.78572
4	1	86	80	0.50469	-0.07584
5	1	76	73	-0.32722	-0.79978
6	1	67	78	-1.07593	-0.28268
7	2	92	86	1.00383	0.54468
8	2	57	69	-1.90783	-1.21346
9	2	99	100	1.58616	1.99256
10	2	85	74	0.42150	-0.69636
11	2	76	75	-0.32722	-0.59294
12	2	64	80	-1.32550	-0.07584
13	1	79	85	-0.07764	0.44126
14	1	69	78	-0.90955	-0.28268
15	2	87	82	0.58788	0.13100

순위점수의 계산

표준점수는 상대적인 비교를 확률면적을 이용하여 가능하게 한다. 하지만 고전적인 원점수의 순위를 사용하는 것도 아직까지 많이 사용된다. 여기서는 순위점수를 산출하는 방식을 살펴보자. 순위점수는 proc rank문을 이용하여 구할 수 있다.

예
```
Data psy;
  Input sex math english @@; drop sex English;
  cards;
  1 78 88 1 90 65 1 94 98
  1 86 80 1 76 73 1 67 78
  2 92 86 2 57 69 2 99 100
  2 85 74 2 76 75 2 64 80
  1 79 85 1 69 78 2 87 82
  ;
  proc rank out=psy2; var math; ranks rankmath;            ①
  proc print data=psy2; run;                                ②
  proc rank descending out=psy3; var math; ranks rankmath;③
  proc print data=psy3; run;                                ④
```

• 각 명령문의 기본 해설 및 결과값

① proc rank는 순위점수를 만들라는 구문이며 out은 순위점수가 만들어진 데이터세트를 psy2라는 이름으로 만들라는 옵션이다. var은 math라는 변인을 지정하는 문이다. ranks는 만들어진 순위점수에 변인명을 달아주는 구문, 즉 rankmath라는 순위점수의 변인으로 이름이 만들어진다. 종합하면 math라는 변인을 가지고 순위점수화하여 rankmath라는 이름으로 순위가 표시된다.

② 앞의 proc rank에서 만들어진 데이터세트 psy2를 출력하는 구문이다.

OBS	math	rankmath
1	78	7.0
2	90	12.0
3	94	14.0
4	86	10.0
5	76	5.5
6	67	3.0
7	92	13.0
8	57	1.0
9	99	15.0
10	85	9.0
11	76	5.5
12	64	2.0
13	79	8.0
14	69	4.0
15	87	11.0

③ 앞의 ①과 똑같지만 descending옵션이 있다. 이 옵션은 순위점수를 높은 것부터 낮은 것으로 정렬하라는 뜻이다. 디폴트는 ascending, 즉 낮은 점수로부터 높은 점수로 순위를 매긴다. 참고로 동점은 평균을 내어 처리한다. 만약 동점을 원하지 않으면 ties=high 또는 ties=low라는 옵션을 주어 처리를 할 수 있다.

④ 새로 만들어진 데이터세트 psy3라는 자료를 출력한다.

```
OBS    math    rankmath

  1     78       9.0
  2     90       4.0
  3     94       2.0
  4     86       6.0
  5     76      10.5
  6     67      13.0
  7     92       3.0
  8     57      15.0
  9     99       1.0
 10     85       7.0
 11     76      10.5
 12     64      14.0
 13     79       8.0
 14     69      12.0
 15     87       5.0
```

Chapter 05

추리통계의 기초

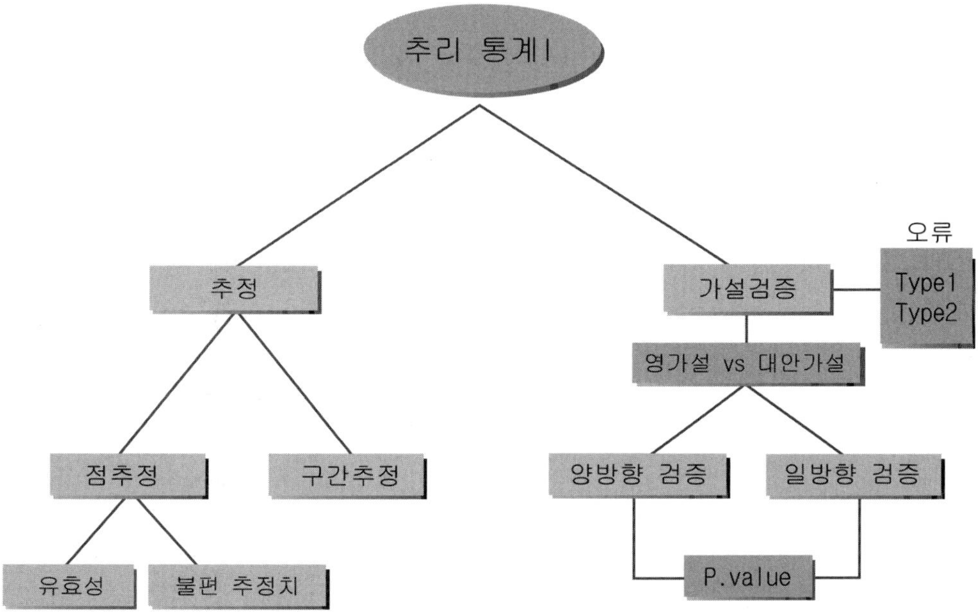

Situation 5

E씨는 새롭게 구축된 온라인 학습 시스템에서 사내 학습자 대상으로 교육을 실시하기로 하였다. 그는 e-Learning 콘텐트를 동영상 강사 기반 형식으로 만들기로 하였다. 강사화면을 크게 하면 상대적으로 화면 옆의 교안이 작아지는 현상이 발생할 수밖에 없다.

Problem: E씨는 강사의 화면을 하나는 A사이즈로 또 하나는 B사이즈로 제작하였고 어떤 것을 선택하여 보여줄 것인가 하는 문제에 봉착했다. 어떻게 해야 할 것인가?

Solution: 실제로 e-Learning 동영상화면을 제작하여 기존 학습자 중 일부를 대상으로 두 개의 사이즈에 대한 선호도를 조사한다. 선호도 비율에 대한 백분위를 산출하고 나서 백분위에 대한 모수 추정을 실시한다. 또는 1점에서 5점 사이의 라이커트 타입의 선호도 척도를 개발하여 두 화면의 평균 값에 대한 차이검증을 t-test로 수행한 뒤 비교한다.

Learning Objectives: 모수 추정의 종류를 설명하고 실제로 구간 추정을 할 수 있다. 가설검증 절차와 오류에 대하여 설명할 수 있으며, 두 그룹의 평균차이 가설검증을 설명할 수 있다. T분포와 정규분포의 차이를 설명할 수 있으며 SAS에서 두 그룹의 평균차이 검증을 수행하고 해석할 수 있다.

5.1 모수추정(Parameter estimate)

추리통계는 모수추정과 가설검증을 통해서 가능하다. 그 중에 모수추정은 가설검증에 비해 과학적인 논문보다는 일반적인 조사 보고서나 여론조사 결과 등을 언론에서 다룰 때 비교적 많이 사용되는 방법이다. 모수추정은 특정 전집으로부터 표집을 추출한 후 통계치를 이용하여 모수를 추정하는 방법을 의미한다. 모수추정에는 점 추정(point estimate)과 신뢰구간추정(confidence interval) 두 가지 방식이 있다.

❙ 점추정

하나의 모수(parameter)가 보통 추정될 때 그러한 것은 한 개의 수치나 혹은 어느 점수에서 어느 점수까지 형태의 범위(range) 형식으로 이루어진다. 한 개의 수치로 추정되었을 때 이러한 추정을 점추정이라고 하며 반면에 어디에서 어디까지의 범위로 추정되는 것을 구간추정이라고 한다. 등간척도의 추정은 보통 구간추정으로 실시된다.

점추정의 예를 살펴보자. 초등학교 학생 6학년의 100m 달리는 평균 시간을 추정하고자 한다고 가정해보자. 초등학교 6학년 학생 한 집단을 표집하여 100m를 달리게 한 뒤 그 시간을 측정한다. 그럼 측정치들의 평균을 낼 수 있다. 그 평균은 초등학교 6학년 전체 학생 평균에 대한 대표값이 될 수 있을 것이다. 따라서 한 표집 평균(mean)은 아마도 전집 평균(μ)에 대한 점추정이 될 수 있을 것이다.

점 추정을 하는 경우 불편추정성(unbiasedness)과 유효성(relative efficiency) 두 가지 원칙이 고려되어야 한다. 여러 추정치가 있을 때 우선 불편추정치(unbiased)인 것을 선택하는 것이 바람직하다. 표집분포에서 하나의 추정치가 모수(평균)에 가까울 때 그것을 불편추정치(unbiased estimator)라고 한다. 대부분 이 책에서 다루고 있는 통계들은 그들이 추정하고자 하는 모수에 대한 불편추정치라고 생각하면 될 것이다. 가령 표집 평균 mean은 전집 평균 μ에 대한 불편추정치 $\hat{\mu}$이라고 간주한다. 반면에 표준오차가 다른 표집분포보다 적은 것을 유효성이 있는 추정치(efficient estimator)라고 한다. 또한 정규분포성이 왜곡된 것도 유효성이 떨어지는 추정치라고 할 수 있다. 앞으로 모수에 ^(hat)으로 표시한 것은 모수추정치를 의미한다. 아래는 평균의 모수추정치와 표준편차 모수추정치를 나타난 예이다.

$$\hat{\mu} = \bar{y} = \frac{\sum y_i}{n}$$

$$\hat{\sigma} = s = \sqrt{\sum (y_i - \bar{y})^2 / n-1}$$

참고로 다음 그림은 Y 변인에 대한 세 개의 점추정치 표집분포도이다. 중앙의 μ를 중심으로 종의 모양의 분포를 가진 것이 불편추정치이면서 동시에 유효성이 있는 추정치(unbiased & efficient estimator)를 가진 분포이다. 그 왼쪽으로 불편추정치가 아닌(biased estimator) 분포도가 있다. 이것은 분포 모양은 가운데 것과 유사하지만 모수 평균으로부터 10의 수치만큼 왼쪽으로 이동되었다. 반면 아래쪽에 넓게 퍼진 것은 모수 평균은 같지만 분포가 다른, 즉 유효추정치가 아닌(inefficient estimator) 분포도이다.

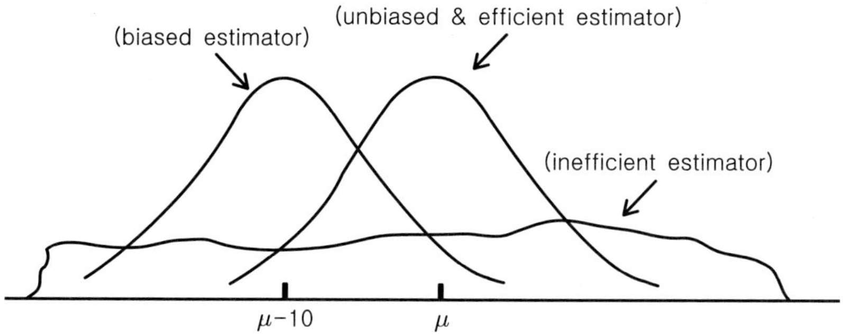

[그림 5-1] 표집분포의 불편추정치와 유효추정치

▌구간추정

일반적으로 대중 매체에서는 모집의 모수를 제시함에 있어 이러한 점추정을 이용한다. 하지만 이것은 정확도를 표시함에 있어 문제가 발생한다. 보통 경우 하나의 표집 평균을 전집 평균 μ에 대한 불편추정치로 사용하지만 그것은 확실히 완벽한 추정치가 될 수 없다. 실제로 우연히 전집 평균보다 약간 높거나 혹은 약간 낮을 수 있으며 경우에 따라서는 엄청나게 높거나 낮을 수도 있을 것이다. 따라서 점추정보다는 어디서 어디까지 존재할 것이라는 구간추정 방식을 선호한다.

모수추정의 종류

점 추정: 모수를 한 개의 수치로 추정하여 제시하는 방법.

구간추정: 모수가 존재할 것이라고 믿는 구간의 범위를 제시하는 방법.

구간추정의 일반적인 절차는 다음과 같다. 구간추정을 하기에 앞서 먼저 시행할 것은 전집의 설정(define)이다. 일단 전집이 설정되면 그 다음으로는 무선표집을 만들고 나서 그 무선표집으로부터 통계치를 산출하는 것이다. 여러 통계치가 있을 수 있으나 여기서는 표집평균을 선택했다고 하자. 그리고 나서 그 통계치가 얼마나 정확하게 모집의 모수 평균 μ에 근접하고 정확한지를 파악하는 것이다. 정확한지를 나타내는 방법 중 손쉽게 사용할 수 있는 것이 신뢰구간(confidence limit or confidence interval)을 설정하는 것이다. 가령 어느 초등학교 6학년 10명에게 특정 시간을 주어 10개의 숫자를 외우게 하여 5초 후에 외운 숫자를 확인하니 4, 4, 5, 5, 5, 6, 6, 7, 8, 9이었다고 가정하자. 평균 μ에 대한 추정치는 5.9일 것이고 95% 신뢰구간의 범위는 4.71에서 7.09까지일 것이다. 여기서 95%라는 신뢰범위라는 것은 모수 평균이 4.71에서 7.09까지 존재할 확률이 95%라는 것이고 아닐 확률이 5%, 즉 이 범위에 없을 확률이 5%라는 의미이다. 4.71은 하한치(lower limit)라고 하며 7.09는 상한치(upper limit)라고 한다.

신뢰구간이 넓으면 넓을수록 모수를 포함할 확률이 넓어진다. 가령 99% 신뢰구간은 4.19에서 7.61로써 95%보다 구간이 더 넓다. 정확도를 높이면 그만큼 범위가 넓어지고 정확도를 줄이면 그만큼 범위가 줄어들기 때문에 정확도와 범위 간에는 서로 모순의 관계를 가지고 있다. 우리는 실제로 정확도도 높고 범위도 좁은 것을 원하기 때문이다. 일반적으로 경험의 법칙(rule of thumb)[5]을 적용하면 95%가 기준이 된다. SAS도 양방향 검정에서 디폴트는 95%로 설정(set)되어 있다. 신뢰구간을 구하는 공식은 모집의 표준편차를 알 경우와 모를 경우 두 가지로 나뉘어지는데 일반적으로 모집의 표준편차를 모르기 때문에 표집의 표준오차를 이용한다. 아래는 일반적인 z분포를 이용하여 모집의 표준편차를 모를 경우 사용하는 공식이다. 표집의 표준편차를 제곱근 사례수로 나누어 그 값을 추정치로 간주하여 모수 추정구간 구하는 공식이다.

$$\mu = \bar{y} \pm Z\sigma_{\bar{y}} = \bar{y} \pm Z(\hat{\sigma}/\sqrt{n})$$

참고로 위의 4.71과 7.09는 이 공식을 이용한 것이 아니라 아래에서 설명할 t분포를 이용한 공식이 사용되었다. 모집의 표준편차가 추정치로 대체될 경우 일반적으로 Z분포를 이용하지 않고 t분포가 이용되어야 한다. 사실 t분포는 z분포를 포함한다고 볼 수 있으므로(자유도가 커지면 t=z) 보통 t분포에 기반한 공식을 사용한다. 자유도에 대해서는 다음 장에서 설명하겠다.

5) 경험의 법칙은 통계에서 일반적으로 적용하기 위해 학자들이 제시하는 법칙이다. 100% 정확하지는 않더라도 일반적으로 받아들여지는 법칙이나 가이드이다.

알고 있는 값과 모르는 값

알고 있는 값: 한 표집의 평균$\bar{x}$, 한 표집의 표준편차 s, 한 표집의 표집크기(n).

모르는 값: 전집의 평균 (μ_x), 전집의 표준편차 (σ_x) 표집분포의 평균 ($\mu_{\bar{x}}$), 표집분포의 표준편차(표준오차, $\sigma_{\bar{x}}$).

일단 표준오차($\sigma_{\bar{x}}$)를 계산한다고 하자. 전집의 표준편차를 알면 $\sigma_x/\sqrt{n}$를 구할 수가 있다. 그러나 전집의 표준편차를 모르기 때문에 전집의 표준편차 추정치로 한 표본에서 얻은 표준편차(s)를 대치하여 이용한다.

$$\sigma_{\bar{x}} = \frac{s}{\sqrt{n}}$$

여기서 사례수가 클수록 표준오차는 적어진다. 사실 표준오차는 어떤 전집이 정상분포를 이룬다고 가정할 때 한 표본의 평균치가 전집의 평균치로부터 얼마나 이탈 되었는가의 분산도를 의미한다. 표집분포의 표준편차인 표준오차가 구해지면 전집의 평균 또는 표집분포의 평균을 이용하여 구간추정을 몇 %의 신뢰수준(유의수준)을 설정하였는가에 따라 그에 해당하는 Z값(1.96 혹은 2.57)을 곱하여 더하고 빼서 구할 수 있다. 아래에 실제 예가 있다.

예 모수추정계산

한 표집의 사례수가 36명, 평균이 20, 표준편차가 18일 때 ($n=36, \bar{x}=20,\ s=18$) 이라면 표집분포의 표준편차인 표준오차 $\sigma_{\bar{x}}=18/\sqrt{36}=3$ (추정치 s를 대신하여 사용)이다. 여기서 표준오차 $\sigma_{\bar{x}}=3$는 표집평균 20이 전집의 평균치 μ_x로부터 얼마나 이탈되어있는가를 알려주는 수치이다. 한편 표집분포 차원에서 해석을 하면 $\mu_{\bar{x}}$와 일반 표본정규분포공식에 의하여 $\pm 2\sigma_{\bar{x}}$ 사이에 표집분포의 평균들이 95.44%가 존재한다. 혹은 $\pm 1.96\sigma_x$사이에는 95%가 존재한다.

그런데 우리는 $\mu_{\bar{x}}$를 모르고 μ_x는 더더욱 모른다. 우리는 실제로 $\bar{x}$를 통하여 $\mu_{\bar{x}}$를 추정하려고 하기 때문이다. 만일 $\mu_{\bar{x}}$가 추정되면 전집의 모수 평균 μ_x는 자동적으로 표집분포의 평균값과 같기 때문에 추정이 가능하다. 따라서 여기에서 $\mu_{\bar{x}}$ 대신에 $\bar{x}$를 통하여 반대로 해석을 한다. 다시 말해서 $\bar{x} \pm 2\sigma_{\bar{x}}$ 사이에 표집분포의 평균인 $\mu_{\bar{x}}$가 들어있을 가능성이 확률적으로 95% 된다고 보며 그렇지 않을 확률이 5% 라고 본다. 표집분포의 평균이 어디에 있을 것이라고 생각하는 것은 전집의 평균이 어디에 존재할 것이라는 것과 같다. 결국 표집분포의 평균과 전집의 평균이 같기 때문에 전집의 평균이 유추될 수 있는 것이다.

95.44% 모수 구간추정(confidence interval for $\mu_{\bar{x}}=\mu_x$)은 다음과 같다.

{20-2(3), 20+2(3)}, 즉 (14, 26)사이에 전집의 평균이 있을 확률이 95.44% 이다.

5.2 가설검증(Hypothesis test)

가설검증이란 가설 설정 후 특정 통계 방법을 이용하여 가설을 받아들일 것인가 아니면 기각할 것인가를 결정하고 그 결과에 따라 결론 내리는 통계적 방법이다. 가설이란 한 변인이나 여러 변인들 집합의 특정 국면 또는 상황에 대한 예측이라고 볼 수 있다. 가설은 보통의 경우 이론으로부터 추출되며 연구 수행의 중심이 된다. 이러한 가설은 연구자가 관심을 가지고 있는 연구문제(research problem)와 직접적으로 관련이 있다. 연구문제란 일반적으로 특정 사실이나 특정 변인 간의 관계성을 알고자 하는 의문문 형태의 진술이다. 사실 연구문제는 광의의 연구문제와 협의의 연구문제 두 가지가 있다. 통계에서 말하는 연구문제는 협의의 연구문제이고 가설과 직접 연관이 있다. 반면 광의의 연구문제는 왜 연구가 수행되어야 하는가를 진술하는 연구의 필요성과 동의어로 볼 수 있다. 즉, 연구의 시기적절성이나 연구가 수행되어야 하는 이유 등을 설명하는 것이며 결국 연구목적과도 관련이 있는 것이다.

모수에 대한 가설에는 두 개의 종류가 있다. 첫째는 실제로 통계적 검증을 실시하는 영가설(null hypothesis)이고 둘째는 영가설이 기각되었을 때 받아들이는 대안가설 또는 연구가설(alternative hypothesis)이다. 사실 통계적 검증은 확률적인 측면에서 얼마나 표집의 증거가 영가설에 대하여 강하게 반대하는가를 분석하는 것이다. 연구자는 영가설이 사실인가 아닌가를 결정함으로써 대안가설을 받아들여야 하는지를 결정한다. 가설은 말 그대로 데이터를 관찰하거나 분석하기에 앞서 설정되어야 한다.

가설의 종류

연구문제: 연구자가 의도하여 특정 사실이나 변인 간의 관계성을 알고자 하는 것이며 의문문의 형태로 진술.

가설: 연구문제와 관련하여 변인들의 집합이나 변인의 특정 상황에 대하여 예측하는 문장.

영가설: 사실상 검증을 하는 가설 H_o라고 표시.

대안가설/연구가설: 영가설을 기각하였을 때 받아들이는 가설. 영가설에서 제시된 모수들의 대안적인 세트로 구성되어 있음. H_a라고 표시.

가설검증 절차

가설 검증은 일련의 절차를 거쳐 수행된다. 절차와 관련하여 두 개의 용어를 알아보자. 하나는 검증통계치(calculated statistic)이며 또 하나는 p값(value)이다. 검증통계치는 가설이 설정된 모수치의 점 추정치(point estimate)와 관련이 있다. 검증통계치의 표집분포에 대한 지식은 우리로 하여금 만약 영가설이 실제로 사실이라면 실제 관찰된 통계치의 특정 값이 발생하는가에 대한 확률을 계산하게 해준다. 일단 검증통계치가 계산되면 하나의 측정치를 계산하게 된다. 이러한 측정치는 p값이라고 하며 영가설이 사실 혹은 참일 때(true) 적어도 대안가설에 실제 관찰된 값으로서의 우호적인 검증통계치를 얻을 수 있는 확률이다. 다시 말해서 만약 영가설이 사실이라면 가설 검증치가 발생할 수 있는 확률이다. 즉, p값은 영가설을 지지할 수 있는 증거 가중치의 측정도구로 사용된다. 비교적 큰 p값은 영가설과 일관성이 있는 데이터를 의미한다. 반면 적은 p값은 표집결과가 영가설에 반한다(contradictory)는 의미이다.

가설검증과 관련된 통계적인 순서는 다음과 같다. 이러한 순서는 통계적인 가설검증절차이지 일반 연구방법론에서의 연구수행순서는 아니다. 가령 일반 연구수행순서는 검증결론 대신 연구결과라는 용어를 쓰는 경우가 흔하다. 혹은 7번째 검증결론 다음에 논의(discussion)가 나오고 최종 연구결론 및 제언 등을 도출하기도 한다.

- 가설검증순서

1. 모집, 표집 설정 및 측정
2. 영가설과 대안가설의 설정

3. 통계방법선정
4. 검증통계치 산출(calculate statistic)
5. 계산된 통계치와 유의도 수준과 양방향 혹은 일방향을 고려한 표 값(critical value from table)과의 비교(test statistic) 또는 p값 제시
6. 결론, 즉 영가설을 기각하느냐 혹은 기각하지 못하느냐 의사결정 후 그 결과 제시.

통계방법선정 후 검증 통계치 산출과 더불어 때로는 가정요건도 검증할 필요가 있을 것이다.

모수통계의 가정요건은 정규성(normality), 동질성(homogeneity), 독립성(independence), 등간척도(interval scale) 등이 있다.

5.3 가설검증 오류

가설검증을 함에 있어서 발생하는 오류는 두 가지가 있다. 1종 오류와 2종 오류이다. 1종 오류는 영가설이 참인데 영가설을 기각하는 것이고, 2종 오류는 영가설이 거짓일 때 영가설을 반대로 기각하지 못하는 것이다. 가령 영가설을 다음과 같이 설정하였다고 하자.

H_o : K대 학생의 정보지수평균은 H대 학생의 정보지수 평균과 같다.

H_o : $\mu_{KICTLiteracy} = \mu_{HICTLiteracy}$

1종 오류는 만약 K대 학생의 정보지수평균과 H대 평균이 실제로 같은데 영가설을 기각하고 대안가설을 받아들여 평균이 다르다고 결론 내리는 것이다. 반대로 2종 오류는 실제로는 K대 평균과 H대 평균이 다른데 영가설을 기각 못하고 영가설을 받아들여 같다고 결론 내리는 경우이다. 1종 오류와 2종 오류는 서로 상반된 개념이다. 즉, 1종 오류가 줄어들수록 2종 오류가 증가하며 1종 오류가 커질수록 2종 오류가 줄어들게 된다. 아래 표는 영가설에 대한 결정과 실제와의 관계를 나타낸 것이다.

<표 5-1> 1종 2종 오류에 대한 결정과 실제

		실제(reality)	
		영가설 진(H_o true)	영가설 위(H_o false)
영가설 결정 (Decision of H_o)	기각실패 (Fail to reject H_o)	적절한 결정 (Correct decision, $1-\alpha$)	2종 오류 (Type II error)
	기각 (Reject H_o)	1종 오류 (Type I error)	적절한 결정 (Correct decision, $1-\beta$, Power)

연구를 수행하거나 통계 검증을 함에 있어서 오류는 발생할 수 있다. 그러나 실제로 1종 오류가 발생하였는지 아니면 2종 오류가 발생하였는지 모른다. 상기 표에서 단지 적절한 결정을 내리는 칸에 들어가기를 희망할 뿐이다. 1종 오류를 알파 오류, 2종 오류는 베타 오류라고도 한다. 사실 여기서 알파는 1종 오류가 발생할 수 있는 확률을 의미한다. 알파 수준(α-level) 은 흔히 유의도 수준과 동일 시 된다(significance level). α=.05 또는 $p<.05$라 함은 95% 유의도 수준($1-\alpha$=.95)과 같다. 표본에서 얻어진 결과가 우연히(by chance) 일어날 확률이 100 가운데 5 이하라는 뜻이다. 즉, 실질적 효과가 발생하거나 추리가 옳을 확률이 95%라는 뜻이다.

가설검증력(power)은 영가설이 거짓일 때 반드시 기각해야 하는 확률을 의미한다. 보통 가설검증력은 알파 수준, 표집크기, 유효크기(effect size) 등에 영향을 받는다. 알파수준을 엄격히 하면 할수록 파워는 줄어든다. 유효크기란 비교를 위한 표준화 용어로 보통 효과의 강도(effect magnitude)를 의미한다. 가령 두 그룹 평균의 차인 경우 평균의 차가 크면 클수록 유효크기가 크다고 본다. 가령 두 그룹의 차가 10인 경우 7보다 효과의 강도가 크다고 본다. 또한 두 그룹의 상관관계의 경우 .5보다 .9가 유효크기가 큰 것을 의미한다.

앞에서 언급한 것과 같이 어느 오류가 발생하였는지 모르고 또한 알파 오류를 줄이면 베타오류가 증가하는 것으로 인해 곤란에 빠질 수 있다. 물론 적절한 표집방법에 사례수를 늘려 오류의 확률을 줄이고 아니면 똑같은 통계검증을 반복 실시하여 오류가 발생하였는가를 확인할 수는 있다. 또는 인터넷에서 많이 제공되는 표를 사용하여 유효크기, 표집크기, 그에 해당되는 최소한의 요구되는 가설검증력을 이용하여 오류를 최소화할 수도 있다. 마지막으로 경험의 법칙(rule of thumb)을 이용하면 보통의 경우 알파 수준을 α=.05로 정하는 것이 바람직하다. SAS의 경우도 디폴트 값은 .05이다. 흔히 α=.05에서 유의한 결과인 경우 * 하나로 표시를 하고 α=.01 수준에서 유의한 경우 ** 두 개로 표시를 한다.

가설 검증 시 발생할 두 가지의 오류

1종 오류: α error라고도 함. 영가설이 참일 때 영가설을 기각하는 것을 의미(reject H_o, when H_o is true).

2종 오류: β error라고도 함. 영가설이 거짓일 때 영가설을 기각하지 못하는 오류를 의미(fail to reject H_o,when H_o is false).

검증력: 영가설이 위이어서 반드시 기각되어야 할 때 영가설을 옳게 기각하는 확률을 의미.

5.4 검증방향, 기각영역, p값

가설을 검증하는 방식에는 두 가지가 있다. 첫째는 검증의 방향을 고려하지 않는 양방향 검증(two tailed or two sided test)이 있으며 둘째는 검증의 방향, 즉 크기를 결정하는 일방향 검증(one tailed or sided test)이 있다. 양방향이라는 것은 보통 영가설이 특정 모수와 같다고 설정되었을 경우 단지 이것이 기각되는가 아닌가에 관심을 둔다. 만약 기각되면 다르다고 결론내리는 것이고 기각이 되지 않는 경우 같다고 결론 내린다. 즉, 같은지 다른지에 관심이 있다.

반면 일방향은 만약 다른 경우 그것이 비교되는 모수보다 큰지 아니면 작은지를 결정하는 것이다. 최근 연구동향은 일방향을 중시하지만 대부분의 경우 양방향 검증이 기본이다. SAS의 default 역시 양방향 검증이다.

두 가지 검증 방향

양방향 검증: 가설의 검증 방향이 문제가 되지 않으며 단지 차이가 발생하는가를 검증. 즉, 같으냐 같지 않느냐를 검증 H_a: $\mu_1 \neq \mu_2$

일방향 검증: 가설의 검증 방향이 결정되는 검증. 즉, 큰가(upper test), 작은가(lower test)를 검증. H_a: $\mu_1 > \mu_2$ H_a: $\mu_1 < \mu_2$

아래 그림은 양방향과 일방향 각각 유의 수준 95%에 대한 Z값의 기각영역(rejection region, rejection area)을 제시하고 있다. 기각영역이란 검증통계치를 산출하였을 때 그 통계치(아래 그림에서는 z_{obs})가 설정된 유의 수준에 해당하는 값과 비교하여 바깥쪽에 해당하는 면적이다. 양방향에서는 이러한 영역이 두 개가 있을 것이고 일방향에서는 영역이 하나일 것이다. 사실 양방향인 경우는 유의 수준에 해당하는 절대값보다 큰 경우를 의미한다. 첫 번째 그림의 경우 Z표(즉, Z분포)를 이용한 양방향 기각영역이 제시되어 있다. -1.96과 1.96 바깥의 면적이 기각영역이고 만약 내가 구한 Z검증통계치(Z_{obs})가 이 영역에 들어간다면 설정된 영가설을 기각하는 것이다. 반대로 -1.96과 1.96 사이에 Z검증통계치가 들어가면 영가설을 기각하지 못하는 것이다. 결국 내가 구한 값이 95% 유의도 수준에서 영가설을 기각하려면 절대값 |1.96|보다 커야 할 것이다.

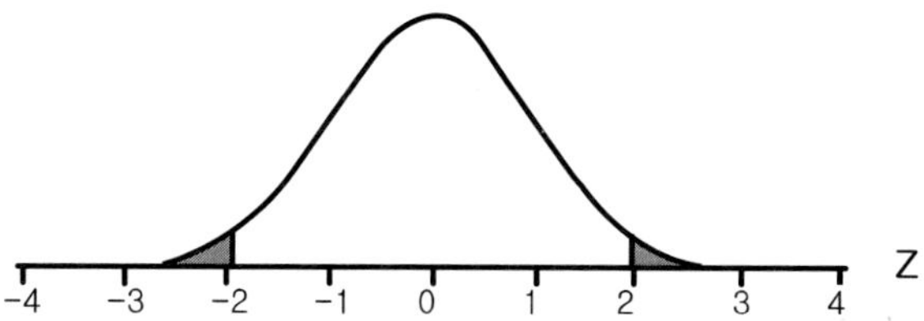

$Z_{0.025}$=1.9600

95% 유의도 수준에서 만약 다음과 같다면 영가설을 기각

$z_{obs} < -1.9600$ or $z_{obs} > +1.9600$

만약 다음과 같다면 영가설을 기각할 수 없음.

$-1.9600 \leq z_{obs} \leq +1.9600$

[그림 5-2] 95% 유의도 수준에서의 양방향 기각영역

반면 일방향인 경우는 비교되는 모수보다 작다고 대안가설이 설정되었다면 -1.649보다 내가 구한 가설검증치가 작아야 할 것이다.

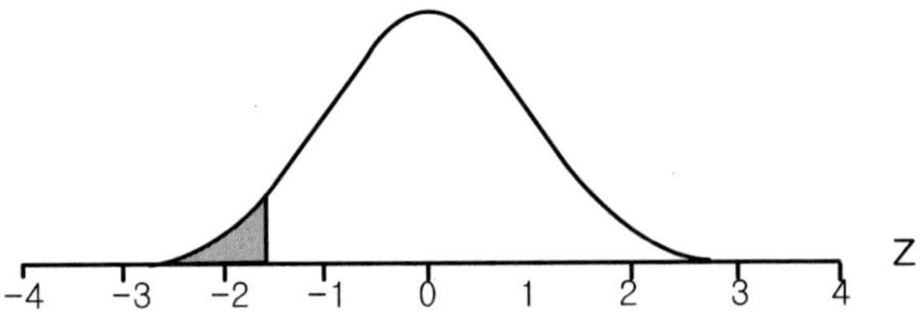

[그림 5-3] 95%유의도 수준에서의 일방향 기각영역

표준정규분포를 이용한 Z검증의 공식과 예를 가설검증 순서에 따라 가상적으로 제시하면 다음과 같다.

1. **모집, 표집 설정 및 측정**

연구문제: 현재 K대학 신입생 정보화 수준은 과거 수년 전과의 정보화 수준과 다른가?

모집: 4년 전 K대학 1학년 신입생

표집: 현재 K대학 1학년 신입생 중 40명

측정: 정보화 수준 측정도구 100점 만점

그 당시 평균 μ=61.9이고 표준편차, 즉 σ=7.77이었다.

오늘날 같은 도구로 측정하였더니 그 평균값 $\bar{x}$=63.13

모집분포는 대략 정상분포이다.

2. **영가설과 대안가설**

H_o:μ=61.9 (즉, 변하지 않았다). α=.10 (즉, 90%의 유의도 수준)에서 양방향으로 설정.

H_a:$\mu \neq$61.9 (즉, 변했다).

(대부분 α= .05(95% 유의도수준)이지만 여기서는 일부러 α= .10으로 정했음. 일반적으로 마케팅 연구인 경우는 80% 유의도가 있는 경우도 사업을 수행한다.)

3. **통계방법**

Z 검증방법 선정

$$Z_{calc} = \frac{\bar{x} - \mu}{\sigma_{\bar{x}}}$$

4. 검증통계치 산출

$$Z_{calc} = \frac{63.13-61.0}{(7.77/\sqrt{40})}1.001$$

5. 비교(test statistic)

구한 z값이 1.001이므로 90% 유의수준의 기각영역 ±1.645 바깥쪽에 해당하는 지를 확인한다.

만약 z>1.645 혹은 z<-1.645 이라면 영가설H_o을 기각하지만 바깥쪽에 있지 않고 안쪽에 있으므로 기각을 하지 못함. 수식으로 표현하면 $Z_{calc}<Z_{criticalvalue}=|1.645|$이기 때문에 기각하지 못한다.

6. 결론

영가설을 기각하지 못한다고 결론 내림. 그리고 정보화 수준이 바뀌지 않았다고 해석한다.

아래는 Z분포에서 양방향 90%, 95%, 99% 유의수준에 해당하는 Z값이다. 이러한 유의수준의 절대값 Z보다 내가 구한 검증통계치가 커야만 영가설을 기각할 수 있다. 위의 예 경우 유의수준은 90%로 정했기 때문에 절대값 |1.645|와 비교를 하였지만 95%로 유의수준을 결정하였다면 절대값 |1.96|과 비교해야 한다. 물론 90%에서 영가설이 기각되지 않으면 당연히 95%수준에서 기각되지 않는다. 따라서 유의수준은 보통의 경우 가설검증에 앞서 미리 설정해야 한다. 아래는 양방향에서의 유의수준에 대한 z기각치 값이다.

$Z_{\text{Critical value}}$, 90%, two tailed=1.645

$Z_{\text{Critical value}}$, 95%, two tailed=1.96

$Z_{\text{Critical value}}$, 99%, two tailed=2.58

한편 가설검증과 달리 각 유의수준에서 모수 구간추정을 하면 다음과 같다.

90% 유의수준에서의 모수 구간추정 (CI for μ): $63.13\pm1.645(7.77/\sqrt{40})=(61.11, 65.15)$

95% 유의수준에서의 모수 구간추정 (CI for μ): $63.13\pm1.96(7.77/\sqrt{40})=(60.72, 65.54)$

원래 모수 μ=61.9가 90% 유의수준에서의 구간추정 값 61.11과 65.15 사이에 있으므로 과거와 현재 사이에 변화가 없다고 결론짓는다. 또한 앞의 가설검증에서 설명하였듯이 95% 수준으로 유의도 수준을 엄격하게 확대하여도 결과는 마찬가지이다. 모수 μ=61.9는 역시 60,72와 65.54 사이에 들어 있다. 다시 말해서 가설검증과 구간추정의 결과는 똑같다. 이러한 것과 별개로 흔히 통계에서는 p값(p-value)을 제시하는 데 이 역시 똑같은 결과를 다른 양식으로 제시하는 것이다. p값은 영가설을 지지하는 증거의 가중치에 대한 측정값이다.

> **p값**
>
> p값이 크면 영가설과 수집된 데이터와 일치한다는 것을 의미. p값이 적으면 적을수록 영가설을 기각할 수 있음. 즉, 95% 유의도 수준(알파 수준 .05)에서 내가 구한 p값이 .04라면 영가설을 기각함. 만약 p값이 .06이라면 영가설을 기각하지 못함.

p값은 사실 내가 구한 가설검증치 Z(여기서는 calculated z) 값의 바깥 면적을 더한 값이다. 즉, z_{calc}=1.001의 바깥 면적 .158 * 2= .316 여기서 2를 곱하는 것은 양방향 검증이기 때문이다. p-value=.316라는 값은 결국 .05보다 크므로 영가설을 기각할 수 없다. 가령 우리가 구한 z값이 -1.5일 때, 양방향 검증에서 알파 수준은 .05일 때 p값은 2×.0668=.1336이다. 만약 내가 구한 z값이 2.00 이라면 그에 해당하는 p값은 2×.0228-.0456이다. 따라서 이러한 p값을 구했다면 영가설을 95% 유의수준에서 기각할 수 있는 것이다.

경험적으로 내가 구한 Z검증통계치가 크면 클수록 p값은 작아지며 영가설을 기각할 수 있다. 이것은 Z분포가 아니더라도(가령 t나 F분포 등) 모든 검증통계치에서 똑같이 작용한다. 이렇게 p값 하나만 가지고 우리는 영가설을 기각할 수 있는지 아닌지를 알 수 있으므로 항상 통계검증에서는 p값을 제시한다.

5.5 t분포와 t검증

앞에서 설명한 가설검증은 Z분포를 이용한 것이다. 보통 정규분포에 근거를 둔

평균 차이 검증은 단일평균치에 대한 검증과 두 표집 평균치의 차에 대한 검증이 있다. 앞의 예는 단일평균치 검증의 예이다. 단일평균치 검증은 전집의 σ를 아는 경우와 모르는 경우 두 가지로 나뉜다. 두 표집 평균치의 차에 대한 검증은 두 표집이 독립표집인 경우와 종속표집인 경우 두 가지로 기본적으로 나뉘며 각각에 역시 전집의 σ를 아는 경우와 모르는 경우 두 가지로 나뉘므로 실제로 4가지 경우의 수가 발생한다. 사실 독립표집인가 종속표집인가는 중요한 개념인데 간단히 설명하면 남편을 표집하는 경우 그에 따라서 자동적으로 부인이 표집이 되는 경우 대표적인 종속표집이라고 볼 수 있다. 여기서는 이러한 각각의 경우에 대한 검증 절차를 생략하고 곧바로 t-검증 방법에 대해 설명하겠다. 그 이유는 실제로 우리가 연구를 수행함에 있어 SAS와 같은 통계프로그램을 이용한다면 앞에서 제시된 경우의 수가 그리 크게 작용하지 않기 때문이다.

앞에서 제시한 구간추정과 가설검증은 표집크기가 어느 정도 클 때 적절한 방법이다. 그 이유는 중앙집중한계와 많은 사례수의 법칙에 의해 표집분포의 표준오차를 한 표집의 표준편차를 사례수를 제곱근하여 나눈 값으로 유추하고 그 분포를 정규분포로 해석하기 때문이다. 어느 정도 표집크기가 커야 하는가에 대한 정답은 없지만 일반적으로 30이 요구된다. 그렇다면 30 이하의 사례수인 경우 표집분포는 정규분포가 아닐 수도 있으며 표집분포의 표준편차, 즉 표준오차가 전집의 표준편차를 사례수 제곱근하여 나눈 값에 가깝지 않을 수도 있다. 따라서 이러한 경우 표집분포가 더 이상 정규분포가 아니며 표집분포의 표준편차를 추정함에 있어서도 특별한 분포도, 즉 t분포(distribution)가 필요하다.

t검증이란 어떤 변인의 모집분포가 정규분포를 따르면서 모수 평균은 μ 표준편차는 σ일 때, 무선표집의 크기가 n인 경우 t통계치는 $t = \frac{\bar{y} - \mu}{\hat{\sigma}_{\bar{y}}}$ 이며 (n-1) 자유도(degree of freedom)를 가진 t분포를 이용하여 가설검증을 실시하는 것이다. 이러한 t분포는 정규분포(Z distribution)와는 약간 다른 성격을 갖는다. 첫째, 0을 중심으로 좌우 대칭(symmetric)인 점은 정규분포와 같다. 둘째, 분포의 분산은 자유도(degrees of freedom: df.)에 의존한다. t분포의 표준편차는 항상 1을 넘는다. 그러나 자유도가 증가함에 따라(즉, 사례수 n이 증가) 표준편차는 줄어들면서 1에 가까워진다. 셋째, 자유도가 커지면 정규분포에 가까워지면서 무한대로 가면 정규분포와 같다.

t분포의 특징

정규분포와 유사한 형태이나 자유도에 따라 영향을 받음.
자유도는 사례 수와 관련이 있음.
정상분포와 같은 형태이나 더 편평하며 사례수가 클수록 정상분포와 같아짐.

아래 그림은 t분포가 자유도에 따라 분포도가 어떻게 변화하는가를 나타내고 있다. 자유도가 3인 경우 가장 편평(flat)하고 자유도가 6인 경우 그보다 뾰족하고 자유도가 무한대인 경우 정규분포와 같다. 즉, 정규분포에서 .025의 면적에 해당하는 z값(critical value)이 ±1.96이라면 이 값이 자유도가 3인 경우 ±3.18로 자유도가 6인 경우 ±2.45으로 변화한다.

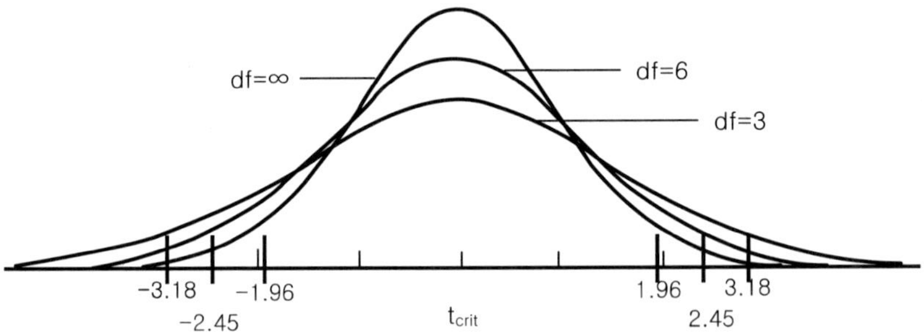

[그림 5-4] 자유도와 t분포

많은 사례수의 법칙은 어떤 전집에서 일정한 사례수 n을 가진 표본들을 추출할 때 n이 어느 정도 크면 전집의 분포 형태와 상관없이 이들 표본들의 통계치를 가지고 만든 표집분포는 정상분포에 가깝게 된다라는 것을 의미한다. 여기서 사례수, 즉 n이 어느 정도 커야 하는가에 대한 의문이 생길 수 있다. 보통 n=30이라고 하는 경우와 n=120이라고 하는 경우가 있는데 단순히 두 그룹의 평균의 차이를 t검증할 시 30으로 보는 것이 바람직하다.

사례수는 앞에서 제시한 것과 같이 자유도와 밀접한 관계를 가지고 있다. 자유도란 주어진 조건하에서 자유롭게 변화할 수 있는 점수나 변인을 의미한다. 가령 아무 조건 없이 임의로 세 개의 숫자를 쓰라고 하면 자유도는 3이나 합계가 10이 되도록 하면 두 개의 숫자가 결정되면 나머지 하나는 자동으로 결정되므로 그때의 자유도는 2이다. 일반적으로 자유도는 사례수와 직접적인 관련이 있고 또한 추정하고자 하는 모수(parameter)의 개수와도 관련이 있다.

일반적인 t검증의 자유도는 n-1, 두 그룹의 평균의 차 검증의 자유도는 (n1+n2)-2 이다. 두 그룹의 평균의 차이 검증을 하는 공식은 아래와 같다.

$$t = \frac{\overline{X_1} - \overline{X_2}}{S_{\bar{x}1 - \bar{x}2}}$$

n1≠n2일 때, $t = \dfrac{\overline{X_1} - \overline{X_2}}{\sqrt{\left(\dfrac{\sum x_1^2 + \sum x_2^2}{n1 + n2 - 2}\right)\left(\dfrac{1}{n1} + \dfrac{1}{n2}\right)}}$

여기서 $\sum x_1^2$과 $\sum x_2^2$은 수정제곱합(corrected sum of square)으로서 편차제곱합이다. 참고로 t-검증은 t분포와 자유도를 이용하여 검증하는 것으로 두 그룹의 평균차만 검증하는 것이 아니다. 가령 추정된 어느 특징수가 유의한지를 검증하기 위해서도 많이 쓰인다. 뒤에서 다루게 될 회귀분석에서 회귀계수 각각의 유의성은 t검증으로 수행되는데 그것이 대표적 예이다. 그러나 t검증이 두 그룹의 평균차이 검증에 있어 많이 쓰기 때문에 t검증이라고 하면 두 그룹의 평균차이 검증을 일반적으로 떠올린다.

보통 연구에서 평균의 차이검증은 가장 보편적인 추리통계인데 그 이유는 무엇일까? 평균은 어느 그룹(여기선 사람 사물 개체 모두 포함함)에 있어서 그 그룹의 대표성을 나타내는 단일 수치이기 때문이다. 따라서 이러한 평균이 다르다고 하면 그 그룹의 속성이 다르다고 결론을 내릴 수 있기 때문이다. 그룹이 다른 이유가 실험조치라면 실험으로부터 발생한 것이고 자연발생적이라면 자연적으로 애초에 다른 그룹이라고 해석할 수 있다.

예 t검증을 통한 두 그룹의 평균 차이 검증

연구문제: K대학교 E와 3학년 남학생의 정보화 수준과 여학생의 정보화 수준은 같은가?

H_0: 남학생의 정보화 수준과 여학생의 정보화 수준은 같을 것이다.

(H_o: $\mu_{남성}=\mu_{여성}$, $\mu_{남성}-\mu_{여성}$ =diff=0)

H_a: 남학생의 정보화 수준과 여학생의 정보화 수준은 다르다.

(H_a: $\mu_{남성} \neq \mu_{여성}$, diff≠0)

남학생 수는 9명, 여학생 수는 10명이었으며, 남학생의 평균은 9.778, 여학생의 평균은 15.100, 각 그룹의 수정 제곱합이 135.55556, 164.9이며 평균의 차(mean difference)는 -5.322이었다고 하면 그에 따른 t값은 다음과 같다.

$$t=\frac{9.778-15.100}{\sqrt{\left(\frac{135.56+164.90}{17}\right)\left(\frac{1}{9}+\frac{1}{10}\right)}}=\frac{-5.322}{1.92}=-2.758$$

내가 구한 t의 절대값 |-2.758|이 t표에 있는 95% 유의수준의 양방향 그리고 자유도 17에서의 값인 기각치(critical value) 2.110보다 크므로 영가설은 기각된다. 수리적으로 표현을 하면 다음과 같다. $t_{calc.}$=|-2.758|)> t,.05, 17=2.110 그리고 p-value=.0135, 그러므로 영가설 H_o은 기각함. 따라서 남학생의 정보화 수준과 여학생의 정보화 수준은 다르다고 결론짓는다. 왜 다른지에 대해서는 연구자의 논의(discussion)가 있어야 할 것이나 여기서는 생략한다.

위의 예에 대한 데이터 값, SAS구문과 결과는 아래에 있다. 참고로 SAS에서 t검증을 하는 경우 변량의 동질성 검사(homogeneity tes)를 F 값으로 먼저 수행하고 실시하는 것이 원칙이다. 그러나 동질성 검사 결과에 따라 t값이 달라지지만 실제로 큰 차이는 없다.

사실 위에서 실시한 t검증은 양방향 검증이다. 만약 일방향 검증을 할 경우는 대안가설이 다음과 같이 두 개가 설정될 수 있다.

H_a: μ남성<μ여성, 즉 남학생의 평균이 여학생의 평균보다 작다 = diff<0.

H_a: μ남성>μ여성, 즉 남학생의 평균이 여학생의 평균보다 크다 = diff>0.

일방향 검증을 할 시에는 반드시 대안가설도 표시를 해주어야 한다. SAS에서 수행한다면 가장 간단한 방법은 출력에서 나타난 p값을 1/2하면 된다. 앞에서 p>

|t|=.0135이라면 p<t =.00675이고 p>t=.99325이다. 따라서 첫 번째 대안가설은 채택(accept)된다. 반면 두 번째 대안가설은 받아들이지 못한다.

위의 예는 동일인이 아닌 두 그룹의 평균 차이 검증을 수행하였다. 그러나 때로는 동일인으로서 두 개의 값을 가졌을 때 그에 대한 차이 검증을 수행할 필요가 있다. 특히 교육실험 조치를 통해 사전 점수와 사후 점수를 비교하여 통계적으로 유의한 차가 발생하였는가를 알기 위해서 SAS에서는 동일인의 반복측정 자료에 대한 t검증을 수행할 수 있다. 이 경우는 proc ttest;를 수행하는 것이 아니라 proc means;를 수행한다. 사례 수와 변인의 수가 적은 경우는 이러한 방식도 괜찮으나 일반적으로 사례 수와 다른 변인도 많은 경우 이러한 방식은 바람직하지 않고 차라리 데이터 코딩을 함에 있어 사전 점수와 관련된 데이터는 1로 사후 점수와 관련된 데이터는 2로 별도의 코딩을 통해 데이터를 통합하여(proc set 등을 이용) 분석을 하는 것이 좋다.

5.6 SAS와 t검증

SAS를 이용하여 t검증을 하기 위해서는 기본적으로 proc ttest;구문이 사용된다. 아래 예에서 proc sort;와 proc univariate;는 수행하지 않아도 되나 기본적인 기술 통계치를 산출하기 위해 만든 것이다.

▎두 그룹의 평균차이 검증

예
```
data psy;
input iv dv @@;
cards;
1 12 1 14 1 10 1 8 1 16 1 5 1 3 1 9 1 11
2 21 2 18 2 14 2 20 2 11 2 19 2 8 2 12 2 13 2 15
;
proc sort; by iv; run;                        ①
proc univariate; var dv; by iv; run;          ②
proc ttest; class iv; var dv; run;            ③
```

• 각 명령문의 기본 해설 및 결과값

① 변인 iv에 따라 정렬을 하라는 명령문. proc sort는 특별히 결과값을 별도로 출력하지 않는다.

② 앞에서 iv변인에 의해 정렬된 결과에 따라 변인 dv에 대한 proc univariate를 수행하라는 명령문이다.

③ 종속변인 dv를 독립변인 iv에 의해 proc ttest를 수행하라는 명령문. t검증을 하기 위해서는 proc ttest; 다음에 class로 독립변인을 설정하고 그 다음에 var로 종속변인을 설정하여야 한다. 따라서 class는 말 그대로 유목변인(category)형태의 변인이어야 한다.

아래는 proc univariate 수행된 결과값임. iv=1, 즉 남학생과 iv=2 여학생에 대한 기초통계가 제시되어 있다.

```
------------------------------- iv=1 ------------------------------

                      UNIVARIATE 프로시저
                          변수:  dv

                            적률

N                        9    가중합                   9
평균            9.77777778    관측치 합               88
표준편차        4.11636301    분산            16.9444444
왜도            -0.2247272    첨도             -0.387131
제곱합                 996    수정 제곱합     135.555556
변동계수        42.0991672    평균의 표준오차   1.372121


------------------------------- iv=2 ------------------------------

                      UNIVARIATE 프로시저
                          변수:  dv

                            적률

N                       10    가중합                  10
평균                  15.1    관측치 합              151
표준편차         4.2804465    분산            18.3222222
왜도            -0.1071056    첨도            -1.0708466
제곱합                2445    수정 제곱합          164.9
변동계수        28.3473278    평균의 표준오차 1.35359603
```

다음은 t검증의 결과값이다. 아래에서 t값이 변량(variances)에 따라 동질(equal)

과 이질(unequal) 두 가지로 나뉘어 각각에 해당하는 t값 (-2.76) 두 개가 제시되어 있고 그에 따른 p값(pr>|t|)역시 .0135와 .0134 두 개가 제시되어 있다. 여기서는 동질에 해당하는 값을 사용하여야 하며 물론 큰 차이는 없다. 동질과 이질 어떤 값을 사용하는가는 그 아래 변량의 동질성 검증(equality of variance) 결과를 사용하고 변량의 동질성 검증에는 F값=1.08과 그에 해당하는 p값=.9230이 제시되어 있다. F값은 영가설 'H_0: 변량은 동질함'을 검증하는 것이다. p값이 .05보다 크므로 여기서는 영가설을 기각하지 못하고 따라서 변량이 동질하다고 결론 내린다. F값에 대해서는 다음 장에서 설명한다.

The TTEST Procedure

Statistics

Variable	iv	N	Lower CL Mean	Mean	Upper CL Mean	Lower CL Std Dev	Std Dev	Upper CL Std Dev	Std Err	Minimum	Maximum
dv	1	9	6.6137	9.7778	12.942	2.7804	4.1164	7.886	1.3721	3	16
dv	2	10	12.038	15.1	18.162	2.9442	4.2804	7.8144	1.3536	8	21
dv	Diff (1-2)		-9.398	-5.322	-1.247	3.1547	4.204	6.3024	1.9316		

T-Tests

Variable	Method	Variances	DF	t Value	Pr > |t|
dv	Pooled	Equal	17	-2.76	0.0135
dv	Satterthwaite	Unequal	16.9	-2.76	0.0134

Equality of Variances

Variable	Method	Num DF	Den DF	F Value	Pr > F
dv	Folded F	9	8	1.08	0.9230

동일그룹의 반복측정 t검증

SAS에서 동일그룹에 대한 반복측정(within subject)에 대한 t검증은 proc means; 구문을 사용하여 수행한다. 아래 예는 개인이 두 개의 점수를 가진 것에 대한 t검증이다. 가령 학습자가 학습처치 이전의 사전점수(pre) 그리고 학습처치 이후의 사후점수(post)를 비교하여 검증할 때 사용하는 방법이다.

예
```
data pro23;
  input pre post;
  dif=post-pre;
  cards;
  3 4
```

```
5 4
3 5
5 7
3 5
4 6
2 5
5 6
6 6
4 4
;
proc means; var pre post; run;                    ①
proc means mean stderr t prt; var dif; run;       ②
```

•각 명령문의 기본 해설 및 결과값

① 변인 pre와 post에 대한 proc means를 수행하라는 구문이다.

MEANS 프로시저

변수	N	평균값	표준편차	최소값	최대값
pre	10	4.0000000	1.2472191	2.0000000	6.0000000
post	10	5.2000000	1.0327956	4.0000000	7.0000000

② 데이터 스텝의 input문에서 새로운 변인 dif가 이미 만들어졌기 때문에 그 변인에 대하여 proc means를 수행하는 구문임. 그러나 옵션이 mean stderr t prt이 중간에 설정되었음. 즉, diff에 대한 평균, 표준오차, t값, 그리고 p값을 만들라는 의미다. p값이 .05보다 작으므로 diff가 유의성이 있다고 보며, 따라서 사전과 사후 점수에는 유의한 차가 있다고 해석한다.

MEANS 프로시저

분석 변수 : dif

평균값	표준오차	t 값	Pr > |t|
1.2000000	0.3887301	3.09	0.0130

Chapter 06

카이자승 검증

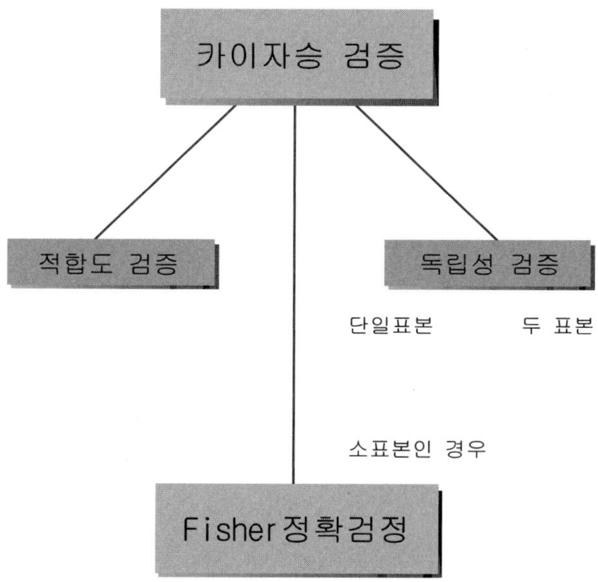

Situation 6

F씨는 교육 정보 격차에 관심 있는 교육 관련 관료이다. 정보의 불평등을 알고 있지만 실증적인 데이터가 없다. 당장 정보 시설이 낙후된 지역에 좀 더 예산을 배정하고 싶지만 어떻게 해야 할지 혼란스럽다.

Problem: F씨는 지역에 따라 학교 내의 정보화 시설에 대한 차이가 어떻게 발생하는지 알고 싶고 그에 따라 차별적인 지원으로 시설 평등화를 꾀하고 싶다. 어떻게 해야 다른 사람에게 이러한 사실을 객관적으로 설명할 수 있으며 예산을 확보할 것인가?

Solution: 실제로 관내의 주거 지역별로 모든 학교의 정보화 시설 상태를 평가한 후 매우 열악, 열악, 보통, 양호, 매우 양호 등으로 분류하여 빈도를 파악한다. 그리고 나서 χ^2 검증으로 이러한 주거 지역과 정보화 시설의 관계성을 입증한 후 소외 지역에 교육 정보화 시설을 늘릴 수 있는 예산을 확보한다.

Learning Objectives: 비모수통계의 하나인 χ^2 검증 방법을 설명할 수 있으며, 실제로 χ^2통계치를 산출할 수 있다. 나아가 SAS에서 χ^2프로그래밍을 수행할 수 있다.

6.1 카이자승(Chi-square: χ^2) 분포의 이해

카이자승 분포는 Pearson에 의해 규정된 분포이다. 카이자승 분포의 특징은 다음과 같다.

오른쪽으로 갈수록 편평한 분포를 가지고 있다. 즉, 긍정적 왜도(positive skewness)의 분포이다. 말 그대로 카이자승이기 때문에 z분포가 가지고 있는 음(negative)의 가설 검증치를 가지지 않는다. 그러므로 가장 작은 카이자승 값은 0이다. 이 경우 관찰치(observed frequency)와 기대치(expected frequency)는 같다.

카이자승 분포 모양은 t분포와 마찬가지로 자유도에 의해 영향을 받는다. 단일분포의 자유도인 경우 df=k-1이며, k=유목(그룹)의 수이다. 독립성 검증 시 두 집단의 자유도는df=(r-1)(c-1)인데 여기서 r=행의 수 c=열의 수이다. 다음 그림은 자유도(df)

에 따라 변화하는 카이자승분포의 형태를 제시하고 있다.

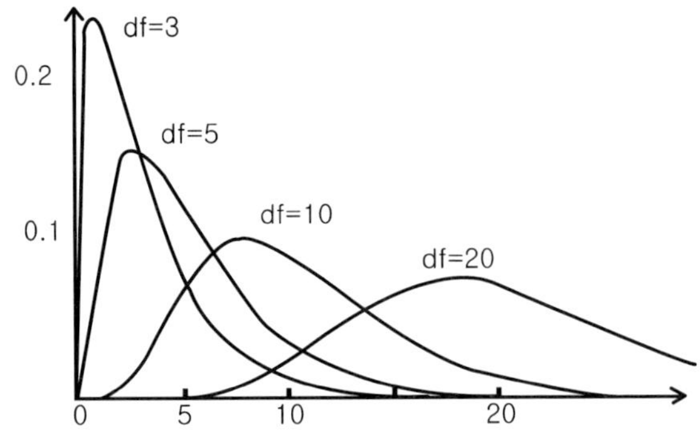

[그림 6-1] 자유도에 따른 카이자승분포

카이자승과 관련된 p값은 영가설이 참인 경우 관찰된 카이자승(observed χ^2)만큼의 최소한도의 수치를 얻을 수 있는 확률이다. 즉, p값은 관찰된 카이자승 값의 바깥쪽 면적이다. 표 사이즈가 클수록(행의 수와 열의 수가 많을수록) 자유도는 커지며 자유도가 클수록 카이자승 값이 더 커져야 영가설을 기각할 수 있다. 가령 자유도가 3이고 p값이 .05인 경우 해당하는 카이자승 값은 7.815이며 따라서 이 값보다 관찰된 카이자승 값(가설 검증치)이 클 경우 영가설은 기각된다. 자유도가 똑같이 3이고 p값이 .01인 경우는 11.341이다. 아래 그림은 p값에 해당하는 기각영역을 제시하고 있다. 그림에서 보듯이 오른쪽 일방향 영역(right-hand tail area)이 p값이 된다.

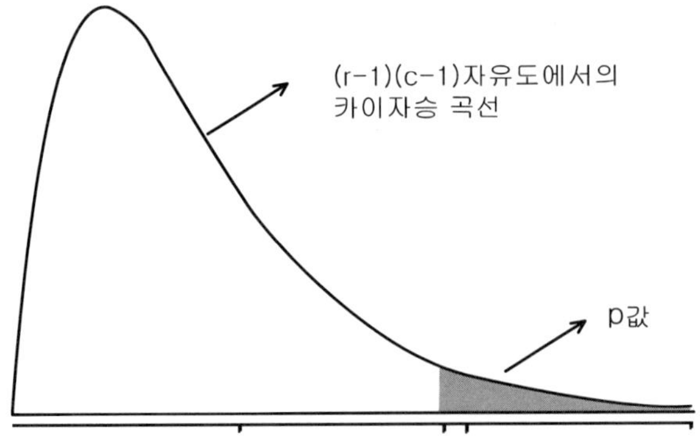

[그림 6-2] 카이자승분포와 p값

앞의 카이자승 분포도 사실 Z분포에 기인한다. 가령 어느 변인 X가 정상분포이면서 평균은 μ 그리고 변량이 σ^2이라면 Z는 (X- μ)/ σ 이면서 정상분포로 평균은 0 변량은 1이다. 이때 Z^2은 (X- μ)^2/σ^2이면서 K자유도에서 χ^2의 분포를 가진다. 영어로 이것을 수식으로 표시하면 다음과 같다.

If X ~ N (μ ~ σ^2), then Z=(X-μ)/σ ~ N(0,1)

Z^2=(X-μ)^2/σ^2 ~ χ^2(k)

6.2 카이 자승 검증의 종류

카이자승 검증은 카이자승 분포를 이용한 모든 검증을 의미한다. 일반적으로 독립성 검증(test of independence)이 많이 사용되지만 사실 카이자승 검증은 독립성 검증 이외에 적합도 검증(goodness of fit test)에도 많이 사용된다. 적합도 검증은 분포가 동일한가를 검증하는 것과 수집된 데이터가 설정된 모델에 부합하는가를 검증하는 것으로 나뉠 수 있다. 가령 A집단과 B집단의 수능 점수군이 3개로 나뉘어 있고 각 그룹에 빈도들이 있다고 할 때 "H_o: 두 모집단의 분포는 동일하다."라는 영가설을 검증하는 경우 분포에 대한 적합도 검증이다.

모델의 부합도(적합도) 검증은 흔히 공변량구조모형(LISREL)등에서 흔히 사용되는 방법이다. "H_o: 수집된 데이터가 설정된 모델에 잘 가 보통 사용되는 모델의 부합도 또는 적합도 검증에 사용되는 영가설이다. 이 경우 영가설이 기각되면 모델의 부합도가 좋지 않다는 것이므로 영가설이 기각되지 않는 것이 설정된 모델이 좋은 것으로 해석할 수 있다. 참고로 모델의 적합도 검증에서 적합도란 모델이 좋고 나쁨을 의미하는 것이 아니라 설정한 모델에 내가 수집한 데이터들이 얼마나 잘 부합하고 일치하는가를 의미한다. 즉, 일반적으로 생각하는 것을 거꾸로 생각하는 것이 바람직하다. 영어로 영가설과 대안가설을 표시하면 다음과 같다.

H_o: the data fita specific distribution, or model

H_a: the data does not fit a specific distribution, or model

카이자승 검증은 유목 또는 범주(category)변인의 경우 사용되는 검증방법이다. 일반적으로 명명척도 또는 서열척도의 변인의 값에 따라 통계표 형태로 정리되어 있을 때 표의 빈도를 이용하여 관계성을 검증한다. 특히 이러한 표를 분할표(contingency table or cross-classification table)라고 한다. 분할표는 행과 열에 각각의 변인들의 유목들이 제시되고 행과 열의 조합에 각각의 셀(cell)이 만들어진다. 분할표는 흔히 행과 열의 수에 의해 표시된다. 가령 2×4 분할표는 2개의 행과 4개의 열로 만들어진 것을 의미한다.

여기서는 독립성 검증을 중심으로 설명하겠다. 사실 분포에 대한 적합도 검증도 절차는 같기 때문이다. 독립성 검증(test of independence)은 변인과 변인 간의 관계성을 검증하는 대표적인 비모수 통계 방법이다. "독립적이다 아니다"의 문제는 "관계가 없다"와 "관계가 있다"와 같은 문제로 해석할 수 있다. 즉, 한 변인이 다른 변인과 서로 독립적이라고 하면 그것은 곧 관계가 없는 것이며 반면에 한 변인이 다른 변인에 의존한다면 그것은 관계성이 있는 것이다. 가령 A 변인과 B라는 변인 두 개가 있다고 할 때 영가설은 "H_o: A와 B는 서로 독립적이다."라고 설정한다. 영어로 영가설과 대안가설을 표시하면 아래와 같다.

H_o: A is independent upon B

H_a: A is dependent upon B

- 적합도 검증: 수집된 데이터가 특정 제시된 분포에 적합한가를 검증하는 방법, 혹은 수집된 데이터가 특정 제시된 모델에 부합하는가를 검증하는 방법
- 독립성 검증: 변인과 변인 간의 관계성을 검증하는 방법

6.3 카이자승 검증 방법

카이자승 검증은 우선 다른 통계 검증과 마찬가지로 가설 검증통계치(test statistic)를 구해야 한다. 검증통계치를 구하기 위해서는 관찰빈도(observed frequency)와 기대빈도(expected frequency)를 알아야 한다. 관찰빈도는 분할표의 각 셀 안에 있는 실제 발생한 관찰빈도를 의미하고, 기대빈도는 실제 관찰빈도가 아니라 전체 합계(total)와 각 행과 열의 합계(marginal sum)를 고려하여 각 셀에 예상되는 기대빈도이

다. 기대빈도는 해당 셀의 행 합계와 해당 셀의 열 합계를 곱하여(n_i*n_j)전체 합계(n_{ij})로 나눈 값이다. 즉, 기대빈도= n_i*n_j/n_{ij}

자유도는 행의 수와 열의 수 각각에서 1을 빼서 곱한 값이다. 즉, 자유도(d.f)=(row-1)(column-1). 기대빈도와 자유도를 구하고 나면 이제 실제 검증통계치를 구해야 한다. 여기서 카이자승 검증통계치는 각 셀의 관찰빈도에서 기대빈도를 빼서 자승화한 값을 다시 기대빈도로 나누어 다 더한 값이다.

$$\chi^2_{calc} = \sum \frac{(f_o - f_e)^2}{f_e}$$

여기서 f_o=관찰빈도이며 f_e=기대빈도이다.

예 카이자승 검증의 예

카이자승 검증과 관련된 가상의 데이터가 다음 아래 표와 같다고 가정하자. 변인 지역은 세 개의 범주(category)로 나뉘어 상업지역, 주거지역, 복합지역으로 구성되어 있다. 반면에 변인 정보화 시설은 매우 열악부터 매우 양호까지 5개의 범주로 나뉘어 있다. 즉, 변인의 수는 2개이며 그에 따른 3×5 분할표의 양식이다. 전체 지역 사례수 N=500이다. 아래 표에서 각 셀의 괄호 안 수는 기대빈도이다. 상업지역이면서 매우 열악의 관찰빈도는 11이며 기대빈도=(40*70)/500=5.6이다.

<표 6-1> 지역과 정보화시설의 분할빈도표

지역	정보화 시설					
	매우 열악	열악	보통	양호	매우 양호	합계
상업지역	11 (5.6)	17 (16.1)	31 (32.9)	8 (11.2)	3 (4.2)	70
주거지역	23 (31.2)	90 (89.7)	192 (183.3)	63 (62.4)	22 (23.4)	390
복합지역	6 (3.2)	8 (9.2)	12 (18.8)	9 (6.4)	5 (2.4)	40
합계	40	115	235	80	30	500

연구문제는 “지역과 교육정보화 시설과는 관련성이 있는가?”라고 설정하였고,

영가설은"H_0: 주거지역과 교육정보화 시설과는 독립적이다."라고 설정하였다.
자유도 d.f= (r-1)(c-1)=(3-1)(5-1)=8이다.
카이자승 검증치 $\chi^2_{calc.}$ = $(11-5.6)^2/5.6+(17-16.1)^2/16.1+\cdots+(9-6.4)^2/6.4+(5-2.4)^2/2.4$=18.223이다. 반면 카이자승 자유도 8에서 95% 유의수준에 해당하는 테이블 값은 $\chi^2_{8, .05}$ =15.51이다.
카이자승 검증치 즉, 내가 구한 값이 카이자승 테이블에 해당하는 값보다 크기 때문에 영가설을 기각한다. 그리고 나서 "주거지역과 교육정보화 시설과는 독립적이 아니다"라고 결론을 내린다. 즉, 두 변인 간에 관련성이 있다고 해석한다.
카이자승 검증은 계산도 비교적 쉽고 사용도 많이 되는 통계방법이다. 그러나 몇 가지 사용상 주의할 점이 있다. 첫째로 카이자승 검증은 두 변인이 단지 관련이 있는지 없는지를 구명하는 것이다. 즉, 방향이나 크기의 대소를 확정짓는 식으로 확대 해석할 수 없다. 가령 위의 데이터에서 지역과 정보시설수준과는 관련이 있다고만 봐야지 어느 지역이 어느 지역보다 우수하다고 결론지을 수 없다. 많은 연구에서 특정 셀에서 관찰빈도가 많다고 하여 방향이나 크기를 연장하여 해석하는데 이는 잘못된 것이다. 물론 분할표의 관찰빈도를 보면서 경향을 파악하지만 그렇다고 해서 어느 지역이 어느 지역보다 어느 정도의 크기로 더 시설이 우수하다고 말할 수 없는 것이다. 다시 말하면 카이자승 검증은 관련성의 유무를 독립성 검증으로 입증하는 것이다.

위의 연구에서 만약 각 지역별로 정보화 시설 수준을 측정하는 지표가 평균을 산출할 수 있는 것이고 그에 따라 평균 차이 검증을 한다면 방향을 확인할 수 있다. 앞의 분할표는 명명 또는 서열척도로 시설수준이 파악되었으나 등간척도의 지표 수준을 만들어내어 평균을 만들 수도 있다. 그런 경우 방향 또는 차이수준을 파악할 수 있다. 가령 뒤에서 다룰 일원변량분석(ANOVA)과 다중 비교검증(multiple group comparison)을 수행하면 어느 지역이 어느 지역보다 더 시설이 우수하다고 결론지을 수 있다.

둘째, 카이자승 검증 시 한 셀의 기대빈도가 5이하이며 이러한 기대빈도 셀이 있다면 카이자승 검증을 실시하는 것은 바람직하지 않다. 그러나 유목수가 2보다 큰 경우 한 유목의 기대빈도가 전체 기대빈도들의 20%가 안 되면 비록 한 셀의 기대빈도가 5이하라도 사용할 수 있다. SAS에서는 셀들의 20%이상이 기대치가 5이하인 경우 경고 메시지를 나타낸다.

이러한 경우 대부분 처방은 두 가지가 있다. 우선 각 셀의 병합이다. 가령 매우 열악, 열악, 보통, 우수, 매우 우수 5개의 유목으로 나뉜 것을 매우 열악과 열악을 하나로 묶어 열악으로 우수와 매우 우수를 묶어 우수로 만들면 3개의 유목으로 바뀔 것이다. 이 경우 기대빈도가 어느 정도 높아질 것이다. 그 다음으로 애초의 사례 수를 보충하여 증가시키면 각 셀의 기대빈도가 그에 따라 증가될 것이다. 그러나 카이자승 검증을 너무 많은 사례수가 있는 것에 사용하는 것 또한 바람직하지 않다. 특히 독립성 검증인 경우는 신중해야 한다. 그 이유는 카이자승 검증은 사례 수(자유도)에 민감하기 때문이다.

6.4 Fisher의 정확검증(Exact test)

카이자승 검증이 두개의 행과 열을 가진 분할표를 가진 경우나 전체 사례수가 50보다 적은 경우인 경우 카이자승 보다 Fisher의 정확검증을 사용하는 것이 바람직하다. Fisher의 정확검증은 작은 사례수로 인한 부정확한 검증을 최소화시킬 수 있는 방법이다.

6.5 단일 표본의 카이자승 방법

단일표본의 경우에도 카이자승을 실시할 수 있다. 가령 어떠한 홈페이지를 만들어 그 가안에 대하여 사용자 그룹이나 전문가 그룹으로부터 일정 표집을 만들어 선호도를 살펴보아 최종 선택하여 개발할 수 있다. 아래와 같은 표가 있다고 가정할 때 그에 대한 영가설은 다음과 같다.

H_0: $fe_{노란색}=fe_{초록색}=fe_{갈색}$

아래 SAS 예에서 제시되겠지만 p-value=.0009이라면 기대빈도의 비율이 같다는 영가설은 기각되고 색깔에 따른 선호도가 다르다고 결론을 내린다.

<표 6-2> 홈페이지 가안에 대한 선호도 데이터 표

색상	A안 (노란색)	B안 (초록색)	C안 (갈색)
학생의 수	30	50	20

6.6 SAS와 카이자승

▌일반 카이자승 독립성 검증

proc freq; 빈도 및 퍼센트를 산출하라는 구문이다. 변인을 지칭하는 것은 proc means; 에서 var를 사용하는 것과 달리 tables라는 구문을 사용한다. 분할표를 작성하는 것은 변인 * 변인의 형태로 만든다.

예

```
data psy;
input sex $ pf @@;
cards;
m 1 m 1 m 1 m 1 m 1 m 1 m 1 m 1
m 2 m 2 m 2 m 2
f 1 f 1
f 2 f 2 f 2 f 2 f 2 f 2 f 2 f 2
;
proc freq; tables sex * pf/expected nopercent norow chisq;   ①
run;
```

●각 명령문의 기본 해설 및 결과값

tables 에서 sex * pf를 지정하였기 때문에 sex에 따른 pf 2*2 분할표를 만들어 낸다. 즉, sex는 m과 f값을 가지고 pf는 1과 2의 값을 가진 2원 분할표이다. /expected nopercent norow chisq;는 옵션문으로 기대빈도(expected)를 제시하고 퍼센트(nopercent)와 행의 값을 제시하지 말고(norow) 마지막으로 카이자승 검증(chisq)을 수행하라는 것이다.

아래 결과값에서 경고 메시지가 발생한 것을 유의해야 한다. 기대빈도 5이하가 발생하였으며 전체 셀의 25%가 해당되므로 적절하지 않다고 하며, 동시에 Fisher의 정확 검증결과를 제시하고 있다. 카이자승 값은 4.7911이며 p값은 .0286이므로 영가설을 기각할 수 있으나 이보다는 아래의 정확검증을 사용하는 것이 바람직하다. Fisher의 정확검증 양측 p값이 .0427이므로 유의하다.

```
                     FREQ 프로시저
                    sex * pf 테이블
          sex           pf

                   빈도|
               기대빈도|
          칼럼 백분율|       1|       2|   총합
          -----------+--------+--------+
          f          |      2 |      8 |     10
                     | 4.5455 | 5.4545 |
                     |  20.00 |  66.67 |
          -----------+--------+--------+
          m          |      8 |      4 |     12
                     | 5.4545 | 6.5455 |
                     |  80.00 |  33.33 |
          -----------+--------+--------+
          총합             10       12      22

                sex * pf 테이블에 대한 통계량

   통계량                         자유도         값       확률
   ------------------------------------------------------------
   카이제곱                            1     4.7911     0.0286
   우도비 카이제곱                     1     5.0320     0.0249
   연속성 수정 카이제곱                1     3.0938     0.0786
   Mantel-Haenszel 카이제곱            1     4.5733     0.0325
   파이 계수                                -0.4667
   우발성 계수                               0.4229
   크래머의 V                               -0.4667

   경고: 셀의 25%가 5보다 적은 기대빈도를 가지고 있습니다.
         카이제곱 검정은 올바르지 않을 수 있습니다.

                   Fisher의 정확 검정
              -----------------------------
              (1,1) 셀 빈도(F)            2
              하단측 p값 Pr <= F     0.0380
              상단측 p값 Pr >= F     0.9965

              테이블 확률 (P)        0.0344
              양측 p값 Pr <= P       0.0427

                    표본 크기 = 22
```

SAS에서 가중치를 이용한 카이자승 검증

앞의 주거지역과 정보화 시설의 표의 데이터는 실제 500개의 사례 수이다. 그러나 내가 실제 데이터가 없고 다른 사람이 작성한 표만 있다고 하더라도 다시 말하면 단지 표에 셀의 빈도만 있는 경우라도 빈도 가중치를 주어 검증을 할 수 있다. 기본 명령문은 역시 proc freq; 이다.

예
```
data psy;
input area status case;
label area='주거지역' status='정보화 시설상태';
cards;
1 1 11
1 2 17
1 3 31
1 4 8
1 5 3
2 1 23
2 2 90
2 3 192
2 4 63
2 5 22
3 1 6
3 2 8
3 3 12
3 4 9
3 5 5
;
proc freq; tables area * status/ expected chisq ;
     weight case; ①
run;
```

● 각 명령문의 기본 해설 및 결과값

① 셀 사례수에 따른 가중치를 사용한 예이다. 지역과 정보화 시설수준 그리고 그

에 해당하는 셀의 빈도를 이용할 때 가중치를 weight 명령문을 이용하여 만들라는 것이다. tables문에 따라 area와 status의 분할표를 생성하고 기대치와 카이자승 값을 산출하라는 것인데 weight case는 변인 case(여기서는 사례수임)에 따라 가중치를 주라는 것이다.

이와 같이 우리는 원본 데이터가 우리 손에 없고 연구결과의 표만 있을 때 그것이 사실인지 아닌지를 확인할 수 있다. 실제로 대다수의 통계는 원본 데이터가 없다고 하더라도 결과값을 다른 방식으로 역산 또는 확인할 수 있으므로 거짓으로 연구결과를 보고하는 우를 범하지 말아야 한다.

FREQ 프로시저

area * status 테이블

area(주거지역)	빈도 / 기대빈도 / 백분율 / 행 백분율 / 칼럼 백분율	status(정보화 시설상태) 1	2	3	4	5	총합
1	빈도	11	17	31	8	3	70
	기대빈도	5.6	16.1	32.9	11.2	4.2	
	백분율	2.20	3.40	6.20	1.60	0.60	14.00
	행 백분율	15.71	24.29	44.29	11.43	4.29	
	칼럼 백분율	27.50	14.78	13.19	10.00	10.00	
2	빈도	23	90	192	63	22	390
	기대빈도	31.2	89.7	183.3	62.4	23.4	
	백분율	4.60	18.00	38.40	12.60	4.40	78.00
	행 백분율	5.90	23.08	49.23	16.15	5.64	
	칼럼 백분율	57.50	78.26	81.70	78.75	73.33	
3	빈도	6	8	12	9	5	40
	기대빈도	3.2	9.2	18.8	6.4	2.4	
	백분율	1.20	1.60	2.40	1.80	1.00	8.00
	행 백분율	15.00	20.00	30.00	22.50	12.50	
	칼럼 백분율	15.00	6.96	5.11	11.25	16.67	
총합		40	115	235	80	30	500
		8.00	23.00	47.00	16.00	6.00	100.00

area * status 테이블에 대한 통계량

통계량	자유도	값	확률
카이제곱	8	18.2219	0.0196
우도비 카이제곱	8	16.4927	0.0358
Mantel-Haenszel 카이제곱	1	4.2139	0.0401
파이 계수		0.1909	
우발성 계수		0.1875	
크래머의 V		0.1350	

표본 크기 = 500

▍단일표본의 카이자승

기본 명령문 proc freq; 을 이용한다.

예
```
data psy;
input color case;
cards;
1 30
2 50
3 20
;
proc freq; tables color/chisq; weight case; ①
run;
```

• 각 명령문의 기본 해설 및 결과값

① proc freq; 빈도분석을 수행하라는 기본 명령문. tables color는 color변인의 빈도 및 백분율을 산출하라는 것이며 옵션/chisq;는 카이자승 검증을 수행하라는 것이다. weight case는 변인 case에 따른 가중치를 주어서 같은 비율의 카이자승 검증을 수행하라는 것이다.

FREQ 프로시저

color	빈도	백분율	누적 빈도	누적 백분율
1	30	30.00	30	30.00
2	50	50.00	80	80.00
3	20	20.00	100	100.00

같은 비율에 대한 카이제곱 검정

카이제곱	14.0000
자유도	2
Pr > ChiSq	0.0009

표본 크기 = 100

Chapter 07

일원변량분석

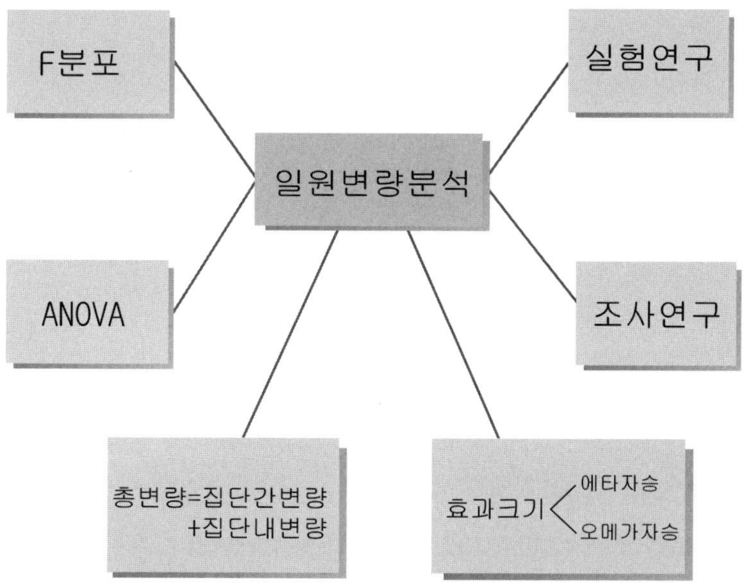

Situation 7

G씨는 효과적인 교육방법을 검증하고자 하였다. 5개의 학급(전 학년)을 사전 조사하여 학생들의 지능과 학업동기 그리고 사전지식 정도를 검사하여 학급 간에 차이가 없는 것을 파악하였다. 이 5개의 학급으로부터 무선으로 학생들을 뽑아 3그룹으로 재배치하였다. 자신의 과목에 대하여 한 그룹은 실제로 학생들로 하여금 물리실험을 하게 하였다. 두 번째 그룹은 실제 실험과 어느 정도 유사한 컴퓨터 기반의 시뮬레이션을 실시하였으며 또 하나의 그룹은 사진 등을 보여주며 설명을 하는 식의 교육방법을 실시하고 나서 과학지식의 변화를 살펴보았다. 세 그룹에 있어 방법상에 변화가 발생하는가를 알아보고 싶으며 또 각 그룹간의 차이도 알고 싶었다.

Problem: G씨는 교육방법이 학습효과에 영향을 미치는지 어떻게 알 수 있으며, 그 영향의 정도가 얼마 만큼인지 또한 어느 방법이 더 효과적인지를 어떻게 확신할 수 있을까?

Solution: 학생들을 무선적으로 배치한 후 실험조치를 수행하고 나서 일원변량분석을 하여 F검증(F–overall test)을 수행한 후 에타자승(η^2)혹은 오메가 자승(ω^2)등을 확인하고 다중비교를 실시한다.

Learning Objectives: 변량분석의 의미를 이해하고 나서 일원변량분석 절차를 말할 수 있으며 변량분석표(ANOVA table) 구성요소의 계산을 수행할 수 있으며, 독립변인의 효과 정도를 설명할 수 있다. 나아가 실제로 SAS에서 변량분석의 명령문을 작성하고 결과를 해석할 수 있다.

7.1 F 및 ANOVA 검증의 이해

F검증은 Fisher와 Snedecor라는 학자에 의해 개발된 통계기법이다. Fisher의 첫 글자를 따서 F검증이라 불린다. t검증과 마찬가지로 F가설검증치(calculated F-value)와 F표에 있는 값(critical value)을 비교하여 가설 검증하는 절차다. t검증이 흔히 두 그룹의 평균차이검증을 하는 것으로 불리는 것처럼 F검증은 세 그룹 이상의 평균차이검증을 하는 것으로 여겨진다. 그러나 사실 F분포와 변량분석표(ANOVA table)를

이용한 검증은 모두 F검증이다. F검증은 한편으로 변량분석 또는 ANOVA검증이라고도 불린다. ANOVA는 Analysis of Variance의 약자이다. 흔히 ANOVA검증과 F검증은 동일시 한다.

여기서 주의할 것은 변량분석도 ANOVA표가 제시되어야 하고 나중에 다루게 될 회귀분석(regression analysis)에서도 ANOVA표가 제시되어야 한다는 것이다. 변량분석과 회귀분석 모두 ANOVA표가 제시되지만 회귀분석을 ANOVA검증이라고는 하지 않고 일반적으로 ANOVA검증은 세 그룹 이상의 차이 검증인 아래의 일원변량분석, 이원변량분석 등을 의미한다.

t 검증은 두 표본평균 간의 차이를 기초로 하여 두 모집단 평균 간의 차이를 검증하는데 사용된다. 이에 반해 변량분석(또는 분산분석, analysis of variance)은 두 개 이상의 모집단 평균 간의 차이를 검증하는 데 사용되는 통계기법이다. 변량분석에서는 일원요인모형(single-factor model), 이원요인모형(two-factor model) 등의 용어가 자주 사용된다. 여기서 요인이란 독립변인과 똑같은 의미라고 보면 된다.

ANOVA검증은 실험 요인설계(factorial design)에서 흔히 사용되는 방법이다. 잘 설계되어 사용되면 ANOVA는 매우 강력한 통계방법이 될 수 있다. 그러나 꼭 실험설계에서만 사용되는 것은 아니며 일반 조사수집 자료에서 독립변인이 유목화 또는 범주화 될 때에도 사용할 수 있다. 일반적으로 실험디자인의 3대 기본원칙은 무선배치(randomness), 블록화(blocking), 반복측정(replication)이다. 이러한 원칙이 지켜지고 ANOVA검증을 수행한다면 결과를 무척 신뢰할 수 있다.

7.2 ANOVA 검증의 종류

ANOVA검증은 변인의 수에 따라 일원, 이원, 삼원, 다변량 분석 등으로 나뉜다. 일원변량분석(One way ANOVA)은 독립변인이 하나이며 종속변인도 하나인 경우이다. 독립변인이 하나라고 하여 그 독립변인이 여러 개의 그룹으로 유목화되지 않는 것은 아니다. 변인이란 말 그대로 여러 값을 가져야 하는 것이다. 가령 학력과 언론매체 선호도라는 변인 두 개가 있을 때 학력은 고등학교, 대학교, 대학원 졸업에 따라 나뉘고 각각의 그룹에 따라 선호도가 3개로 나뉘어 발생할 것이다.

이원변량분석(Two way ANOVA)은 독립변인이 둘이며 종속변인이 하나인 경우이다. 가령 앞의 학력과 언론매체 선호도의 관련성을 알아보는 것에 추가로 연령이라는 독립변인을 하나 추가하였다면 그것은 이원변량분석이 될 것이다. 일원변량분석을 두 번 수행하는 것 대신에 이원변량분석을 수행하는 이유는 뒤에서 나올 이원변량분석에서 설명하겠다.

삼원변량분석(Three way ANOVA)은 독립변인이 셋이며 종속변인이 하나인 경우이다. 가령 학력, 연령, 성이라는 변인을 독립변인으로 설정하고 언론매체 선호도를 종속변인으로 설정하는 경우 삼원변량분석이다. 일반적으로 삼원변량분석을 넘어서는 변량분석을 수행하지 않는다. 그 이유는 해석이 어렵고 복잡하여 의미가 없기 때문이다.

변량분석은 다른 차원에서 다변량분석(MANOVA: multivariate analysis of variance)이 있다. 다변량분석은 종속변인이 둘 이상인 경우이다. 일원다변량분석은 독립변인이 하나에 종속변인이 두 개 이상인 경우이다. 예를 들면 교육방법이라는 독립변인 하나에 종속변인이 학업성취도와 학습만족도 두 개를 동시에 검증하는 것이다. 다변량분석은 사실 평균벡터(vector)의 비교를 하는 것인데 여기서는 다루지 않겠다. 다변량분석도 독립변인이 하나인 경우는 일원다변량분석 두 개인 경우는 이원다변량분석이라고 한다.

ANOVA 검증의 종류

일원변량분석: 독립변인이 하나이며 종속변인 하나인 변량분석.
이원변량분석: 독립변인이 둘이며 종속변인이 하나인 변량분석.
삼원변량분석: 독립변인이 셋이며 종속변인이 하나인 변량분석.
다변량분석: 종속변인이 둘 이상인 변량분석.

7.3 ANOVA 선형모델

ANOVA는 말 그대로 종속변인의 변량에 대하여 실험상의 독립변인이 어떻게 영향을 미치는가에 대한 분석으로 볼 수 있으며 일원변량분석의 선형모델은 다음과 같다.

$y_{ij}=\mu+\alpha_j+\varepsilon_{ij}$

여기서 yij=j그룹에 i번째 해당하는 값,

μ= 전체평균(overall mean, grand mean),

α_j=그룹에 해당하는 효과(the effect due to treatment j group),

ε_{ij}=실험오차(experimental error)

상기모델을 설명하면 다음과 같다. 우선 모델에 의하면 특정한 그룹에 속해 있는 어떤 개체의 값은 전체평균에다 그 그룹의 효과와 그러한 효과가 아닌 어떤 값을 다 더한 값이다. 일반적으로 각 그룹의 집단 내 변량의 차이가 발생하는 이유는 개인차와 측정오차 그리고 그 밖에 설명되지 않는 가외요인으로부터의 영향 때문이다. 이것을 더하면 실험오차(experimental error)가 될 것이다.

ANOVA검증을 할 때 일반적인 모수 통계 검증 요건이 그대로 적용된다. 일원변량분석의 기본가정요건은 다음과 같다. 모집단 개체들의 정규분포성(normality), 각 집단 개체들의 변량의 동질성(homogeneity), 개체의 배치에 있어서 다른 개체에 영향력을 발휘 하지 않는 것 독립성(independence)이다. 정규분포성이란 각 그룹들의 분포모양이 모두 정규분포의 형태인 것을 의미한다. 변량의 동질성은 각 그룹의 변량 또는 표준편차가 같아야 한다는 것이다. 독립성이란 다른 말로 표현하면 모집단으로 선택될 때 독립적인 무선표집단인 것을 의미한다.

다음 그림은 정규분포성과 동질성의 가정이 만족되고 세 그룹의 평균만이 다른 분포를 나타내고 있다. 실제로 그림에서 각 분포도의 평균은 아래 7.5 데이터 세트의 각 집단 평균이다. 보통 정규분포성은 기술통계에서 배운 Shapiro-Wilk 검증 등을 실시하며(Chapter 3 참조, Proc univariate normal옵션사용) 동질성의 경우 Levene's test로 검증을 실시한다. SAS의 경우 HOVTEST (homogeneity of variances test) = BF(Brown and Forsy) 옵션을 이용하여 수행한다. 동질성의 예는 아래 SAS구문에서 다루기로 한다.

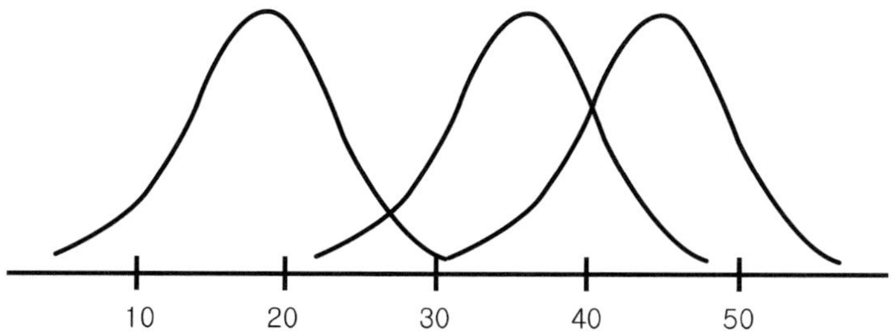

[그림 7-1] 정규분포이면서 변량이 동일하나 평균이 다른 세 그룹 분포

7.4 변량의 분할

앞의 그림 분포도는 세 집단 모두 정규분포이나 각각의 평균(꼭지점)이 다른 것을 보여주고 있다. 이러한 각각의 평균치들이 다르게 나타난다고 해서 실제로 통계적으로 유의적인 차이가 있는지는 검증을 해봐야 알 것이다. 이 검증은 F값의 산출로 가능하다. 우선 F값은 집단 간 변량(between group sum of square: BSS)을 집단 내 변량(within group sum of square: WSS)으로 나눈 값이라고 정의할 수 있다. 2장에서 살펴보았듯이 변량은 편차(평균에서 원점수를 뺀 값)들을 자승하여 다 더한 후에 사례수 n 또는 n-1로 나눈 값(아래 공식)이다.

$$s^2 = \frac{\sum_{i=1}^{n}\left(\overline{x}-x_i\right)^2}{n-1}$$

그렇다면 집단 간 변량은 무엇일까? 집단 간 변량은 말 그대로 각 집단의 평균값과 전체 평균값을 고려한 변량이다. 반면에 집단 내 변량은 각 집단 내에서 원점수와 각 집단 평균값을 고려한 변량이라고 할 수 있다. 이러한 두 변량을 더하면 전체변량(sum of squares of total: SST)이 된다. 실제 전체변량을 산출할 때는 앞의 공식을 사용하는 것이 아니라 수정된 자승합(corrected total sum of square)을 사용한다. 즉, n-1로 나누지 않는다.

실제로 세 집단 개개가 성격이 다른 이질적인 집단이라면, 즉 종속변인의 값에 있어서 세 집단의 차이가 클수록 각 집단의 평균치의 변산도 또는 변이도(variability)

는 커진다. 각 집단의 평균치들이 전체평균(grand mean)으로부터 이탈한 정도, 즉 변산도를 통계적으로 기술할 수가 있는데, 여기서 전체평균은 모든 집단의 원점수(scores)들을 종합하여 계산된 평균치이다. 각 집단의 평균은 각 집단내의 점수를 종합하여 계산된다. 또한 각 집단의 전체평균에 대한 변량(variance)을 계산할 수 있는데, 변량분석에서는 이러한 변량이 집단간 변량이 된다. 집단 평균치들 간의 차이가 클수록 집단 간 변량은 커지게 된다. 가령 집단의 평균이 1, 10, 12와 집단의 평균이 1, 20, 40이라고 할 때 전체 집단평균이 똑같이 10이라고 하면 두 번째 것의 집단 간 변량이 커짐을 알 수 있다.

집단 간 변량의 값을 알게 되었다면, 다음 단계의 작업은 이러한 변량을 해석하는 일이다. 즉, 영가설 하에서 집단 평균치들 간의 차이가 발생할 확률, 표집오차로 인해 발생할 확률을 밝히는 작업이 필요하다. 여기서 세 집단이 같은 모집단을 가진다고 가정해 보자. 그렇다면 모집단에서 기대되는 원점수(score)들 간의 변산도는 어느 정도일까? 이러한 변산도는 각 집단 내에서 관찰된 변산도를 기초로 하여 산출할 수 있는데, 변량분석에서는 이러한 변산도를 집단 내 변량(within-groups variance)이라고 한다. 그런데 만약 집단 간의 차이가 없다면, 그것은 집단 간 변량과 집단 내 변량이 같다는 것을 의미한다. 달리 말해서 집단 간 변량이 집단 내 변량보다 크면 클수록, 각 집단들이 각기 다른 모집단을 대표한다고 말할 수 있는 확률은 더욱 커진다고 할 수 있다.

이론적으로 영가설이 진(true)이고, 표본오차가 "0"이라면 F 값은 "1.0"이 된다. 즉, 집단 간 변량과 집단 내 변량이 같으므로 같은 값으로 나누면 1이 되는 것이다. 그러나 현실적으로 표집오차(실험오차)를 완전하게 배제할 수 없다. 따라서 확률진술(probability statement)을 얻기 위해서는 t 검증에서와 같이 표집분포를 이용하여야 한다. 영가설의 가정 아래에서 F 의 표집분포는 "집단 간 변량이 집단 내 변량보다 몇 배 정도 크다"라고 말할 수 있는 예상 확률을 제시해 준다. 다른 가설검증 통계방법과 같이, F검증에서도 이러한 확률이 미리 설정한 기준치 또는 임계치(criterion level, critical value)를 만족시킨다면, 영가설을 부정할 수 있는 근거를 가지게 되는 것이다.

ANOVA 변량분석에서는 기본적으로 모든 계산이 자승합(sum of squares: SS)을 갖는다. 전체자승합(sum of squares total: SST)은 모든 원점수들이 어느 집단에 속하는지에 관계없이 이들 원점수들과 전체평균(grand mean)과 편차를 자승(squared deviation)한 값을 반영하는 것이다. 전체자승합은 두 개의 자승합으로 나누어지는데, 하나는 각 집단 평균치와 전체 평균치의 편차자승합, 즉 집단 간 변량 자승합이고, 또 하나는 원점수의 각 해당 집단 평균치와의 편차자승합, 즉 집단내편차자승합이다. 전체자승합(SST)은 집단간자승합(BSS)과 집단내자승합(WSS)을 합한 값이다.

즉, SST = BSS + WSS

이러한 두 개의 편차자승합, 즉 BSS와 WSS는 각각의 자유도(df)로 나누어져 각각의 평균자승합(mean sum of squares: MS)이 산출되는데, 이 평균자승합이 실제적으로 F값을 계산하는 데 사용된다. 평균자승합을 사용하는 이유는 사례수, 즉 자유도를 고려한 대표 자승합의 추정치로 여기기 때문이다. 여기서 집단 간 자유도(between df)는 집단의 수에서 1을 뺀 값(집단의 수 - 1), 이며, 집단 내 자유도(within df)는 전체 사례 수에서 집단의 수를 뺀 값(전체 사례수 - 집단의 수)이다. 물론 전체 자유도(total df)는 전체 사례수에서 1을 뺀 값이다.

F 계산에 사용되는 자승합(SS), 자유도(df), 평균자승(MS) 등은 아래 표에 나타난 바와 같이 보통 변량분석표(ANOVA table)로 제시된다. 결국 F값은 집단 간 평균자승합을 집단 내 평균자승합으로 나눈 값이 된다. 아래에서 각각의 변량을 산출하는 공식과 변량분석표를 제시하고 있다.

$$F = \frac{\text{집단 간 평균자승합}(MSB)}{\text{집단 내 평균자승합}(MSW)}$$

$$\sum_{j=1}^{p}\sum_{i=1}^{n_j}\left(x_{ij} - \overline{x}\right)^2 = \text{전체자승합}(SS_{tot})$$

$$\sum_{j=1}^{p} n_j(x_j - \overline{x})^2 = \text{집단 간 자승합}(SS_{between})$$

$$\sum_{j=1}^{p}\sum_{i=1}^{n_j}\left(x_{ij} - \overline{x_j}\right)^2 = \text{집단 내 자승합}(SS_{within})$$

<표 7-1> 일원변량분석표(ANOVA Table)

변량원	자승합	자유도(d.f)	평균자승합	F값	p값
집단간	집단 간 자승합	그룹수-1(k-1)	집단 간 평균자승합 (MSB=SSB/k-1)	집단 간 평균자승합/집단 내 평균자승합 (MSB/MSW)	
집단내	집단 내 자승합	전체사례수-그룹수 (N-k)	집단 내 평균자승합 (MSW=SSW/N-k)		
합계	전체 자승합	전체사례수-1 (N-l)			

7.5 ANOVA 검증 예

▌가설설정

예제 연구에서는 교육방법에 따라 학업성취도가 유의적인 차이를 보이는가에 대해 알아보려 한다. 따라서 3집단(온라인 학습집단, 오프라인 학습집단, 블랜디드 온라인오프라인 학습집단)의 학업성취도는 차이가 없을 것이라는 영가설을 세웠다. 이것을 수학적 형태로 표현하면 다음과 같다.

H_o: $\mu_{\text{온라인}} = \mu_{\text{오프라인}} = \mu_{\text{블랜디드}}$

이것에 대한 연구가설은 아래와 같다.

H_a: $\mu_{\text{온라인}} \neq \mu_{\text{오프라인}} \neq \mu_{\text{블랜디드}}$

H_a: 적어도 한 그룹의 평균은 다른 그룹과 차이가 있다(at least one of μ's is not equal to others)

영가설 부정 확률수준(rejection level, alpha level)은 $p<.05$ 로 설정하기로 한다. 다시 말해서 95% 유의도 수준을 의미한다.

▌통계방법선정

앞의 가설검증 절차와 관련하여 가설 설정 후 해야 하는 것은 통계방법을 설정하고 그에 따른 검증통계치를 계산하는 것이다. 여기서는 일원변량분석을 수행하며 그에 따라 F값을 구해야 한다. F값을 구한 후에 자유도와 유의수준에 해당하는 기각치(critical value)와 비교하여 영가설을 기각할 지 결정하고 결론을 내린다. 변량분석 계산에서는 앞에서 설명한 F 통계치가 산출되는데, 이 F값은 영가설 하에서의 발생 확률을 결정하기 위해 F의 표집분포표를 이용하여 얻게 된다. 즉, F검증을 수행한다.

▌검증통계치 산출(F값의 계산)

가상 예제의 표본 수는 아래와 같이 20명이다. 이들 조사대상자들을 교육방법에 따라 온라인 집단(집단1), 오프라인 집단(집단2), 블랜디드 집단(집단3)으로 무선배치하고 분류하여 본 결과, 집단1이 6명, 집단2가 7명, 집단3이 7명이었다. 한편 각 집단의 학업성취도 평균은 다음과 같으며 실제 발생한 성취도 점수는 다음과 같다.

M_1=19.17, M_2=35.71, M_3=45.71

<표 7-2> 세 집단의 원 데이터

집단1 (온라인)	집단2 (오프라인)	집단3 (블랜디드)
20	30	30
20	35	50
30	35	55
20	40	35
5	30	50
20	40	50
	40	50

앞의 표에서 세 집단 각각의 평균치들이 다르게 나타났다. 우선 경험적으로 집단 1과 집단 2, 3은 많은 차이를 보이는 것 같다. 그러나 이러한 것을 통계적으로 검증하기 위해 F값을 구해야 할 것이다.

▌상기 데이터 계산의 예

전체자승합, 집단 간 자승합, 집단 내 자승합을 구하면 다음과 같다.

전체자승합(SST)=Σ(원점수-전체평균)^2　　　전체평균(Total mean)=34.25

각각의 원점수와 전체평균을 이용하여 전체자승합을 구하면 아래 표 하단의 세 값을 더한 것이 될 것이다.

<표 7-3> 전체자승합

집단1 (온라인)	집단2 (오프라인)	집단3 (블랜디드)
	$(30-34.25)^2=18.0625$	$(30-34.25)^2=18.0625$
$(20-34.25)^2=203.0625$	$(35-34.25)^2=0.5625$	$(50-34.25)^2=248.0625$
$(20-34.25)^2=203.0625$	$(35-34.25)^2=0.5625$	$(55-34.25)^2=430.5625$
$(30-34.25)^2=18.0625$	$(40-34.25)^2=33.0625$	$(35-34.25)^2=0.5625$
$(20-34.25)^2=203.0625$	$(30-34.25)^2=18.0625$	$(50-34.25)^2=248.0625$
$(5-34.25)^2=855.5625$	$(40-34.25)^2=33.0625$	$(50-34.25)^2=248.0625$
$(20-34.25)^2=203.0625$	$(40-34.25)^2=33.0625$	$(50-34.25)^2=248.0625$
1685.875	136.4375	1441.438

전체자승합(SST)= 1685.875 + 136.4375 + 1441.438 = 3263.75

집단 간 자승합(SSB) = Σ{(집단평균 - 전체평균)^2× 각 집단 사례수}

SSB = $(19.17 - 34.25)^2 \times 6 + (35.71 - 34.25)^2 \times 7 + (45.71 - 34.25)^2 \times 7$ =1364 + 15 + 920

= 2299 (아래 실제 SAS값은 2230으로 나오는데 소수점 3자리 아래 값 삭제 때문임)

<표 7-4> 집단 내 자승합

집단1 (온라인)	집단2 (오프라인)	집단3 (블랜디드)
$(20-19.17)^2=0.6889$	$(30-35.71)^2=32.6041$	$(30-45.71)^2=246.8041$
$(20-19.17)^2=0.6899$	$(35-35.71)^2=0.5041$	$(50-34.25)^2=18.401$
$(30-19.17)^2=117.2889$	$(35-35.71)^2=0.5041$	$(55-45.71)^2=86.3041$
$(20-19.17)^2=0.6899$	$(40-35.71)^2=18.4041$	$(35-45.71)^2=114.7041$
$(5-19.17)^2=200.7889$	$(30-35.71)^2=32.6041$	$(50-45.71)^2=18.401$
$(20-19.17)^2=0.6899$	$(40-35.71)^2=18.4041$	$(50-45.71)^2=18.401$
	$(40-35.71)^2=18.4041$	$(50-45.71)^2=18.401$
320.8334	12.4287	521.4287

집단 내 자승합(SSW) = Σ(원점수 - 집단평균)^2

집단 내 변량(SSW) = 320.8334 + 12.4287 + 521.4287 = 963.69

따라서 다음과 같은 일원변량분석표를 구할 수 있을 것이다.

<표 7-4> 세 집단 일원변량분석표

변량원	자승합	자유도	평균자승	F	p값
집단 간	2300	2	1150.03	20.29	<.0001
집단 내	963.69	17	56.69		
합계	3263.75	19			

상기 표에서 F값은 20.29(1150.03/56.69)이며, 그에 대한 기각치는 분자자유도 2와 분모자유도 17에서 알파수준 .05의 값 3.59이다. 따라서 구한 가설검증치 20.29가 기각치 3.59보다 크므로 영가설은 기각된다. 또한 $p < .0001$이므로, 즉 .05보다 작기 때문에 당연히 영가설은 기각한다. 참고로 여기서 p값은 SAS에서 산출된 값이며 가설검증만 한다면 검증치와 기각치만 비교하여도 된다. 그러나 변량분석표에는 삽입을 해주는 것이 관례이다.

❙ 결론

영가설이 기각되므로 앞에 설정된 연구가설이 채택되고 적어도 한 그룹은 다른 그룹하고 평균의 차이가 있다고 결론짓는다. 다시 말해서 계산하여 얻은 확률값이 통계적 유의수준($p < .05$)을 만족시키고 있기 때문에 영가설을 부정하고 연구가설을 받아들일 수 있다. 따라서 교육방법에 따라 학업성취도는 차이가 있다라고 결론을 내릴 수 있겠다. 그러나 여기서 중요한 것은 집단1과 집단2, 집단1과 집단3, 집단2와 집단3 어느 집단 간에 차이가 있는지는 모른다. 우리는 다만 최소한 한 그룹이 상이 다른 그룹과 차이가 있다는 것만 알 수 있다.

예제에서 나타난 바와 같이 변량분석에서 검증하려고 하는 가설은 전체적인 진술(overall statement)로써 그 의미가 있다. 즉, 변량분석은 전체적인 진술 측면에서 평균치들 간에 유의적인 차이가 있느냐 없느냐만을 분석하는 것이지 $M_1:M_2$ 또는 $M_1:M_3$ 그리고 $M_2:M_3$ 등과 같이 각 개별평균치의 비교를 나타내는 것은 아니다. 달리 말해, 변량분석은 세 표본의 평균치들을 통해 이들 표본이 각기 다른 모집단을 대표하고 있는지를 밝히는 데 초점을 두고 있다.

다른 모집단이라는 것을 이해하기 위해 학력을 생각해보자. 가령 초등학교, 고등학교, 대학원 세 개의 집단이 있다고 하자. 초등학교 그룹이 신문을 읽는 평균시간은 분명 고등학교나 대학원집단보다 훨씬 아래에 있을 것이다. 또한 고등학교도 대학원집단보다 신문 읽는 시간이 떨어질 것이다. 이렇게 그룹 평균이 다른 것은 실제로 표집이 선발된 원래 모집단 자체가 학력이라는 속성으로 완전히 다른 집단이기 때문이다. 이렇게 평균이 다르다고 해서 각 그룹 내의 분포가 정규분포가 아니라는 것은 아니며 변하는 범위가 다르다는 것도 아니다. 앞의 [그림 7-1]을 참고하기 바란다.

7.6 효과 크기(Effect size)

일반적으로 변량분석에서는 독립변인 혹은 독립변인 세트와 종속변인과의 관계성의 정도를 알기 위해 효과 크기를 제시하는 경우가 있다. 여러 가지의 표준화된 효과크기계수들이 개발되었다. 가장 손쉽게 사용하고 계산하기 쉬운 것은 에타자승(η^2)계수이다. 이것은 뒤에서 다룰 회귀분석의 설명계수 R^2와 같은 공식을 사용하지만 편의상 에타자승 이라고 명명한다. 공식은 아래와 같다.

$$\eta^2 = SSB/TSS$$

보통 에타자승 값이 .01의 경우는 약한 관계성(small), .06일 경우는 보통(medium), 그리고 .14정도는 큰 관계성(large)을 가지고 있다고 볼 수 있다. 여러 개의 독립변인, 즉 요인설계(factorial design)인 경우는 부분 에타자승(partial eta-squared)의 값을 제시한다.

에타자승의 값은 어느 정도 편견(bias)이 발생할 가능성이 있기 때문에 최근에는 다른 효과크기 계수를 사용한다. 가장 대표적으로 많이 사용하는 것은 오메가자승 계수이다. 오메가자승 계수는 비교적 편견이 상대적으로 적은 효과크기를 제시하는 계수이다. 해석은 앞에서 제시한 것을 고려하지만 꼭 절대적인 것은 아니다. 오메가 자승 값을 구하는 공식은 아래와 같다. SAS에서는 proc anova; 명령문과 직접 관련하여 구할 수는 없고 별도의 구문을 따로 작성하여 수행해야 한다. 그러나 굳이 명령문을 작성하지 않더라도 아래의 공식이 간단하므로 수작업으로 산출해도 될 것이다. 참고로 아래에서 오메가 자승을 구하는 SAS문도 제시한다.

$$\text{omega}^2 = \frac{df^*(F-1)}{[df^*(F-1)+N]}$$

여기서 df는 분자 자유도, 즉 그룹간 자유도를 의미한다.

7.7 SAS 구문과 일원 변량분석

변량분석을 위한 기본 명령문은 proc anova; 또는 proc glm;이다. 일반적으로 glm은 일반선형모델(general liner model)의 약자이다. 간단한 변량분석은 proc anova;를 사용하지만 복잡하거나 이원변량분석에서 셀의 사례수가 다른 경우 또는 변량분석의 결과를 가지고 따른 목적의 분석을 추가로 하고자 할 경우에는 proc glm;을 사용한다. 참고로 SAS 9.2버전부터 오메가 자승, 부분 오메가 자승(partial omega square)과 효과크기(effect size)를 proc glm;을 이용하여 구할 수 있다.

예
```
data psy;
input method score @@;
cards;
1 20 1 20 1 30 1 20 1 5 1 20
2 30 2 35 2 35 2 40 2 30 2 40 2 40
3 30 3 50 3 55 3 35 3 50 3 50 3 50
;
proc anova; class method; model score=method;          ①
means method/lsd; run;                                 ②
proc glm; class method; model score=method;
ods output overallanova=psy2; run;                     ③
data omega;                                            ④
 set psy2 nobs = last;
  retain fv p;
 if source = "Model" then do ;
```

```
  p = df;
  fv = fvalue - 1;
  end;
  if source = "Corrected Total" then
  do;
  omega2 = p*fv/(p*fv + df + 1);
  esize = sqrt(omega2/(1-omega2));
  end;
  if _n_ = last;
  keep omega2 esize;
run;
proc print data = omega noobs;
run;
proc glm data=psy; class method; model score=method;   ⑤
means method/HOVTEST=BF; run;
proc glm data=psy; class method;
  model score = model / ss1 effectsize alpha=0.1; run; ⑥
```

- 각 명령문의 기본해설 및 결과값

① 독립변인 method에 의해 score라는 종속변인을 일원변량 분석하라는 명령문이다. proc anova는 변량분석을 하라는 구문이다. class는 독립변인을 설정하는 구문이다. model은 종속변인이 먼저 제시되고 그 다음에 = 그리고 독립변인이 제시되는 순서로 작성해야 하며 선형모델을 지칭하는 문이다.

② means는 독립변인 method에 따라 다중비교를 수행하라는 명령문임. 옵션/lsd는 평균의 다중비교를 lsd방식으로 수행하라는 것임. 단순히 변량분석만 한다면 means구문을 작성하지 않아도 된다.

③ ods ouput구문은 보통의 경우 작성하지 않아도 되나 여기서는 선형모델의 영향력을 보기 위해 최근에 많이 쓰이는 오메가 자승의 값을 산출하기 위한 SAS의 선행 구문임. Proc glm결과를 psy2라는 임시 데이터세트로 내보내라는 구문이며 결과값 아래의 data=omega라는 SAS의 문에서 사용의 예를 알 수 있다.

proc anova명령문을 사용하는 대신 glm을 사용해야 한다. 참고로 오메가 자승값은 간단히 변량분석표만 있으면 구할 수 있기 때문에 SAS문을 직접 작성하지 않지만 여기서는 예를 제시하였다.

④ 앞에서 생성된 임시데이터세트 psy2를 이용한 오메가 자승값 산출 명령문

⑤ proc glm을 proc anova와 같은 방식으로 수행하되 변량의 동질성 검증을, 즉 homogeneity of variance test(HOVTEST)를 BF(Brown Forsythe) 방식으로 수행하라는 것이다. HOVTEST의 영가설은 "모든 그룹의 변량은 동질하다." 즉, 세 그룹인 경우 H_0: $\sigma_1^2 = \sigma_2^2 = \sigma_3^2$의 영가설이며, 연구가설은 "적어도 한 그룹의 변량은 다르다"이다.

아래 glm 결과의 BF결과 F값은 .21이며 p값이 .8099이므로 변량의 동질성은 확보되었다고 결론 내린다.

The ANOVA Procedure

Dependent Variable: score

Source	DF	Sum of Squares	Mean Square	F Value	Pr > F
Model	2	2300.059524	1150.029762	20.29	<.0001
Error	17	963.690476	56.687675		
Corrected Total	19	3263.750000			

R-Square	Coeff Var	Root MSE	score Mean
0.704729	21.98284	7.529122	34.25000

Source	DF	Anova SS	Mean Square	F Value	Pr > F
method	2	2300.059524	1150.029762	20.29	<.0001

The ANOVA Procedure

t Tests (LSD) for score

NOTE: This test controls the Type I comparisonwise error rate, not the experimentwise error rate.

Alpha	0.05
Error Degrees of Freedom	17
Error Mean Square	56.68768
Critical Value of t	2.10982

Comparisons significant at the 0.05 level are indicated by ***.

method Comparison	Difference Between Means	95% Confidence Limits		
3 - 2	10.000	1.509	18.491	***
3 - 1	26.548	17.710	35.385	***
2 - 3	-10.000	-18.491	-1.509	***
2 - 1	16.548	7.710	25.385	***
1 - 3	-26.548	-35.385	-17.710	***
1 - 2	-16.548	-25.385	-7.710	***

```
                         The ANOVA Procedure
                        t Tests (LSD) for score
NOTE: This test controls the Type I comparisonwise error rate, not the experimentwise error rate.

                  Alpha                          0.05
                  Error Degrees of Freedom         17
                  Error Mean Square          56.68768
                  Critical Value of t         2.10982

        Comparisons significant at the 0.05 level are indicated by ***.

                        Difference
         method          Between         95% Confidence
       Comparison         Means              Limits

         3 - 2           10.000        1.509    18.491  ***
         3 - 1           26.548       17.710    35.385  ***
         2 - 3          -10.000      -18.491    -1.509  ***
         2 - 1           16.548        7.710    25.385  ***
         1 - 3          -26.548      -35.385   -17.710  ***
         1 - 2          -16.548      -25.385    -7.710  ***

                              SAS 시스템

                          omega2      esize

                         0.65855    1.38878


                         The GLM Procedure

     Brown and Forsythe's Test for Homogeneity of score Variance
            ANOVA of Absolute Deviations from Group Medians

                              Sum of         Mean
Source              DF       Squares       Square    F Value    Pr > F

method               2       17.0238       8.5119       0.21    0.8099
Error               17         678.0      39.8810
```

⑥ SAS 9.2부터 적용할 수 있는 예이다. 옵션/ ss1 effectsize alpha=0.1이리고 작성하면 type I 자승(ss1)에 의한 효과크기 및 오메가 자승(effectsize), 그리고 90% 유의도수준(alhpa=0.1)을 구할 수 있다. 이원변량분석에서 셀의 사례수가 다른 경우는 type III 자승에 의한 ss3을 작성해야 한다.

7.8 다중비교(Multiple comparison)

다중비교는 변량분석에서 영가설이 기각되고 나서 추가로 각 그룹 간 비교검증을 실시하는 것을 의미한다. 다중비교의 종류는 흔히 계획비교(planned or a priori comparison)와 사후비교(post hoc multiple-comparison tests)가 있다. 계획비교는 독립변인의 수준에 따라 미리 설정하거나, 방향성을 가진 가설을 검증하기 위해 사전에 미리 설정하여 F-test와 관련 없이 먼저 수행하는 경우를 말한다. 사후비교는 원래 그룹 간 특별한 가설 없이 전반적인 F-test를 실시하고 나서 유의성이 밝혀진 경우 실시하는 비교를 의미한다.

다중비교를 하는 이유는 한 번에 동시에 여러 그룹의 차이를 비교하기 위한 목적도 있지만 일종오류(Type I error)를 조절하기 위한 기능도 있다. 가령 t검증으로 두 그룹의 평균차이 검증을 여러 번 돌려 각 그룹 간 비교를 수행하는 경우 각각의 명령문을 작성하여 수행시킨 후 그 결과를 확인한다. 이 경우 여러 번 수행으로 인한 문제점이 발생할 수 있으며 한 번에 각 그룹을 동시 비교한다면 결과 해석도 용이할 것이다.

다중비교를 하는 경우에는 알파수준의 변화가 필요할 것이다. 가령 한번 비교를 함에 있어 일종오류가 5%(즉, 알파수준은 .05) 발생할 확률이라면 여러 번 수행함에 따라 계속 일종오류는 자연적으로 5%가 아니라 10% 등으로 증가할 것이다. 만약 3그룹 온라인, 오프라인, 블랜디드 학습 그룹이 있다면 전통적인 t-검증에서 온라인과 오프라인, 온라인과 블랜디드, 그리고 오프라인과 블랜디드 그룹을 비교 검증한다면 α가 .05라면 세 번의 비교로 적어도 하나 이상의 1종 오류(at least one type I error)가 발생할 확률이 덩달아 늘어날 것이다. 따라서 이를 조절해야 할 필요성이 제기된다. 새롭게 1종 오류수준을 조절하는 데에는 comparison wise error rate, familywise error rate, 그리고 experimentwise error rate방식이 있다. familywise error rate 방식은 다중비교를 수행할 때 하나 혹은 그 이상의 일종오류가 발생할 수 있는 확률을 의미한다. 아래 공식과 예를 보면 이해할 수 있을 것이다.

Familywise error rate: $\alpha_E = 1-(1-\alpha)^c$

만약 세 그룹이 있다면 $1-(1-.05)^3 = 1-.857 = .143$, 즉 알파수준이 증가하므로 그 만큼 오류가 발생할 확률이 커지고 그에 따라 우리는 유의수준을 좀 더 엄격하게 높일 필요가 있다. 여기서는 95%유의수준이 85.7%로 떨어지기 때문이다. 다시 말해서 알파수준이 기존에 .05였다면 이보다 더 낮은 알파수준이 만들어져야 같은 결과가 나올 것이다. 즉, 알파수준이 .143이므로 이를 .05수준으로 강제적으로 낮추는 방법이 요구된다는 것이다.

comparisonwise error rate(pairwise error rate)는 비교를 여러 번 수행함에 따라 자동적으로 증가하는 일종오류를 의미한다. experimentwise error rate는 다중비교를 함에 있어 전체 실험(experiment) 또는 전체그룹 비교에 걸쳐 적어도 하나이상의 일종오류가 발생할 수 있는 수준이다. 따라서 experimentwise error rate가 가장 엄격하고 그 다음으로 familywise error rate이며 마지막으로 comparisonwise error rate이다.

7.9 다중비교의 방법

우리는 일반적으로 이종오류보다는 1종 오류를 제어(control)하는데 더 관심을 가지고 있다. 1종 오류를 제어하며 다중비교를 하는 방법은 다음과 같다.

- 사후다중비교방법의 종류

최소유의차방법(least significant difference: LSD) T-test와 기본적으로 같다고 보면 된다. 단지 한 번에 여러 그룹 비교를 동시에 처리하는 것이다. 그에 따라 comparisonwise error rate는 조절하나 experimentwise alpha rate를 조절하지 못한다. F가 유의할 때 수행하며 가장 보수적이지 못한(liberal) 방법이다. Cell 사례수가 같아야 한다.

Tukey의 HSD(honestly significant difference) 방법은 experimentwise alpha rate를 조절한다.

Scheffé검증은 가장 보수적인 방법이면서 복잡한 비교(contrast)를 수행할 수 있다.

Duncan의 새로운 다중범위검증법은 주효과 평균치들에 대한 다중범위(multiple range)검증을 실시한다. Tukey와 다른 점은 몇 단계로 나누어 다중 비교를 수행한다는 것이다.

- 사전 다중비교방법의 종류

Bonferroni 방식은 사전에 알파수준을 고정시켜야 한다.

Contrast 방식은 비교의 합이 0이 되도록 하는 방법이다.

추세분석(trend analysis)은 수량적인 독립변인이 범주로 그룹화되어 구분될 때 독립변인과 종속변인 간의 함수관계, 즉 직선 또는 곡선의 관계 등을 파악하는 데 쓰인다. 독립변인이 3수준 이상일 때만 사용된다. Contrast와 추세분석 모두 SAS에서는 Proc GLM명령문을 contrast옵션과 같이 사용한다. 여기서는 Scheffé방식의 다중비교와 contrast방식을 소개한다. 참고로 contrast는 혼합하여 비교를 가능하게 한다. 가령 온라인과 오프라인 방식만 비교한다면 조건1과 조건2로 조건3이 통제되고 비교할 수 있다. 또한 블랜디드 방식을 중심으로 비교를 온라인 오프라인과 통합하여 비교를 하고 싶다면 조건1 & 조건2 vs 조건3의 방식으로 비교를 할 수 있을 것이다.

예 SAS의 다중비교

```
proc anova; class method; model score=method;
means method/scheffe; run;                              ①
Proc GLM; class method; model score=method;
Contrast '조건1 & 2 vs 조건3' method -1 -1 2;
Contrast '조건1 vs 조건2' method 1 -1 0;
Run;                                                    ②
```

① scheffe방식으로 다중비교를 하라는 방식이다. Class문과 model문 그리고 means문은 앞의 예를 참조하기 바란다. 아래 결과에서 ***로 표시된 것이 유의한 차가 발생한 것이다. 앞의 lsd방식과 달리 experimentwise error rate가 조절된 것을 알 수 있다.

```
                         The ANOVA Procedure
                       Scheffe's Test for score

NOTE: This test controls the Type I experimentwise error rate, but it generally has a higher Type II error rate than
      Tukey's for all pairwise comparisons.

                 Alpha                          0.05
                 Error Degrees of Freedom         17
                 Error Mean Square          56.68768
                 Critical Value of F         3.59153

         Comparisons significant at the 0.05 level are indicated by ***.

                        Difference
          method          Between       Simultaneous 95%
        Comparison          Means      Confidence Limits

          3 - 2            10.000      -0.786    20.786
          3 - 1            26.548      15.321    37.774   ***
          2 - 3           -10.000     -20.786     0.786
          2 - 1            16.548       5.321    27.774   ***
          1 - 3           -26.548     -37.774   -15.321   ***
          1 - 2           -16.548     -27.774    -5.321   ***
```

② Proc glm은 일반선형모델방식을 수행하라는 명령문이다(general linear model).

Proc anova와 마찬가지 결과를 산출하지만 proc anova에 비해 다양한 결과를 산출할 수 있으며 추후 회귀분석에서도 사용할 수 있다. 셀의 사례수가 다른 이원변량분석인 경우는 anova보다는 glm을 사용해야 한다. 기본적으로 type III자승합의 값을 산출하여 제시한다. SAS는 typeI 자승합부터 type IV자승합까지 값을 산출한다. 여기서 간단히 type III자승합은 앞의 변인의 영향력을 제거하고 나서의 자승합이라고 생각하면 된다. 추후 회귀분석 등에서 자세히 설명하겠다. Contrast구문을 작성하는 경우에는 반드시 합이 0이 되어야 한다. 가령 온라인과 오프라인만 비교한다면 1과 -1의 1방식과 같이 작성해야 한다.

The GLM Procedure

)ependent Variable: score

Source	DF	Sum of Squares	Mean Square	F Value	Pr > F
Model	2	2300.059524	1150.029762	20.29	<.0001
Error	17	963.690476	56.687675		
Corrected Total	19	3263.750000			

R-Square	Coeff Var	Root MSE	score Mean
0.704729	21.98284	7.529122	34.25000

Source	DF	Type I SS	Mean Square	F Value	Pr > F
method	2	2300.059524	1150.029762	20.29	<.0001

Source	DF	Type III SS	Mean Square	F Value	Pr > F
method	2	2300.059524	1150.029762	20.29	<.0001

Contrast	DF	Contrast SS	Mean Square	F Value	Pr > F
조건1 & 2 vs 조건3	1	1516.232304	1516.232304	26.75	<.0001
조건1 vs 조건2	1	884.661172	884.661172	15.61	0.0010

Chapter 08

이원변량분석

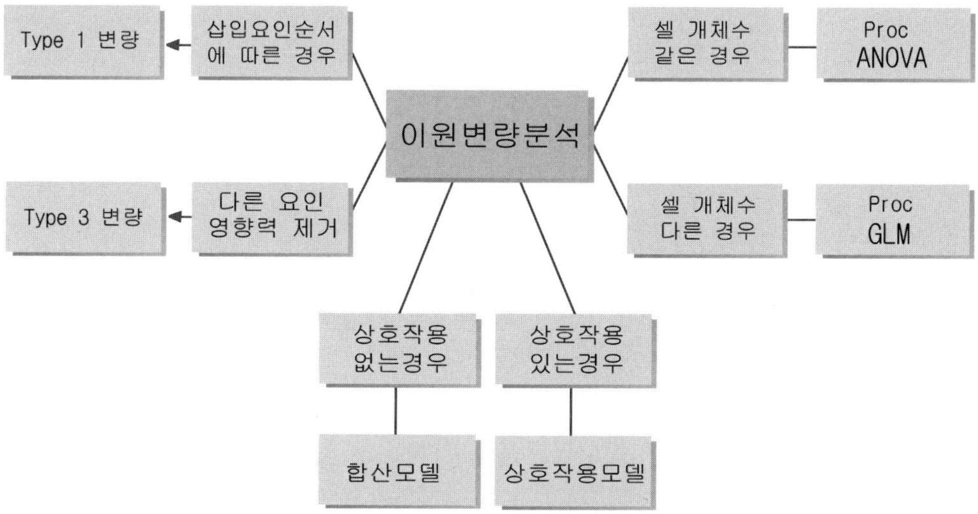

Situation 8

H씨는 일원변량분석을 통해 교육방법에 따라 학업성취도가 달라진다는 것을 알게 되었다. 그 이후 보통 남학생이 여학생보다 온라인으로 학습하는 것을 더 선호한다는 것을 알고 성별도 학업성취도에 영향을 주는지 궁금했다. 또한 교육방법과 성이 동시에 연합하여 효과를 발생하는지 호기심이 생겼다.

Problem: H씨는 어떻게 일원변량분석을 두 번 실시하지 않고 한 번에 이러한 호기심을 해결할 수 있는지 생각을 하게 되었다. 더 나아가 서로 상호 연합하여 효과가 발생하는지 확인하고자 하는 문제에 봉착하였다. 어떻게 이것을 해결할 수 있을까?

Solution: 이원변량분석을 수행하면서 상호작용효과 모델을 삽입하여 각각의 효과와 더불어 상호작용효과의 유의성을 실시한다.

Learning Objectives: 이원변량분석의 의미를 이해하고 나서 요인설계의 모형을 설명할 수 있다. 상호작용효과에 대한 이해를 하고 나서 상호작용효과를 해석하며 나아가 직접 SAS에서 명령문을 작성하여 ANOVA표를 작성할 수 있다.

8.1 이원변량분석(Two way ANOVA)의 개요

이원변량분석은 독립변인이 둘이며 종속변인이 하나인 경우 변량분석을 통하여 주효과 및 상호작용효과 등을 분석하는 통계적 절차이다. 흔히 이원변량분석부터 요인설계(factorial design)라는 말을 사용하며 여기서 요인은 독립변인과 같은 의미다. 요인설계에서는 요인의 수와 각 요인에서의 수준에 따라 $n \times m$ 의 형식으로 표시한다. 가령 2×3 방식은 두 개의 요인의 실험처치가 있으며 첫 번째 실험요인은 2개의 수준으로 두 번째 요인은 세 개의 수준으로 처치가 이루어진 것을 의미한다. 흔히 실험디자인에서 완전임의배열법(completely randomized design)이나 난괴법(randomized block design)등은 실험단위들을 배치하는 의미에서 분류이고 요인의 수나 그 수준에 따른 분류는 요인설계측면에서 사용하게 된다.

요인설계의 종류

2 × 3 디자인: 이원변량분석으로 하나의 독립변인이 2개의 수준을 가지며 다른 독립변인은 3개의 수준을 가진 것을 의미.

2 × 2 × 3 디자인: 삼원변량분석으로 하나의 독립변인이 2개의 수준을 지니며 두 번째 독립변인도 2개의 수준을 지니며 세 번째 독립변인이 3개의 수준을 가진 설계를 의미.

이원변량분석을 실시하는 이유는 여러 가지가 있을 수 있으나 일원변량분석에 비하여 다음과 같은 장점이 있다. 첫째, 실험단위가 똑같다고 할 때 경제적일 수 있다. 예를 들면 남자 그룹 10명 여자 그룹 10명이 있다고 하자. 그에 대한 특정 종속변인 가령 단어 기억하기에 대한 차이 검증을 하는 것을 10명씩 수행하는 것보다 남자 그룹을 5명에게는 특정 약품을 투여하고 다른 5명에게는 플라시보(placebo)효과를 주며 똑같이 여자 그룹도 그렇게 한다면 단순히 성의 효과를 확인하는 두 그룹차이 검증이 아닌 성과 약품에 대한 2×2 요인설계에 의한 실험을 수행할 수 있을 것이다.

두 번째로 일종오류(Type I error)를 제어(control)하기 위해 실시한다. 일원변량분석을 두 번 수행하는 동안에 발생하는 오류의 증가를 조절할 수 있다. 동시에 전체 변량(SST)에 대하여 그룹 간(SSB) 변량이 요인을 추가로 투입함에 따라 증가하므로 설명되어지지 않는 변량, 즉 그룹 내 변량(SSW)이 줄어들어 선형모델의 설명력이 좋아진다.

세 번째로 상호작용효과(interaction effect)를 측정할 수 있다. 상호작용이란 Chapter 1의 변인과 관계성 그림에서 이미 설명을 하였다. 간단히 말하면 상호작용이란 특정 종속변인에 영향을 미치는 독립변인의 영향크기가 다른 제 삼의 변인의 수준에 따라 달라지는 것을 의미한다. 다시 말하면 제 삼의 변인과 서로 상호작용을 하여 종속변인에 영향을 미치는 데 그 영향의 정도가 틀려지는 것이다. 아주 쉬운 예로 알코올은 간에 큰 영향을 준다. 그러나 담배가 간에 영향을 주는 정도는 알코올에 비해 낮을 것이며, 실제로 담배는 간보다 폐에 영향을 주는 정도가 큰 것이 일반적이다. 여기서 알코올을 마시고 동시에 담배를 피운다면 알코올을 마시고 담배를 피우지 않은 것보다 간에 영향을 준 것이 더욱 크다고 한다면 그러한 것이 상호작용이 발생하였다고 보는 것이다.

8.2 이원변량분석의 선형모델과 상호작용

요인 A가 a개의 수준(A_1, A_2, $\cdots A_a$)이고, 요인 B가 b개의 수준(B_1, B_2, $\cdots B_b$)로 이루어진 이원 요인실험디자인 경우 각 처리(처치)의 수 t=a x b이다. 각 처리에 n개의 반복인 완전임의배열법(completely randomized design)이라고 하면 아래와 같은 표로 표시될 수 있다.

<표 8-1> 이원요인 실험디자인의 임의배열법 개체

		요인 B			
		B_1	B_2	…	B_b
요인 A	A_1	y_{111} . . y_{11n}	y_{121} . . y_{12n}	… …	y_{1b1} . . y_{1bn}
	A_2	y_{211} . . y_{21n}	y_{221} . . y_{22n}	… …	y_{2b1} . . y_{2bn}
	. .	. .	. .		. .
	A_a	y_{a11} . . y_{a1n}	y_{a21} . . y_{a2n}	… …	y_{ab1} . . y_{abn}

위의 표에서 각 셀에 해당하는 값에 대한 선형모델은 다음과 같다. 선형모델은 상호작용을 고려하지 않은 모델과 상호작용효과를 삽입한 모델 두 가지로 나뉠 수 있다. 아래는 각 모델의 수학적 모형이다.

$y_{ijk}=\mu+\alpha_i+\beta_j+\varepsilon_{ijk}$(일반 합산모델: additive model)

y_{ijk}=i그룹 안의 j그룹에 k번째 해당하는 값

μ=전체평균(overall mean, grand mean)

α_i=요인 A의 i번째 수준의 주효과(the effect due to treatment i group)

β_j=요인 B의 j번째 수준의 주효과(the effect due to treatment j group)

ε_{ijk}=실험오차(experimental error)

$y_{ijk}=\mu+\alpha_j+\beta_j+\alpha\beta_{ij}+\varepsilon_{ijk}$ (상호작용모델)

$\alpha\beta_{ij}$=상호작용 효과

앞에서 제시하였듯이 이원변량분석을 하는 중요 이유 중 하나는 상호작용을 파악하기 위함이다. 만약 주효과가 유의하게 나온 경우도 상호작용이 없는 경우에만 곧바로 해석을 할 수 있다. 만약 상호작용이 유의한 경우에는 조심스럽게 해석을 해야 할 것이다. 상호작용이 발생한 경우는 보통 변량의 변화를 추가적으로 확인하여야 한다. 가령 A요인이 유의한 결과가 나오고 A와 B의 상호작용이 발생하였을 때 B가 유의한지 아니면 그렇지 않은지를 확인하고 B가 유의하지 않은 경우 B의 수준에 따라 A의 수준에 대한 종속변인의 값 또는 순위가 바뀌는지를 확인해야 할 것이다. 이러한 경우 주효과와 상호작용효과를 분리하여 해석할 수 없다.

이원요인설계와 관련하여 각 효과에 대한 것을 그래픽으로 설명하면 아래 그림들과 같다. 가상적으로 알코올과 나이, 두 개의 요인이 있고 종속변인은 공격적 성향이라고 가정하자. 우선 알코올(A요인)을 흡수하고 나서 일정시간이 경과한 후 공격적 성향을 측정하고자 하였다. 알코올 흡수 유무에 나이(B요인)를 추가하여 실험한 2 x 2 요인설계의 각 평균값이 각 그림 안의 표의 값이라고 가정하자. 이 경우 발생할 수 있는 가상적인 결과는 다음 그림과 같다.

▎모든 효과가 없는 경우

아래 셀의 값은 거의 비슷하고 그에 따라 알코올과 비알코올에 해당하는 청년과 성인의 평균값을 이은 선은 거의 중복에 가까운 것을 알 수 있다.

	청년	성인
알코올	3.1	3.1
비알코올	3	3

연 령

[그림 8-1] 이원요인의 모든 효과 없는 경우

▎알코올 주 효과만 있는 경우

아래 그림은 알코올을 흡수한 경우 비알코올보다 공격성향이 커졌음을 알 수 있으나 나이에 대한 차이는 나타나지 않은 경우이다.

	청년	성인
알코올	4	4
비알코올	2	2

연 령

[그림 8-2] 알코올 주 효과만 있는 경우

▌나이 주 효과만 있는 경우

아래 그림은 청년의 경우 공격성향이 높으며 성인은 공격성향이 낮은 경우이다. 알코올 효과는 없다.

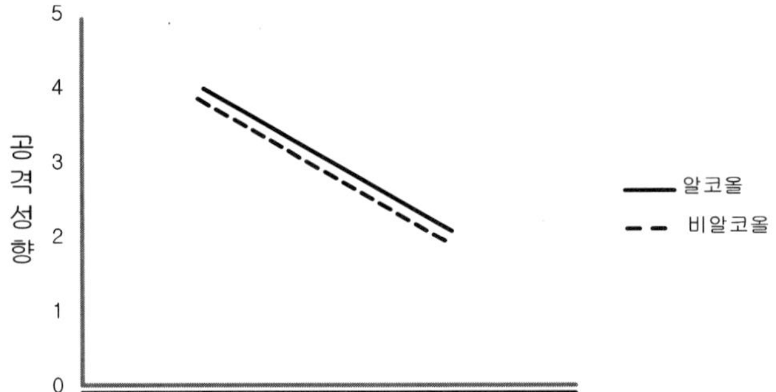

	청년	성인
알코올	4	2
비알코올	3.9	1.9

연 령

[그림 8-3] 나이 주 효과만 있는 경우

▌알코올과 나이 두 변인 모두 효과가 있는 경우

두 요인 모두 통계적으로 유의한 효과를 가지고 있으나 상호작용효과는 없다.

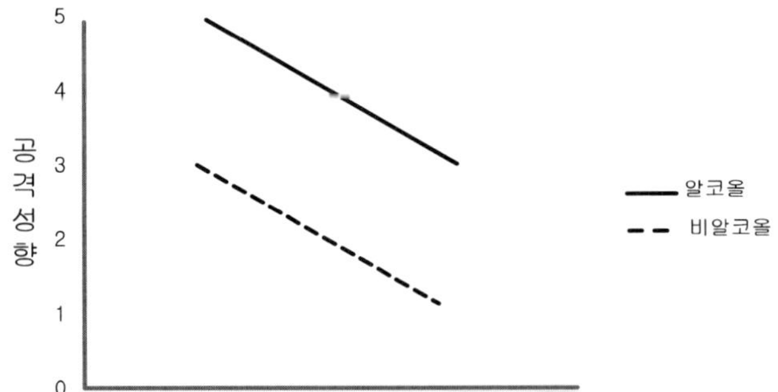

	청년	성인
알코올	5	3
비알코올	3	1

연 령

[그림 8-4] 이원요인 모든 효과 있는 경우

▍상호 작용만 있는 경우

이 경우는 현재 각 주 효과는 없고 상호작용만 발생한 경우이다. 청년의 경우 알코올 흡수 시 공격성향이 높아지나 성인의 경우에는 알코올 흡수 시 오히려 공격성향이 떨어지는 경우이다.

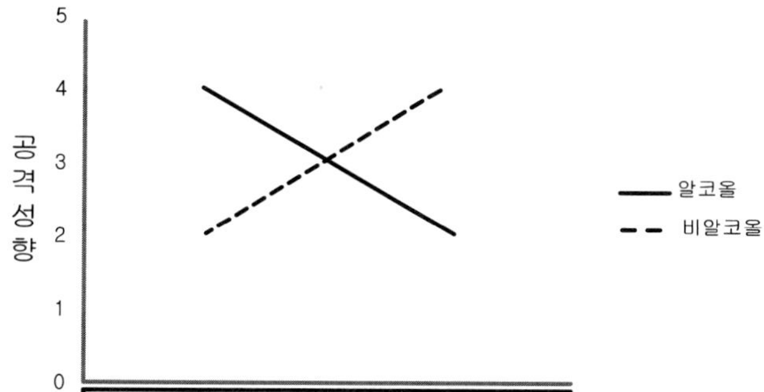

	청년	성인
알코올	4	2
비알코올	2	4

연 령

[그림 8-5] 주 효과 없고 상호작용 효과 있는 경우

▍상호작용과 알코올 주 효과가 있는 경우

알코올의 효과는 있으나 나이의 효과는 없으며 두 요인의 상호작용의 효과가 있는 경우이다.

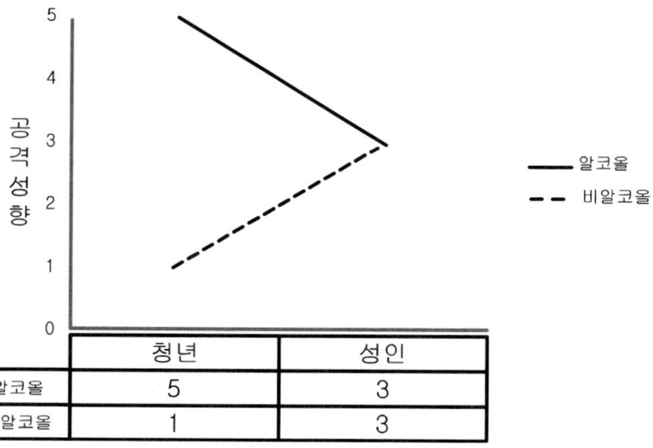

	청년	성인
알코올	5	3
비알코올	1	3

연 령

[그림 8-6] 알코올 주 효과와 상호작용 효과 있는 경우

▎상호작용과 나이의 주 효과만 있는 경우

앞의 그림과 달리 나이의 주 효과가 있으며 동시에 알코올과 상호작용효과가 있는 경우이다.

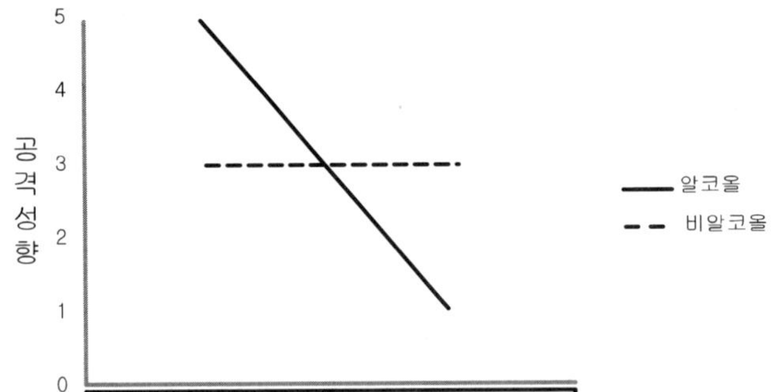

	청년	성인
알코올	5	1
비알코올	3	3

연 령

[그림 8-7] 나이 주 효과와 상호작용 효과 있는 경우

▎상호작용과 두 요인 알코올과 나이 모두 유의한 경우

모든 요인과 상호작용이 유의적인 효과를 가지고 있는 경우이다.

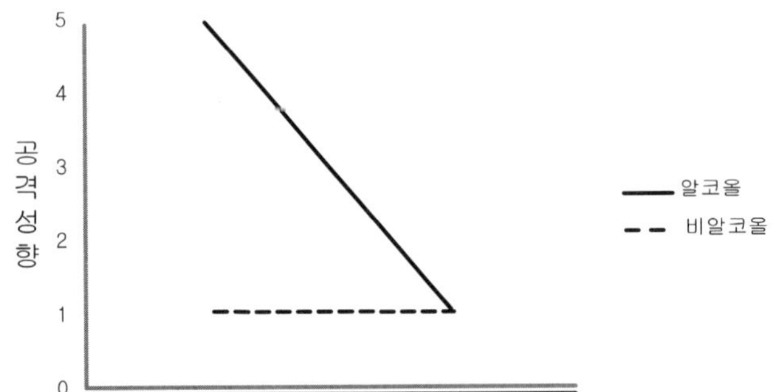

	청년	성인
알코올	5	1
비알코올	1	1

연 령

[그림 8-8] 이원요인 모두와 상호작용 효과 있는 경우

8.3 이원변량분석의 가설과 변량분석표

앞장 일원변량분석에서 교육방법에 따른 학업성취도의 차이 발생을 살펴보았다. 여기에 성이라는 요인을 추가하여 3×2 이원변량분석을 수행한다고 가정하면 아래와 같은 표가 발생할 수 있다. 일반적으로 이원요인 관련하여 표를 작성하는 경우, 표의 맨 좌측에는 첫 번째 요인(A요인)이, 즉 여기서는 교육방법을 먼저 제시 하고 두 번째 요인(B 요인) 여기서는 성별을 열에 제시하면 된다. 각 셀의 값은 평균이라고 해석하면 된다.

		성별		합계
		남성(m)	여성(e)	
교육방법	온라인(o)	M_{om}	M_{oe}	M_o
	오프라인(f)	M_{fm}	M_{fe}	M_f
	블랜디드(b)	M_{bm}	M_{be}	M_b
합계		M_m	M_e	M_t

상기 표와 관련하여 만약 상호작용의 모델인 경우 영가설은 세 개가 존재한다. 참고로 연구의 관심이 상호작용의 검증에 없다면 이원변량분석에서 항상 상호작용효과를 삽입할 필요는 없다. 그러나 보통의 경우는 삽입을 하고 나서 각 효과를 제거하면서 변량의 변화를 살펴보는 것이 바람직하다. 아래는 각각의 영가설을 언어와 수리적으로 표시한 예이다.

영가설 1: H_o: 교육방법과 학업성취도와는 관계가 없다.

H_o: $\alpha=0$, $\mu_o=\mu_f=\mu_b$

(There is no effect of instructional method on achievement.)

영가설2: H_o: 성과 학업성취도와는 관계가 없다.

H_o: $\beta=0$, $\mu_m=\mu_e$

(There is no effect of sex on achievement.)

영가설 3: H_o:교육방법과 성은 학업성취도에 상호작용효과가 없다.

H_o: $\alpha\beta=0$, $\mu_{om}-\mu_{oe}=\mu_{fm}-\mu_{fe}=\mu_{bm}-\mu_{be}$

(There is no interaction effect of instructional method and sex on achievement.)

이원변량분석은 일원변량분석의 확장이기 때문에 기본적인 변량의 분할 성격은 같다고 할 수 있다. 다만 요인이 추가됨에 따라 그에 따라 전체변량(SST)은 네 가지로 나뉘어진다. 즉, 전체변량은 아래와 같다.

SST= A요인에 의해 발생하는 변량(SSA) + B 요인에 의해 발생하는 변량(SSB) + AB 상호작용에 의해 발생하는 변량(SSAB) + 오차변량, 그룹 내(SSE)

이원변량분석표는 다음과 같다.

<표 8-2> 이원변량분석표

변량원 (S.V)	자승합(SS)	자유도 (df)	평균자승합(MS)	F값
A	SSA	a–1	MSA=SSA/(a–1)	F_A=MSA/MSE
B	SSB	b–1	MSB=SSB/(b–1)	F_B=MSA/MSE
A x B	SSAB	(a–1)(b–1)	MSAB=SSAB/(a–1)(b–1)	F_{A*B}=MSAB/MSE
오차	SSE	ab(n–1)	MSE=SSE/ab(n–1)	
합계	SST	abn–1		

〈표 8-2〉를 기본으로 각 변량을 구하는 공식을 제시하면 다음과 같다.

$$SSA = bn\sum_{i=1}^{a}\left(\overline{y_{i..}} - \bar{y}\cdots\right)^2$$

$$SSB = an\sum_{j=1}^{b}(\bar{y}.j. - \bar{y}\cdots)^2$$

$$SSAB = an\sum_{i=1}^{a}\sum_{j=1}^{b}(yij. - \bar{y}\cdots)^2$$

$$SSE = \sum_{i=1}^{a}\sum_{j=1}^{b}\sum_{k=1}^{n}(yij. - \overline{yij}.)^2 = SST - SSA - SSB - SSAB$$

$$SST = \sum_{i=1}^{a}\sum_{j=1}^{b}\sum_{k=1}^{n}(yijk - \bar{y}\cdots)^2 = SSA + SSB + SSAB + SSE$$

이원변량분석에서 변량을 산출하는 공식은 그룹의 각 셀의 개체수(cell size)가 같은가 다른가에 따라 달라진다. 앞의 표는 모두 각 요인 별 수준에 따른 실험개체수가 모두 같은 경우이다. 즉, 교육방법과 성별에 따라 나뉘어진 셀에 해당하는 사례수가 모두 같다. 이러한 경우에는 전체변량이 네 개로 나뉘고 각각을 다 더할 경우 전체변량이 된다.

만약 각 셀에 해당하는 사례수가 다른 경우에는 변량의 합이 전체변량과 다르다. 가령 온라인 방법이면서 남자와 온라인 방법이면서 여자 그리고 블랜디드 방법이면서 남자 그리고 블랜디드 방법이면서 여자 등의 사례수가 다른 경우라면 전체변량의 합이 다를 수 있다. 여기서는 각각의 변량을 산출하는 공식은 생략하겠다.

만약 셀의 개체수가 틀린 경우 SAS에서는 proc glm;을 써야 하며 Type I변량보다는 Type III변량을 중심으로 변량분석표를 제시하여야 한다. SAS에서는 Type I부터 Type IV까지의 변량을 제시한다. 기본적으로 proc glm;을 수행하면 Type I과 Type III의 변량이 분리되어 결과값이 제시된다. Type I은 모델에 삽입된 변인의 순서에 따라 전체변량에서 각 변인의 변량이 제거되면서 변량이 감소된다. 따라서 모든 변량을 다 더하면 전체변량이 된다. Type III는 그와 달리 각 변량은 다른 변인의 영향력이 제거된 상태에서 고유변량만 표시가 된다. 따라서 아래 이원변량분석표의 각 자승합은 다른 요인의 영향력이 제거된 고유변량이라고 볼 수 있다. 가령 교육방법의 변량 자승합 701.97은 성과 방법*성별의 영향력이 제거된 교육방법의 고유변량이다.

아래는 이원변량분석표와 그에 따른 영가설 결과이다. 이원변량분석표 각 셀의 값 산출에 사용된 데이터와 표에 있는 값은 아래 8.4에 제시되어 있다.

<표 8-3> 이원변량분석표(실제 값)

변량원 (S.V)	자승합(SS)	자유도 (df)	평균자승합(MS)	F값	P값
교육방법	701.97	2	350.99	14.78	.0004
성별	7.79	1	7.79	.33	.5760
방법 * 성별	576.81	2	12.14	12.14	.0009
오차	332.5	14	23.75		
합계	3263.75	19			

* Type III변량으로 분할하여 합계 각 변량을 더한 값이 합계변량과 다름

상기 표의 결과에 따라 가설 검증을 하면 다음과 같다.

가설1 검증: F값이 14.7이며 p값이 .0004이므로 영가설은 기각되고 "교육방법에 의해 학업성취도가 다르다"라고 결론 내린다.

가설2 검증: F값이 .33이며 p값이 .5760이므로 영가설은 기각되지 않고 "성별에 의한 학업성취도는 차이가 발생하지 않는다."라고 결론 내린다.

가설3 검증: F값이 12.14이며 p값이 .0009이므로 영가설은 기각되고" 교육방법과 성별은 학업성취도에 있어 상호작용효과를 가지고 있다"라고 결론 내린다.

8.4 SAS명령문과 결과

이원변량분석은 proc anova; 또는 proc glm; 모두 사용 가능하다. 아래의 경우는 셀의 사례수가 틀리므로 proc glm; 을 사용해야 하며 앞의 이원변량분석표 결과를 산출하는 예이다.

예
```
data psy;
input method sex score @@;
cards;
1 2 20 1 2 20 1 1 30 1 2 20 1 2 5 1 2 20
2 1 30 2 1 35 2 1 35 2 2 40 2 2 30 2 1 40 2 1 40
3 1 30 3 2 50 3 2 55 3 1 35 3 2 50 3 2 50 3 2 50
;
proc glm; class method sex; model score=method sex
method * sex;                                          ①
run;
```

• 각 명령문의 기본해설 및 결과값

proc glm;을 수행하라는 명령문이다. 독립변인이 class문에 의해 method sex 두 개의 요인으로 설정되었다. 거기에 따라 model문은 종속변인인 학업성취도 score가 method sex method*sex의 상호작용에 의해 선형적으로 설명되어지는 것으로 설정되었다. 만약 상호작용을 보지 않으려면 model문에서 method * sex를 제거하면 된다.

참고로 아래 Type I 변량을 모두 더하면 변량분석표 model에 있는 변량 2931.25가 될 것이다. 그러나 Type III변량을 다 더하면 2931.25가 되지 않는 것을 알아야 한다. 만약 단순히 proc anova; class method; model score=method; run;을 수행하면, 즉 교육방법에 의한 일원변량분석만 수행한다면 2300.06인 Type I변량이 곧바로 그룹 간 변량이 될 것이다. 앞의 일원변량분석 chapter결과와 확인하기 바란다. 한편 proc anova; class sex; model sex=score; run; 을 수행하면 아래의 Type I과 Type III 모두 같지 않을 것이다. 그 이유는 Type I인 경우는 당연히 교육방법이 먼저 들어가고 그에 따라 그 다음에 성이 차지하는 변량이 나온 것이고 Type III인 경우는 교육방법의 영향 및 다른 상호작용효과까지도 제거된 상태의 고유변량이기 때문에 다르다.

```
Dependent Variable: score

                                            Sum of
Source                      DF             Squares     Mean Square    F Value    Pr > F

Model                        5         2931.250000      586.250000      24.68    <.0001

Error                       14          332.500000       23.750000

Corrected Total             19         3263.750000


              R-Square     Coeff Var      Root MSE    score Mean

              0.898123      14.22890      4.873397      34.25000


Source                      DF         Type I SS     Mean Square    F Value    Pr > F

method                       2       2300.059524     1150.029762      48.42    <.0001
sex                          1         54.381720       54.381720       2.29    0.1525
method*sex                   2        576.808756      288.404378      12.14    0.0009


Source                      DF       Type III SS     Mean Square    F Value    Pr > F

method                       2       701.9700461     350.9850230      14.78    0.0004
sex                          1         7.7884615       7.7884615       0.33    0.5760
method*sex                   2       576.8087558     288.4043779      12.14    0.0009
```

Chapter 09

단순회귀분석

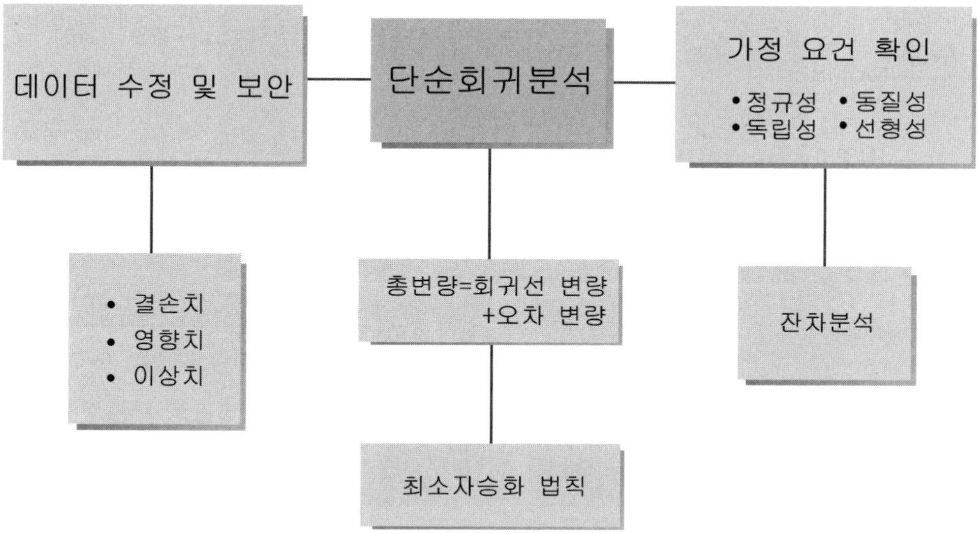

Situation 9

I씨는 특정 요인을 가지고 학업성취도를 예측하는 것이 가능한가 궁금하였다. 학업성취도를 예측함에 있어 특정요인을 이용하여 일정 공식을 만들어 낼 수 있는지 알 고 싶었다. 또한 그러한 공식으로 학업성취도의 변하는 정도를 설명할 수 있는가에 대하여도 궁금하였다.

Problem: I씨는 어떻게 일정공식을 만들어 내며 만들어 낸 공식이 신뢰할 수 있는 것인지를 확인할 수 있고 그리고 학업성취도의 변하는 정도를 어떻게 설명할 수 있을까?

Solution: 특정 요인을 선택하여 독립변인으로 삼아 단순회귀식을 만들어 내고 ANOVA 표를 통해 회귀식의 유의성 검증과 동시에 설명계수를 산출하여 학업성취도에 대한 변량을 설명한다.

Learning Objectives: 단순회귀분석의 개념을 이해하고 회귀분석의 변량분석표의 구성요소를 안다. 변량분석 구성요소들의 계산방법을 알고 그에 따른 가설검증을 할 수 있다. 실제 SAS를 통해 단순회귀분석의 결과를 산출할 수 있다.

9.1 회귀분석의 목적

회귀분석의 목적은 특정변인의 값을 이용하여 다른 변인의 값을 예측하거나 추정하는 데 있다. 보통 독립변인의 데이터를 이용하여 종속변인의 값을 예측하는 데 필요한 직선을 구하는 것을 의미하며 그러한 직선을 회귀선(regression line)이라고 한다. 회귀분석은 상관관계분석과 매우 밀접한 관계를 가지고 있으며 실제로 회귀분석과 상관관계분석은 동시에 수행하는 경우가 많다. 단순상관관계는 두 변인 간의 선형관계성의 강도(strength)를 설명하기 위해 사용된다. 단순회귀분석의 두 변인을 표준화하여 회귀계수를 산출하면 그것은 바로 Pearson의 상관계수가 된다.

회귀분석 수행 시 연구자는 우선적으로 독립변인과 종속변인을 설정해야 한다. 가령 x변인은 키이고 y변인이 몸무게라고 할 때 두 변인은 정적(positive)이면서 어느 정도 높은 상관을 띠게 될 것이다. 이 경우 몸무게는 키에 의존을 한다고 볼 수 있으나 일반적으로 키가 몸무게에 의존한다고 볼 수는 없을 것이다. 다시 말해서 몸무게는 종속변인이며 키는 독립변인이 될 것이다.

회귀분석은 두 변인 간의 직선(linear)관계성이 있는지를 확인한다. 엄밀히 말해서 회귀분석에서 유의성이 없다고 해서 관계성이 없는 것이 아니고 직선관계성이 없는 것이다. 또한 관계성은 직선의 관계성만 있는 것이 아니고 곡선도 있고 S자형이나 U자형의 관계성 등도 있을 수 있다.

9.2 회귀분석의 2차원 점찍기(plot)

회귀분석에서 가장 먼저 해야 할 것이 시각적으로 관계성이 있는지 확인하는 것이다. 보통 2차원에서 점들을 찍어(scatter plot) 선형 관계성이 발생하는가 알아본다. 아래 표는 미국 주의 데이터이다. x변인은 평균 개인 소득액이고 y변인은 각 주에서 공립학교에 투입하는 연간 개인 교육비용이다.

<표 9-1> 주와 공립학교 개인교육비용

주(state)	개인 소득액(x)	교육비용(y)
Arkansas	2520	534
California	4072	922
Colorado	3568	695
Michigan	3744	842
Mississippi	2194	476
North Carolina	2890	609
New York	4421	1237
Rode Island	3779	904
South Dakota	3051	657

대략 각 데이터를 가장 잘 설명할 수 있는 직선을 그을 수 있으며, 위의 데이터를 시각화하기 위해 점을 찍으면 다음 그림과 같다.

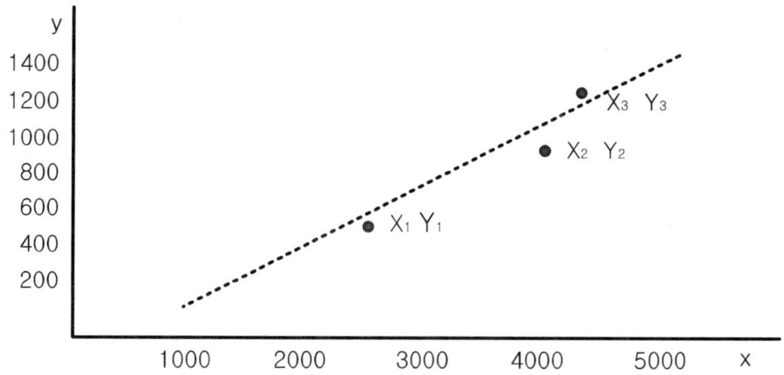

[그림 9-1] 9개 주와 교육비용 플롯

만약 직선이 완벽하게 그려진다면 모든 데이터들의 쌍은 직선 위에 존재할 것이다. 그러나 현실적으로는 그러한 직선을 긋는다는 것이 불가능하며 모든 데이터들의 쌍에 대하여 최적의 대표선을 찾아야 할 것이다. 그러한 선은 회귀선이며 회귀선을 그을 수 있는 단순회귀선형모델(Simple linear regression model: SLR model)은 아래와 같다.

$$Y_i = \alpha + \beta X_i + \varepsilon_i$$

위의 모델은 모집단에서, 즉 51개 주의 x와 y간의 선형관계성을 설명하는 모델이 된다. 우리는 9개의 표집을 가지고 α와 β를 구하고자 한다. 여기서 ε_i는 무선오차(random error)를 의미하는데 실제로 이러한 오차는 잘못 설정된 모델(incorrect specification), 중요변인을 모델 안에 미삽입(omitted variables), 측정오차(measurement error) 등으로부터 발생하는 것이다. 무선오차는 종속변인 y가 독립변인 x에 의해서 정확히 예측되지 않는 정도를 의미한다.

9.3 회귀분석의 가정요건

회귀분석에는 아래와 같이 몇 가지 가정요건이 발생한다. 이러한 가정요건이 충족될 때 회귀분석을 수행할 수 있다.

① 무선오차항은 기대값 0, 그리고 변량은 σ^2 로 x_i값에 관계없이 일정하다(변량의 동질성).

② 무선오차항은 정규분포를 따른다(정규분포성).

상기 두 개를 수학적으로 표시하면 다음과 같다. $\varepsilon_i \sim N(0, \sigma_\varepsilon^2)$

③ ε_i와 ε_j는 $i \neq j$인 경우 서로 독립적이다(독립성). 수학적으로 표시하면 $E(\varepsilon_i \varepsilon_j)=0$. 무선오차가 서로 독립적이라는 것은 무선오차끼리 관계성이 없는 것을 말하며 실제로는 자동회귀선이 아니라는 것이다(non-auto regression). 위의 세 가지 사항은 후에 설명될 잔차분석(residual analysis)을 통해 모두 검증을 할 수 있다.

④ 상기 가정요건 이외에 독립변인 x_i는 고정된(fixed)값을 가져야 하며 자연발생적이며 무선적으로 발생하는 값이 아니어야(non random)한다. 또한 특정 표집크기 n에 대하여 $\sum_{i=1}^{n}(x_i-\bar{x})^2 \neq 0$이어야 한다. 이는 수정자승합이 0이 되지 않아야 한다는 이야기와 같다. 기술통계 평균의 속성을 설명하면서 편차의 합은 0이 되며 그것을 피하기 위하여 자승합을 실시한다고 하였다. 그러나 특별히 그 값이 0이 되는 경우가 있는데 이렇게 0이 된다면 단순회귀분석을 수리적으로 수행할 수 없다.

9.4 최소자승화법칙(Least square method: LSM)

무선오차항 $\varepsilon_i \sim N(0, \sigma_\varepsilon^2)$인 경우, 즉 기대치 0과 변량 σ_ε^2를 가진 정규분포라고 하면 종속변인 y는 $y_i \sim N(\alpha+\beta x_i, \sigma_\varepsilon^2)$라고 표시할 수 있다. 즉, 기대값은 $\alpha+\beta x_i$ 변량은 σ_ε^2이다. 기대값 $\alpha+\beta x_i$를 모집의 회귀선(population regression line)이라고 한다. 이 회귀선은 각각의 x_i에 대하여 발생하는 여러 y들에 대한 평균값 y가 통과하는 선이다. 또한 x=0일 때 절편(intercept) α를 가지며, x값의 1단위(unit)변화에 대한 y의 평균 변화를 나타내는 기울기 β를 가지게 된다. 쉽게 생각하면 1차 방정식이라고 보면 될 것이다. 이러한 내용을 그림으로 표시하면 다음과 같다.

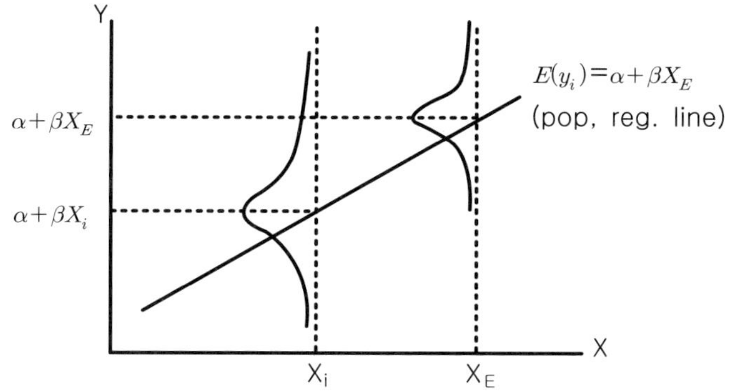

[그림 9-2] 모집의 회귀선

여기서 우리는 모집의 회귀선을 구하고자 하는 데 실제적으로는 구할 수가 없다. 따라서 a와 b를 구하고 그것을 가지고 α 와 β를 추정하게 되는 것이다. 즉, 모집의 회귀선이 아니라 표집의 회귀선(sample regression line) $\hat{y}$= a +bx_i를 구하게 된다.

$\hat{y}$ 는 y_i에 대한 적합한 값(fitted value)이라고 볼 수 있다. 일반적으로 $y_i \neq \hat{y}$이며 그 차이를 잔차(residual)라고 한다. 즉, $y_i-\hat{y}$ = e_i이며 $e_i \neq E_i$이다. 모집회귀선의 오차와 표집회귀선의 오차와 같지 않다는 것을 의미한다. 이것을 수리적으로 표시하면 다음과 같다.

$$e_i=(\alpha + \beta X_i+E_i)-(a+bX_i)$$

잔차 e_i의 두 가지 속성은 다음과 같다.

첫째 ,잔차를 다 더하면 0이 된다. $\sum e_i = 0$

그 이유는 e_i의 기대값이 0이기 때문이다.

둘째 잔차와 독립변인 x_i를 곱하여 다 더하면 역시 0이 된다. $\sum x_i e_i = 0$

이것은 잔차가 독립변인과 서로 상관관계가 없다(uncorrelated)는 것을 의미한다.

다음 그림은 모집의 회귀선과 표집의 회귀선과의 관계를 나타내고 있다. $\hat{y}=a+bx_i$는 표집의 회귀선이고 $E(y_i)=a+\beta_{xi}$는 모집의 회귀선이다. 잔차 $e_i=y_i-\hat{y}_i$는 실제값 y_i에서 표집회귀선의 예측치 $\hat{y}_i$를 뺀 값이다. 반면에 $E_i=y_i-E(y_i)$는 실제값 y_i와 기대치 $E(y_i)$ 하고의 차이이다.

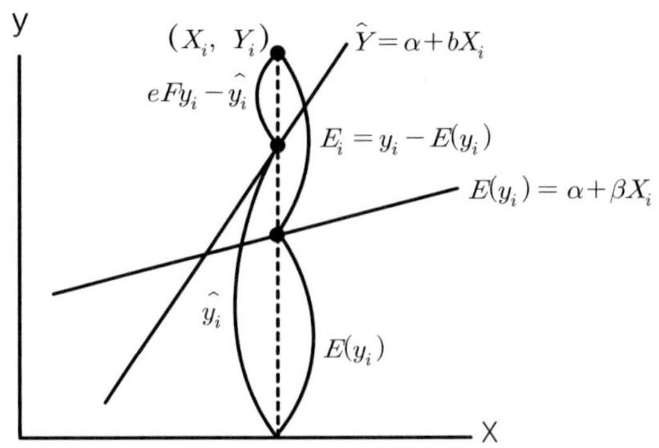

[그림 9-3] 모집회귀선과 표집회귀선

여기서 우리는 특정 x_i에 해당하는 y_i가 $\hat{y}$이나 y_i의 기대값 $E(y_i)$에 근접하기 원할 것이다. 따라서 가장 y_i의 기대값을 대표할 수 있는 선을 그리고자 할 것이다. 그렇다면 아래 그림과 같은 많은 선을 그릴수가 있는데 어떻게 최적의 대표선(best estimate)을 그릴 수 있을까?

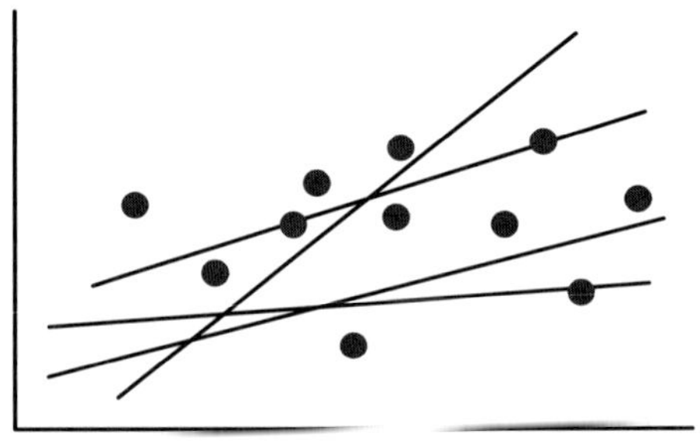

[그림 9-4] 가능한 회귀선의 종류

최적의 대표선을 그리기 위하여 어떠한 원칙이나 원리를 이용하게 된다. 그러한 것 중에 가장 보편화된 것이 최소자승화법칙(Least Square Method: LSM)이다. 최소자승화법칙은 실제 발생한 관찰치 y_i와 추정된 예측치 $\hat{y}_i$ 사이인 잔차들의 자승합을 최소화하는 방식이다. 이렇게 잔차자승합이 최소화되는 선을 긋는 방식이 최소자승화법칙이다. 이러한 방식에 의하여 최소자승정규공식들(least squares normal equations)이 발생한다. 정규공식을 만들어 내는 과정에 대해서는 생략하고 다만 여기서는 그 공식만을 제시하겠다.

$$\sum y_i = na + b\sum x_i$$

$$\sum x_i y_i = a\sum x_i + b\sum x_i^2$$

상기 공식을 합하면 $b = \frac{n(\sum x_i y_i) - (\sum x_i)(\sum y_i)}{n(\sum x_i^2) - (\sum x_i)^2}$ 이며 이것은 다시 $b = \frac{\sum(x_i - \bar{x})(y_i - \bar{y})}{\sum(x_i - \bar{x})^2}$ 로 표시될 수 있다.

여기서 분자는 x와 y의 공변량이며 분모는 x의 수정된 자승합(변량)이 될 것이다. b계수를 구하면 a계수는 b를 이용하여 산출할 수 있는데 그 공식은 다음과 같다.

$$a = \frac{1}{n}(\sum y_i) - b\frac{1}{n}(\sum y_i) = \bar{y} - b\bar{x}$$

b계수를 회귀계수라고 하며 일반적으로 연구자는 a계수에는 관심이 없고 b계수만 초점을 맞춘다. 최소자승화 법칙에 의해 a와 b계수를 구하면 그에 따른 공식을 제시하게 되는데 그것을 회귀식이라고 한다. 회귀식을 제시함에 앞서 회귀계수를 구하고 나서 먼저 해야 하는 것이 유의도 검증이다. 즉, a와 b 계수를 구하고 그것이 일정 유의도 수준에서 받아들일 수 있는지를 검증하는 것이다. 유의도 검증을 위해서는 a와 b 모두 표집분포를 알아야 하며 그에 대한 표준오차를 구해야 할 것이다. 표준오차를 아는 경우 가설검증의 절차와 같은 방식으로 t검증을 수행할 수 있다. 여기서는 b계수의 표준오차 공식만 제시하겠다.

$$\hat{\sigma}_E{}^2 = \frac{1}{n-2}\left\{(\sum y_i - \bar{y})^2 - b\sum(x_i - \bar{x})(y_i - \bar{y})\right\}$$

$$\hat{\sigma}_b{}^2 = \frac{\hat{\sigma}_E}{\sqrt{\sum(x_i - \bar{x})}}$$

앞의 9개 주의 데이터인 경우 만약 b계수가 .2808이며 표준오차가 .0438이라고 하면 그에 따른 t분포를 이용한 모수구간 추정은 다음과 같다.

자유도는 (n-2)=7이고, 95% 양방향이므로 t표의 값은 2.365이다.

95%수준의 모수구간추정은 .2808 ± 2.365(.0438)=(.1722, .3844)이다.

t분포를 이용한 모수구간추정의 값이 0을 포함하고 있지 않으므로 영가설 H_0: β=0

을 기각할 수 있다. 따라서 β는 0이 아니라고 결론 내린다. 영가설 β=0이라는 것은 앞에서 언급하였듯이 관계성이 없다는 것이 아니라 선형관계성이 없다는 것을 의미한다.

가설검증방식에 의하면 똑같이 영가설 H_o: β=0을 설정하고 t값은 t를 구하는 공식 $y = \frac{\bar{y}-\mu}{\sigma_{\bar{y}}}$ 에 의하여 $\frac{.2808-0}{.0438}$. 따라서 가설검증치 $t_{calc.}$=6.41이 t,7,.05=2.365보다 크므로 영가설을 기각한다. 추리통계를 설명할 때 가설검증이나 모수의 구간추정이나 p값이나 모두 똑같은 결과를 가져온다고 한 것을 상기하자.

대개의 경우 a계수에 대한 유의도 검증은 수행하지 않는다. 그 이유는 a계수가 단순한 절편이기 때문이다. 만약 절편 값이 -191.94이라고 하면 최종 회귀식은 y_i=-191.94 +.2808x_i가 될 것이다.

9.5 ANOVA 표

이러한 회귀선을 그을 수 있는 회귀공식을 구하고 나서 보통의 경우 종속변인 y의 변량이 얼마나 독립변인 x에 의해서 설명되는가에 관심을 가지게 된다.

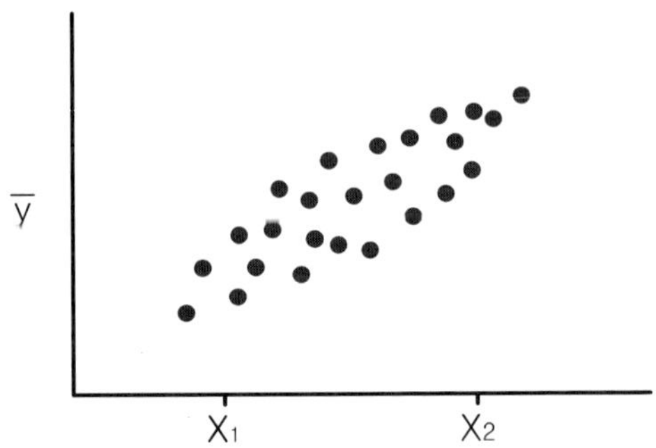

[그림 9-5] x변화에 따른 y변화

위의 그림은 x_1이 x_2로 바뀜에 따라 y의 값도 변하는 것을 나타내고 있다. x_2에 대응하는 y의 값은 무선변인(random variable)이라고 볼 수 있으며 그에 따라 여러 값이 존재한다. 만약 내가 x에 대하여 어떤 정보도 없다고 하면 y값을 예측함에 있어서 무엇을 사용할 수 있을까? 우리는 y의 점추정치인 평균값 $\bar{y}$을 사용할 수 있을 것이다. 아래의 그림은 실제값 y, 예측치 $\hat{y}$, 그리고 $\bar{y}$간의 관계를 나타내고 있다.

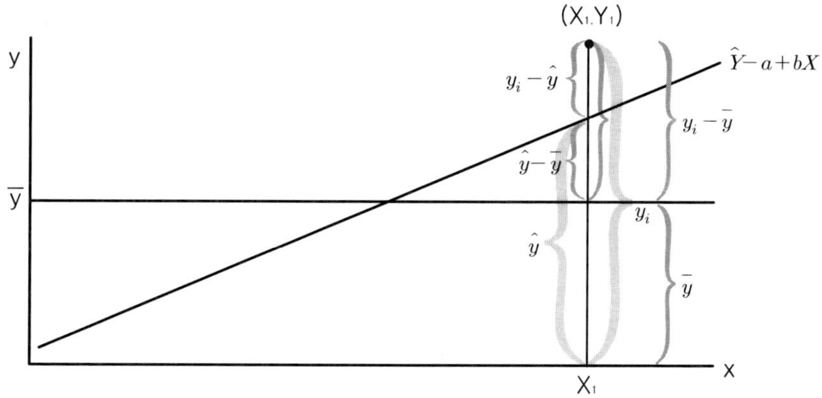

[그림 9-6] 회귀선, 평균, 실제 값의 관계

위 그림에서 실제 값 y_i와 y변인의 평균 $\bar{y}$의 거리는 두 개로 분할될 수 있다.

$$y_i-\bar{y}=(\hat{y}-\bar{y})+(y_i-\hat{y})$$

y_i-$\hat{y}$의 값은 잔차 즉, e_i라고 볼 수 있다. 따라서 상기 식 좌변과 우변을 자승하여 다 더하면 아래의 식으로 표현될 수 있을 것이다.

$$\underbrace{\sum_{i=1}^{n}(y_i-\bar{y})^2}_{TSS}=\underbrace{\sum_{i=1}^{n}(\hat{y}_i-\bar{y})^2}_{SSR}+\underbrace{\sum_{i=1}^{n}(y_i-\hat{y})^2}_{SSE}$$

여기서 좌변은 전체자승합(total sum of square: TSS), 즉 y변인의 변량 총량으로 볼 수 있다. 우변의 첫 번째는 회귀선에 의해 설명되는 변량(sum of square due to regression: SSR)이며 두 번째는 설명되지 않는 잔차변량(sum of square due to error: SSE)이다.

회귀식에서 자유도(d.f)는 사례수와 관련이 있다. 아래 표는 단순회귀식의 변량 분석표이다.

<표 9-2> 단순회귀식 변량분석표

변량원(source)	자유도(df)	자승합(SS)	평균자승합(MS)	F
회귀식(model)	1	$SSR=\sum(\hat{y}-\bar{y})^2$	MSR=SSR/1	MSR/MSE
오차(error)	n-2	$SSE=\sum(\hat{y}-y_i)^2$	MSE=SSE/n-2	
전체(total corrected)	n-1	$TSS=\sum(y_i-\bar{y})^2$		

변량분석표에서 설명계수 R^2=SSR/TSS이다. 이 설명계수는 종속변인 y의 변량이 회귀선에서 발생하는 변량에 기인하는 정도를 의미한다. 상식적으로 설명계수가 크려면 SSR이 차지하는 비중이 SSE보다 크면 클수록 커지게 되며 SSR이 크면 클수록 MSR과 MSE의 비율인 F값이 커지게 된다. 또한 F값이 커질수록 회귀식이 분자 자유도1 분모 자유도 n-2수준에서 유의할 확률이 커지게 된다.

$$SSR = b^2 \sum_{i=1}^{n} (x_i - \bar{x})^2$$

SSE=TSS-SSR이다. 참고로 MSE는 오차변량의 불편추정치이다(unbiased estimate of σ_e^2)

F검증은 회귀식 모델의 전반적인 적합도 검증(overall goodness of fit test)을 의미하며 χ^2검증의 모델 적합도 검증과 혼동하지 말아야 한다. F가 검증하는 것은 x변인과 y변인이 선형적으로 관계가 있는 지를 검증하는 것이며 실제로 자유도 1, n-2, a 유의도 수준에서 β=0인지를 검증하는 것이다. 변량분석표에서 구한 F값이 F표에 자유도와 유의수준에 해당하는 값보다 클 때 아래의 영가설을 기각하고 대안가설을 받아들인다.

H_o: E(MSR)〈E(MSE)혹은 β=0

H_a: E(MSR)〉E(MSE)혹은 $\beta \neq 0$

9.6 데이터 검사

결손데이터(missing data)

회귀분석을 수행함에 있어 가정요건검증과 더불어 중요한 것이 데이터의 검사이다. 데이터가 문제가 있을 시에는 분석자체에 오류를 가져오기 때문이다. 이러한 데이터의 문제가 있을 수 있는 가능성의 첫 번째가 결손데이터이다.

결손데이터는 특정 관찰개체(observation)로부터 변인들의 값, 즉 데이터가 전부 없거나 아니면 일부가 없는 경우를 의미한다. 일반적으로 어떠한 연구가 되었든 간에 모든 관찰개체로부터 모든 변인의 값이 정상적으로 측정되어 분석되는 경우에만 신뢰할 수 있는 연구가 될 것이다. 실험연구의 경우는 특히 이러한 결손데이터가 없는 경우가 많지만 일반 사회과학연구 특히 조사연구(survey)에서는 결손데이터가 상대적으로 많이 발생한다.

결손데이터가 어떠한 경향(pattern)을 보이지 않고 무선적으로 발생하였으며 그 사례도 적다고 하면 그러한 결손데이터를 무시하고 그냥 통계적 분석을 수행해도 될 것이다. 그러나 결손데이터가 어떠한 경향을 보이는 의심이 들거나 사례수가 많다고 하면 신중히 분석을 수행해야 할 것이다. 결손데이터는 회귀분석 이외에 모든 통계 분석에 있어서 간과할 수 없는 것이다.

x와 y 두 개의 변인이 있다고 할 때 x는 결손데이터가 없고 y는 많다고 하면 한번쯤 경향을 파악할 필요가 있다. 특정 x값에서 x는 결손데이터가 많고 특정 y의 값에서는 결손데이터 값이 없다고 한다면 이 역시 의심할 필요가 있다. 보통 y변인의 값이 x에 의존하고 다른 y값에 의존을 하지 않는다면 무선적 결손데이터라고 한다(missing at random). y변인의 값이 x와 y 모두에 의존을 하지 않는 경우 완벽한 무선적 결손데이터라고 한다(completely missing at random).

결손데이터가 많이 발생한 관찰개체(observation) 그룹과 결손데이터가 발생하지 않은 관찰개체 그룹 간에 t 검증을 하여 차이가 없다는 것을 밝히고 사용하는 것도 좋은 방법이다. 결손데이터가 많지 않은 경우에는 무시하고 사용해도 되고 아니면 그 변인의 평균 값을 사용하는 것도 좋은 방법이다. 아니면 특정 y 변인의 값이 없다고 하면 회귀분석에서 발생한 회귀식에 대입하여 특정 y값을 집어넣어 다시 회귀분석을 돌리고 사용할 수도 있을 것이다.

▎영향치(influential data)와 이상치(outlier)

영향치는 회귀계수 산출(parameter estimate)에 긍정적이든 부정적이든 영향을 주는 데이터를 의미한다. 일반적으로 이상치는 많은 경우 영향력을 가진 데이터에 해당되나 반드시 그런 것만은 아니다. 이상치는 일반적인 데이터와 확연히 다른 특징을 가진 관찰치를 의미한다. 일반적인 응답자로 간주하기 힘든 데이터이다. 이상치가 반드시 데이터 분석에 해가 되는 것은 아니며 때로는 회귀계수 산출에 좋은 방향으로 영향을 줄 수도 있다. 즉, 이익(beneficial) 또는 문제(problematic)가 될 수 있는 두 가지 가능성이 모두 있다.

이상치는 보통 데이터 코딩 시 에러로 인해 발생하거나 정상분포에서 거의 끝점에 있는 극단치(extraordinary event)의 결과인 경우가 많다. 극단치의 경우는 추가적인 설명이 필요하다. 이 경우 이상치가 모집단에서 유효한 관찰치로 표현될 수 있는지를 평가하여 데이터 분석에 삽입할 것인지 아니면 지울 것인지 결정한다.

▌영향치 및 이상치의 확인 방법

일반적으로 표준점수(standard score)로 전환하여 보통 80이하의 표집크기일 때, 2.5보다 큰 것일 때는 이상치라고 판단할 수 있으며 표집크기가 크면 3에서 4정도로 봐도 될 것이다. 두 변인 간(bivariate detection)의 관계성에서 살펴볼 때는 2차원 점(scatter plot)을 찍어 확인할 수 있다. 다변인(multivariate detection)인 경우는 변인의 세트에 각 관찰개체가 가지는 거리로 확인할 수도 있다. Mahalanobis D^2는 다차원공간에서 각 관찰치가 관찰치들의 평균 중심(center)으로부터 떨어진 거리를 나타내는 측정이다. 유의도 검증, 즉 p-value를 제시한다. .001보다 작은 것은 이상치라고 볼 수 있나. 참고로 일원변인(univariate)과 이원변인(bivariate)에서 발견되지 않는 경우도 다변인 차원에서는 발생할 수 있다. 여기서는 다변인을 다루지 않기 때문에 자세한 것은 생략한다.

가장 많이 사용하는 방법은 잔차분석과 관련하여 표준화 잔차(student residual)를 통하여 표준화 잔차값이 일반적으로 2.5보다 큰 값인 경우는 이상치로 의심한다. 마지막으로 영향치와 관련해서는 Cooks' d값을 사용한다. 이 값이 크면 클수록 회귀계수추정(parameter estimate) 산출에 영향을 준다고 보며 일반적으로 1.0보다 크면 전반적인 계수 산출에 영향을 준다고 볼 수 있다.

영향치와 이상치가 발견되었을 때의 대처방법은 다음과 같다. 앞에서 설명한 결손치와 대응방안은 기본적으로 비슷하다. 첫째, 그 변인의 값을 지우거나 다른 변인의 값도 문제가 있다면 그 개체(observation) 자체를 삭제한다. 둘째, 평균값으로 대체할 수 있다. 평균은 모든 변인에 있어서 대표성을 가진 값이며 모수 추정에 있어 점 추정치로 간주될 수 있기도 하기 때문이다. 셋째, 새로운 데이터 값을 산출하여 대체한다. 보통 순수하다고 볼 수 있는 요인점수(factor score)나 정준점수(principle component score) 등을 만들어 그러한 값으로 대체하기도 한다.

9.7 가정요건 검증

▎정규분포성(normality)검증

모든 모수추리통계에 있어 정규분포성 검증은 가장 기본이라고 볼 수 있다. 정규분포성은 변인 각각의 값을 SAS의 Proc univariate에서 normal옵션을 이용해 확인할 수 있다. 정규분포확률플롯(normal probability plot)을 찍어보고, 첨도와 왜도도 확인해 보는 것도 좋다. 또한 정규분포검증을 위한 Shapiro-wilks test나 Kolmogorov-smirnov test를 수행하는 것도 바람직하다.

▎동분산(homogeneity), 독립성(independence), 선형성(linearity)검증

주요한 동분산, 독립성, 선형성 검증은 잔차의 패턴을 통해 알 수 있다. 잔차의 패턴을 알기 위하여 2차원 점(scatter plot)을 찍어보면 어느 정도 검증을 할 수 있다. 보통의 경우 y축에는 표준화 잔차를, x축에는 x값이나 y값을 찍어 경향을 확인할 수 있다. x축을 중심으로 무선적(random)으로 퍼져 있다면 등분산의 가정이 충족되었다고 볼 수 있다.

Levene test나 Box's M test를 통해서 검증이 되기도 한다. t검증에서 F 값을 이용하여 변량의 동질성(equality of variance test)로 수행하는 것과 같다. 만약 데이터가 정규분포성을 가지고 있다고 확신되면 Levene보다는 Bartlett test가 더 바람직하다. 여기서는 이 방법에 대해서는 생략하겠다.

독립성의 검증은 Durbin-Watson의 D값을 통하여 알아볼 수 있다. D의 값이 4에 가까울 때는 음의 자기상관이 있고 d의 값이 0에 가까운 경우는 양의 자기상관(auto correlation)이 있다고 볼 수 있다. 보통 2에 가까울 때 독립적이라고 볼 수 있다.

위의 조건이 충족이 되지 않는다면 추가적인 표집을 하거나 데이터의 변형이 이루어져야 할 것이다. 데이터 변형은 log방식을 사용하거나 자승(square)방식을 사용한다. 평균을 표준편차로 나누어 4.0보다 작은 경우 데이터 변형이 필요할 것이다.

아래 그림은 잔차들의 플롯을 찍어 상기 조건들을 확인하는 것이다. y축에 표준화잔차를 x축에 x, y, $\hat{y}$ 등을 찍어 살펴볼 수 있다.

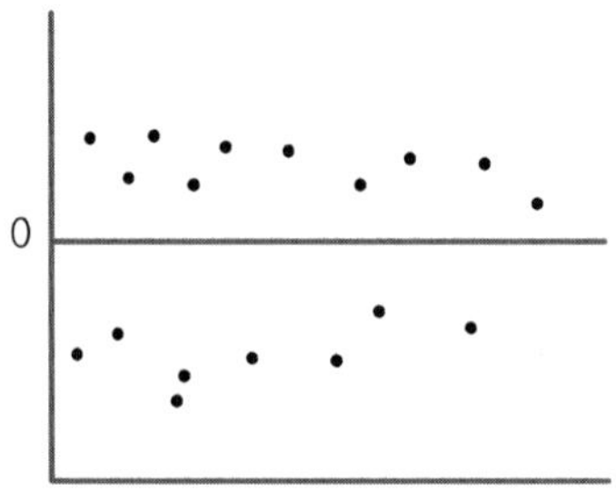

(정규분포와 변량의 동질성: normality & homogeneity)

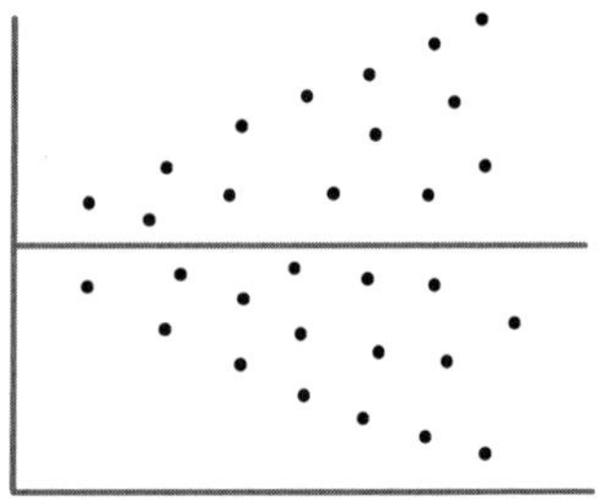

(변량 동질성 위반: non homogeneity)

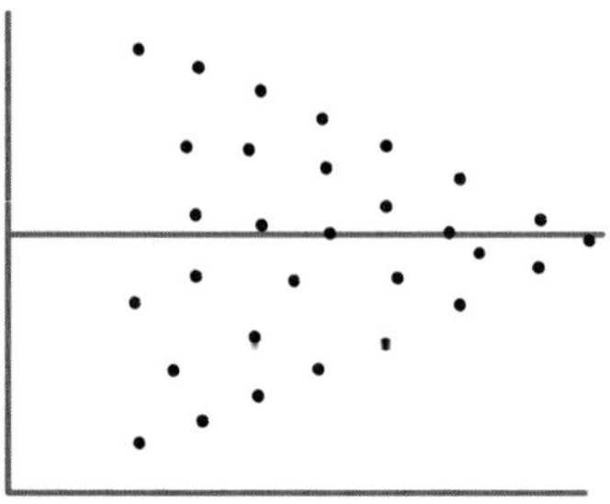

(변량 동질성 위반)

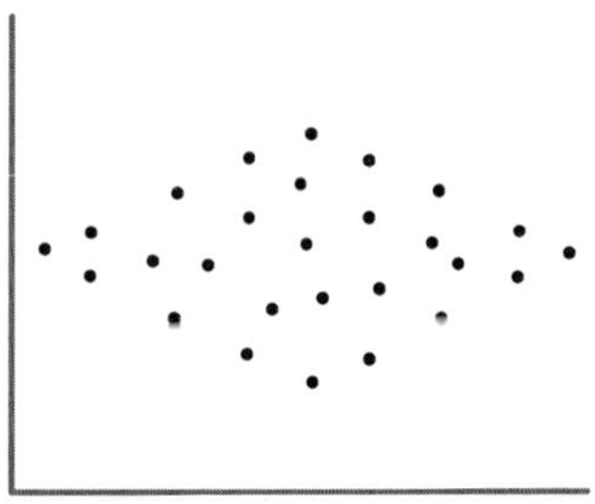

(변량 동질성 위반)

[그림 9-7] 잔차를 통한 조건검증

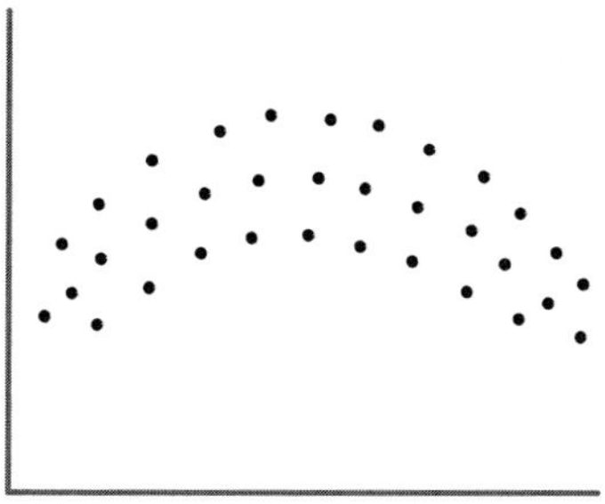

(선형성 위반: nonlinearity)

(선형성 위반: nonlinearity)

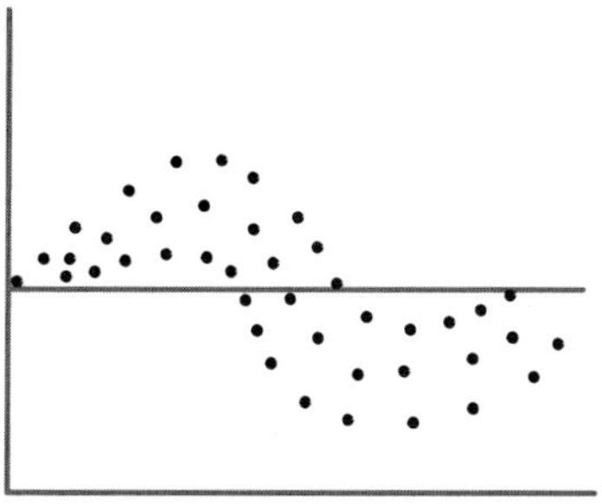

(선형성 및 동질성 위반)

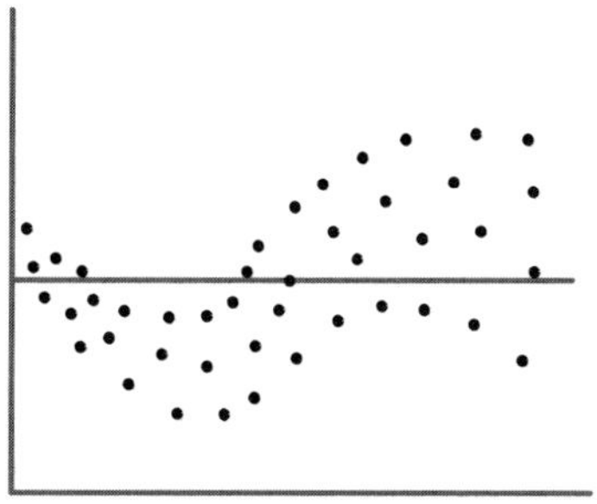

(선형성 및 동질성 위반)

[그림 9-7] 잔차를 통한 조건검증

9.8 SAS와 단순회귀분석

회귀분석의 기본적인 명령문은 proc reg;이다. ANOVA와 마찬가지로 proc glm;을 통해서도 수행할 수 있다. 앞의 9개 주의 데이터와 명령문의 예이다.

예
```
data psy;
input id x y;
cards;
1 2520 534
2 4272 922
3 3568 695
4 3944 842
5 2194 476
```

```
6 2890 609
7 4421 1237
8 3779 904
9 3051 657
;
proc reg; model y=x/r stb dw;
 output out=res r=yr p=yp student=sr; run;                    ①
proc print data=res; run;                                     ②
option ps=30 ls=70;
proc plot data=res;                                           ③
plot sr*yp;
plot sr*x;
run;
proc univariate data=res normal plot; var sr; run;            ④
```

• 각 명령문의 기본해설 및 결과값

① proc reg; 회귀분석을 수행하라는 기본문이다. model문은 종속변인의 선형모델 설정을 하기 위한 것으로 model 다음에는 종속변인이 먼저 나오고 = 다음에 독립변인을 제시한다. 여기서는 단순회귀분석의 독립변인이 x 하나이므로 x만 표시하면 된다. /는 옵션을 지칭하는 것인데 이것을 생략해도 기본적인 a와 b계수 그리고 변량분석표를 제시한다. 여기서는 r, stb, dw옵션이 기입되었는데 r(residual)은 잔차와 관련된 분석을 수행하라는 것이며, stb(standardized beta)는 표준화 회귀 계수를 제시하라는 것이며, dw는 Durbin-Watson검증을 위한 것이다. output out=res는 회귀분석 수행한 결과를 바깥으로 res라는 이름으로 내보내라는 것이다. r=yr은 잔차는 yr이라는 이름으로, p=yp는 예측치는 yp라는 이름으로, student=sr은 표준화잔차는 sr이라는 이름으로 만들어 내보내라는 것이다.

Durbin-Waston결과 어느 정도 독립성이 확보되었다고 볼 수 있다. Cooks' D값을 볼 때 7번데이터를 제외하고 특별히 제거하거나 변형이 필요한 데이터는 없다고 판단된다. 7번 데이터는 표준화 잔차값도 2.35를 넘어서 어느 정도 수정이 필요한 데이터라고 판단되나 전체 표집크기가 9개이므로 굳이 제외하기에는 아깝다고 판단된다.

The REG Procedure
Model: MODEL1
Dependent Variable: y

Number of Observations Read	9
Number of Observations Used	9

Analysis of Variance

Source	DF	Sum of Squares	Mean Square	F Value	Pr > F
Model	1	384926	384926	41.12	0.0004
Error	7	65530	9361.36268		
Corrected Total	8	450456			

Root MSE	96.75414	R-Square	0.8545
Dependent Mean	764.00000	Adj R-Sq	0.8337
Coeff Var	12.66415		

Parameter Estimates

Variable	DF	Parameter Estimate	Standard Error	t Value	Pr > |t|	Standardized Estimate
Intercept	1	-192.00007	152.53512	-1.26	0.2485	0
x	1	0.28082	0.04379	6.41	0.0004	0.92441

The REG Procedure
Model: MODEL1
Dependent Variable: y

Durbin-Watson D	1.486
Number of Observations	9
1st Order Autocorrelation	0.254

The REG Procedure
Model: MODEL1
Dependent Variable: y

Output Statistics

Obs	Dependent Variable	Predicted Value	Std Error Mean Predict	Residual	Std Error Residual	Student Residual	-2-1 0 1 2	Cook's D
1	534.0000	515.6628	50.3983	18.3372	82.592	0.222	| | |	0.009
2	922.0000	1008	49.8396	-85.6569	82.930	-1.033	| **| |	0.193
3	695.0000	809.9606	33.0382	-114.9606	90.939	-1.264	| **| |	0.105
4	842.0000	915.5484	39.9838	-73.5484	88.106	-0.835	| *| |	0.072
5	476.0000	424.1159	62.0452	51.8841	74.241	0.699	| |* |	0.171
6	609.0000	619.5656	39.3382	-10.5656	88.396	-0.120	| | |	0.001
7	1237	1049	54.9769	187.5011	79.617	2.355	| |****|	1.322
8	904.0000	869.2134	36.1852	34.7866	89.733	0.388	| | |	0.012
9	657.0000	664.7774	35.7713	-7.7774	89.899	-0.0865	| | |	0.001

Sum of Residuals	0
Sum of Squared Residuals	65530
Predicted Residual SS (PRESS)	125348

② proc print data=res; 위의 회귀분석에서 발생한 데이터 res를 프린트하라는 명령문이다.

OBS	id	x	y	yp	yr	sr
1	1	2520	534	515.66	18.337	0.22202
2	2	4272	922	1007.66	-85.657	-1.03288
3	3	3568	695	809.96	-114.961	-1.26416
4	4	3944	842	915.55	-73.548	-0.83477
5	5	2194	476	424.12	51.884	0.69886
6	6	2890	609	619.57	-10.566	-0.11953
7	7	4421	1237	1049.50	187.501	2.35503
8	8	3779	904	869.21	34.787	0.38767
9	9	3051	657	664.78	-7.777	-0.08651

③ proc plot data=res; 데이터 res의 점을 찍으라는 명령문임. plot sr*yp는 표준화 잔차인 sr과 회귀식으로부터 발생한 yp를 기본으로 점을 찍으라는 것이다. plot sr*x는 표준화잔차와 독립변인 x를 기본으로 점을 찍으라는 것이다. 전반적으로 사례수가 부족하지만 크게 동분산성이나 정규분포성 등을 위반했다고 볼 수 없다.

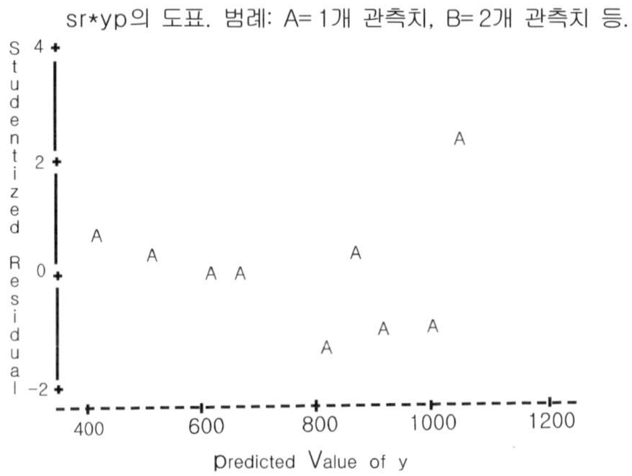

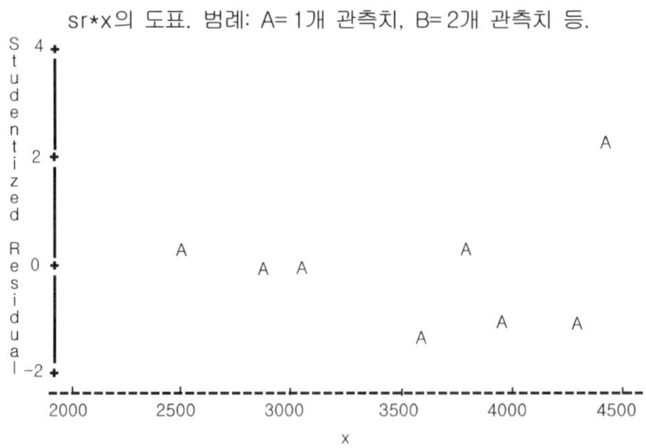

④ proc univariate data=res normal plot; var sr;는 표준화 잔차인 sr에 대한 기술통계를 제시하고 정규분포성 검증을 위한 normal과 plot이 옵션으로 추가되었음. 아래의 Shapiro-Wilk값을 볼 때 p값이 .05보다 크므로 영가설인 "H_0:정규분포성임"을 기각하지 못하고 그대로 받아들인다. 따라서 정규분포성은 확보되었다고 본다.

```
                 UNIVARIATE 프로시저
            변수:  sr  (Studentized Residual)

                 위치모수 검정: Mu0=0

    검정             --통계량---     -------p-값-------

    스튜던트의 t     t  0.099086     Pr >  |t|    0.9235
    부호             M      -0.5     Pr >= |M|    1.0000
    부호 순위        S      -1.5     Pr >= |S|    0.9102

                      정규성 검정

검정                     ----통계량----     -------p-값-------

Shapiro-Wilk             W     0.916291     Pr < W       0.3624
Kolmogorov-Smirnov       D     0.161564     Pr > D      >0.1500
Cramer-von Mises         W-Sq  0.046167     Pr > W-Sq   >0.2500
Anderson-Darling         A-Sq  0.338893     Pr > A-Sq   >0.2500
```

```
               UNIVARIATE 프로시저
          변수:  sr  (Studentized Residual)

                       정규 확률도
 2.25+                                             *  +++++
     |                                           ++++
     |                                       +++++
     |                                    +++++
     |                                +++++ *
     |                            +++++
     |                        +++++
-1.25+                   *******
      +----+----+----+----+----+----+----+----+----+----+
          -2        -1         0        +1        +2
```

Chapter 10

다중회귀분석

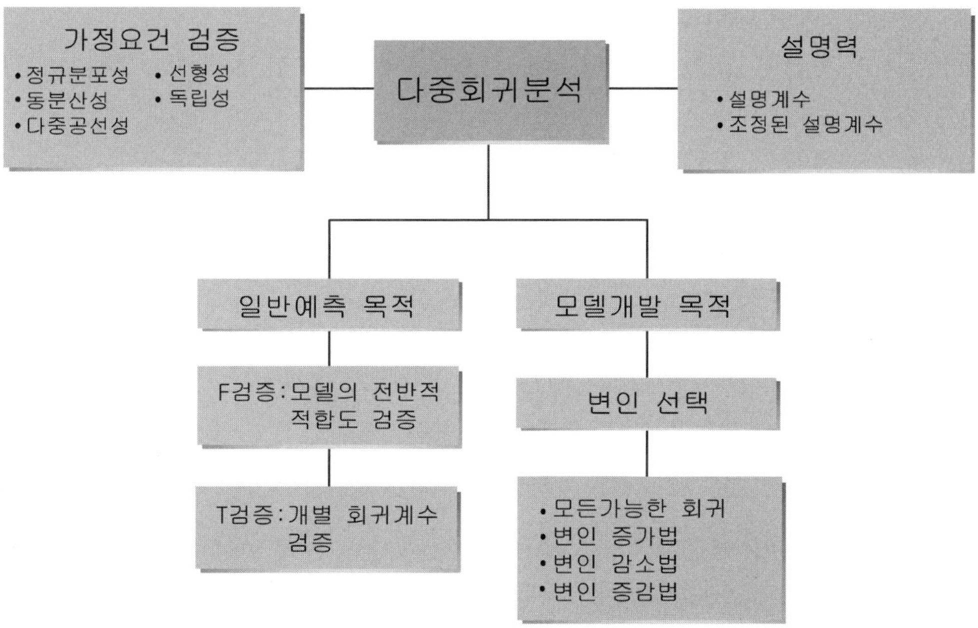

Situation 10

J씨는 새로운 교육을 위해 구축한 정보시스템이 생각보다 교사들에 의해 잘 사용되지 않는 것을 알게 되었다. 어떠한 요인들이 그러한 시스템 사용에 영향을 주는지 그리고 시스템 사용 의향도에 대해 좀 더 정확하게 예측할 수 있는 공식을 만들어 낼 수 있는지 알고 싶었다.

Problem: J씨는 시스템 사용에 관한 요인들을 이용하여 어떻게 사용예측 공식을 만들어 내고 그러한 공식으로 인한 설명력은 어느 정도인지 알 수 있을까? 또한 요인 간의 관계성과 비교는 어떻게 수행하며, 좀 더 나은 예측공식은 어떻게 만들어 낼 수 있을까?

Solution: 사용에 관한 요인들을 우선적으로 관련 선행문헌으로부터 찾아 다중회귀공식에 삽입하여 전반적인 적합도를 검증한다. 그리고 나서 전체 설명력을 파악하고 각 요인 간에 영향력을 비교한다. 좀 더 나은 예측공식을 위해 모델 수정을 수행한다.

Learning Objectives: 다중회귀분석의 개념을 파악하고 다중회귀분석의 ANOVA표의 구성요소를 이해하며 가정요건을 검증할 수 있다. 각 회귀계수의 영향력을 비교할 수 있으며 모델 수정을 수행할 수 있다. 실제로 SAS에서 다중회귀분석과 모델수정에 대한 명령문을 작성하며 분석할 수 있다.

10.1 다중회귀분석의 개념

단순선형회귀분석에서 y를 종속변인, x를 독립변인이라고 하면 선형공식 $E(y)=a+\beta x$라고 표시될 수 있다. 이 경우 변인이 두 개이기 때문에 이원선형모델(bivariate linear model)[6]이라고 한다. 만약 한 개 이상의 독립변인이 있다고 하면, 즉 k개가 있다고 할 때 선형공식은 아래와 같다.

$$E(y)=\alpha+\beta_1 x_1+\beta_2 x_2+\cdots+\beta_k x_k$$

6) 이원선형모델은 단순회귀선형모델과 같은 의미이다. 단지 다변인에 비해 변인이 두 개 임을 강조하기 위해 이원이라는 명칭을 사용한 것이다.

상기 선형공식을 다중회귀모델(multiple regression model)이라고 한다. 이원선형 모델과 달리 다중회귀모델을 그래픽으로 표시하기는 어렵다. 독립변인이 두 개인 경우는 그나마 가능하다. 간단하게 방의 기둥(y)과 바닥(x_1, x_2)을 각각의 축으로 생각하고 그 세 개의 축으로 가상의 직선을 그을 수 있다면 그 선이 바로 다중회귀선이 될 것이다. 아래 그림은 다중회귀모델을 그래픽으로 표시한 것인데 이 경우 독립변인이 두 개인 경우는 가능하지만 그 이상의 독립변인이 있다고 하면 그림으로 표시하기 불가능할 것이다. 세 개의 축을 기준으로 가상의 반응판(response plane)을 중심으로 실제의 값(y)들이 존재하고 이 가상판을 기준으로 실제값과 예측치의 거리를 가장 짧게 하는 최적의 가상선이 다중회귀선이 된다.

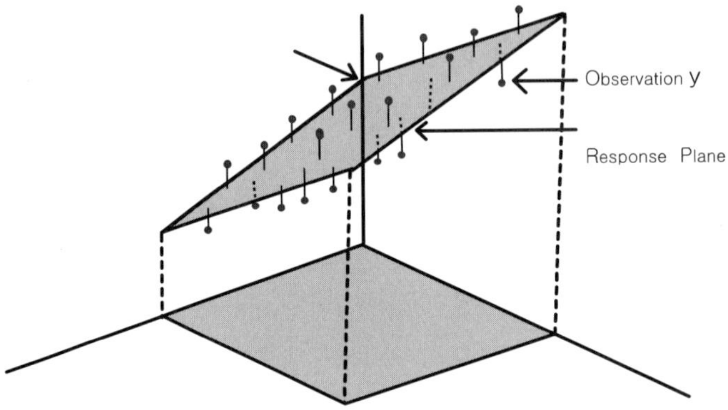

[그림 10-1] 다중회귀모델과 실제값

다중회귀모델은 결국 하나의 변인과 여러 개의 독립변인의 조합, 즉 세트의 선형 관계성을 제시하는 모델이며 그러한 모델 분석을 다중회귀분석(multiple regression analysis)이라고 한다. 다중회귀분석을 수행하는 목적은 여러 가지가 있을 수 있다. 첫째로 하나의 독립변인과 동시에 여러 종속변인들의 관계성을 알아보기 위하여 수행하는 경우이다. 단순히 하나의 변인과의 관계성보다 관련이 있다고 가정되는 몇 개의 독립변인을 모델에 삽입하여 한꺼번에 관계성을 살펴보기 위함이다. 두 번째로 회귀분석이 가지고 있는 근본 목적인 예측력을 높이기 위함이다. 하나의 변인을 사용하는 단순회귀분석보다 다중회귀분석은 종속변인 y에 대한 예측력을 높이게 한다. 셋째, 비교를 가능하게 한다. 하나의 다중회귀모델 안에서 독립변인끼리 y

에 대한 영향력을 비교할 수 있다. 어떠한 독립변인이 가장 큰 영향력이 있는지 어떠한 독립변인이 영향력이 적은지 비교를 하여 제거를 하는 등의 방식으로 추가적인 예측을 실시하거나 변인 간 관계성에 대한 추가 분석을 수행할 수 있다. 비교는 이렇게 변인 간을 중심으로 할 수도 있으나 하나의 종속변인에 여러 개의 다중회귀 모델을 설정하고 모델간의 비교도 할 수 있다.

10.2 다중회귀분석의 회귀계수 산출과 변량분석 표

다중회귀분석에서는 여러 개의 회귀계수가 산출되고 그러한 회귀계수가 산출되면 그에 따라 변량분석표를 만들 수가 있다. 가령 $y=a+b_1x_1+b_2x_2$라는 회귀식이 있다고 하면 회귀계수는 a를 제외하고 b_1과 b_2두 개가 있다. 이 경우 각각의 회귀계수를 편회귀계수 또는 부분회귀계수(partial regression coefficient)라고 한다. 다중회귀분석의 회귀계수 산출은 단순회귀분석에서 공식을 이용하여 계산하기는 어려우며 행렬을 사용하면 매우 편리하다. 행렬은 아래와 같이 표시될 수 있다.

$$Y=Xb + e$$

여기서 y는 실제값 n x 1벡터이고, x는 n x (k+1) 상수 1을 포함한 독립변인 행렬이며, b는 (K+1) x 1 회귀계수 벡터이며, e는 n x 1의 오차 벡터이다. K=독립변인의 수이다. 각각의 행렬은 아래와 같다.

$$Y=\begin{bmatrix} Y_1 \\ Y_2 \\ Y_3 \\ \cdots \\ Y_n \end{bmatrix} \quad X=\begin{bmatrix} 1 & X_{11} & X_{12} & \cdots & X_{1k} \\ 1 & X_{21} & X_{22} & \cdots & X_{2k} \\ \cdots & \cdots & \cdots & \cdots & \cdots \\ 1 & X_{n1} & X_{n2} & \cdots & X_{nk} \end{bmatrix} \quad b=\begin{bmatrix} b_0 \\ b_1 \\ b_2 \\ \cdots \\ b_k \end{bmatrix} \quad e=\begin{bmatrix} e_1 \\ e_2 \\ e_3 \\ \cdots \\ e_n \end{bmatrix}$$

회귀계수를 구하는 방식은 단순회귀계수를 구하는 것과 같다. 다만 역행렬(inverse) 산출 시 결정계수(determinant)와 행렬 안의 값 산출이 단순회귀계수 구하는 방식과 약간 다를 뿐이다. 3×3의 역행렬 구하는 예에 대해서는 부록을 참조하기 바란다.

$b=(x'y)^{-1}x'y$

위에서 b의 행렬을 구하게 되면 그에 따른 변량분석표(ANOVA)를 구하게 된다.

<표 10-1> 다중회귀변량분석표

변량원(source)	자유도(df)	자승합(SS)	평균자승합(MS)	F
회귀선(regression)	k	$b'x'y-n\bar{y}^2$	SSR/k=MSR	MSR/MSE
잔차(error)	n−k−1	$y'y-b'x'y$	SSE/(n−k−1)=MSE	
합계(total)	n−1	$y'y-n\bar{y}^2$		

위 표에서 제시된 방식은 사실 단순선형회귀모델에서 변량분석표를 구하는 방식과 자유도를 제외하고는 같다고 볼 수 있다. 자유도도 엄밀히 말해서 단순회귀선의 경우 회귀선 자유도가 1인 것은 독립변인의 수가 하나이기 때문에 다른 것이지 실제 k가 독립변인의 수라고 하면 결국 모두 같다고 할 수 있다.

F검증은 단순회귀분석에서와 마찬가지로 모델의 전반적인 적합도 검증(overall goodness of fit test)을 수행한다. 영가설과 대안가설은 다음과 같다.

H_o: $\beta_1=\beta_2=\beta_3=\cdots=\beta_k=0$

H_a: 적어도 하나의 β계수는 0이 아님

이 경우 만약 변량분석표에서 구한 F값이 분자 자유도 k, 분모 자유도 (n-k-1)와 해당하는 유의도 α수준에서의 F표에 있는 값보다 큰 경우 영가설을 기각하게 된다 ($F_{cal}>F_{k,\ (n\text{-}k\text{-}1),\ \alpha}$).

영가설이 기각된다면 우선은 다중회귀식을 제시하는 것이 바람직하다. F검증이 주는 것은 설정된 독립변인에 대한 각각의 편회귀계수를 대입한 회귀식을 받아들일 수 있다는 것을 말한다. 이것은 모델 전체에 대한 유의도 검증이라고 볼 수 있다.

F가 유의한 경우 그 다음에 할 일은 각각의 편회귀계수에 대한 유의성 검증을 수행한다. 각각의 편회귀계수의 유의성 검증은 t검증을 통해 수행한다. 만약 F값이 유의성이 없다고 하면 t검증이나 다중회귀식을 제시할 수가 없다. F가 유의한 경우 모

든 독립변인에 대한 편회귀계수가 유의성을 가질 수도 있으며 여러 개 중 하나만 유의성을 가질 수도 있다.

만약 독립변인이 세 개인 경우 두 변인에 대한 편회귀계수 가령 b_1과 b_2만 유의하며 b_3은 유의하지 않다고 해도 일단은 세 회귀계수를 이용한 회귀식은 제시하는 것이 바람직하다. b_3을 사용하지 않는 것, 즉 세 번째 독립변인 x_3을 제거하는 것은 또 다른 문제이다. 이렇게 변인을 삭제하거나 추가하는 것은 최적의 모델을 찾거나 연구자가 원하는 방식에 적합한 모델로 수정하기 위한 것으로 모델빌딩(model building)이라고 한다.

F값의 유의성과 t값에 대한 유의성을 검토하고 나서 해야 할 일은 단순회귀분석과 마찬가지로 설명계수(R^2)를 해석하는 일이다. 참고로 설명계수와 달리 다중회귀분석에서는 조정된 설명계수(Adjusted R^2)를 보고하는 일이 있다. 조정된 설명계수는 자유도, 즉 변인의 수를 고려하여 새롭게 산출한 설명계수이고 통상적으로 설명계수보다 계수의 크기가 작다. 조정된 설명계수는 각 다중회귀모델의 상대적 비교에 많이 사용되는 방식이다. 설명계수의 해석은 단순회귀분석과 같다. 가령 .87이라고 하면 y변인의 87%의 변량이 다중회귀선, 즉 다중회귀식에 의해 설명된다고 볼 수 있다.

전체 회귀선의 설명력을 살펴보고 대부분의 연구자는 각 변인의 영향력을 비교해 보고 싶어 할 것이다. 흔히 이 경우 편회귀계수의 표준화된 계수(standardized beta)의 크기를 가지고 비교한다. 표준화 점수인 Z점수를 가지고 상대적인 크기를 비교하는 원칙과 유사하다고 볼 수 있다. 그러나 이렇게 표준화된 편회귀계수를 가지고 어느 독립변인이 더 종속변인에게 영향력이 있다고 쉽게 단정하는 것은 그리 크게 바람직한 것은 아니다. 보통 표준화 편회귀계수를 표에 제시하면서 어느 변인이 어느 변인보다 영향력이 크다고 하는 경우가 많은데 표준화 편회귀계수는 영향력을 상대적으로 고려하는 데 하나의 정보로 사용하여야지 절대적으로 그것에 따라 어느 변인이 더 영향이 강하다고 말할 수 없다. 참고로 단순회귀분석에서 회귀계수를 표준화시키면 그것은 바로 단순상관계수가 된다. 표준화회귀계수를 산출하면 절편값이 사라진다.

10.3 가정요건 검증

다중회귀분석도 단순회귀분석과 마찬가지로 몇 가지 가정요건이 검증되어야 사용할 수 있다. 요건 검증은 단순회귀분석의 연장이라고 보면 된다. 요건검증 시 우선적으로 표준화 잔차와 각 독립변인 x_{ik} 또는 표준화 잔차와 y의 추정치 $\hat{y}_i$의 2원 점(plot)을 찍어보아서 동분산성, 정규분포성, 선형성 등을 살펴보고 독립성의 검증은 Durbin-Watson방식을 사용한다. 이상치 식별에 Cook's D값을 보는 것도 바람직하다.

다중회귀분석에서는 앞의 검증 요건과 별도로 다중공선성(multicollinearity)을 살펴보아야 한다. 다중공선성은 한 변인을 종속 변인으로 놓고 다른 변인들을 동시에 독립변인으로 놓았을 때 설명계수가 높은 것을 의미한다. 일반적으로 독립변인 간에 상관계수가 상당히 높고 그러한 것이 연합해서 종속변인에 영향을 미치게 되는 경우 해석에 어려움을 겪으며, 이러한 것은 다중공선성으로 인해 발생한다. X_1과 X_2의 순수효과는 높지 않음에도 불구하고 종합효과, 즉 전체 F가 유의하게 나오고 설명계수의 값도 큰 경우도 다중공선성이 원인이 된다.

독립변인 간의 상관관계가 높음에 따라 발생하는 것이 일반적이지만 항상 그런 것만은 아니다. 상호작용(interaction)과의 차이는 연합하여 효과를 발생하는 것은 비슷하지만 상호작용은 두 변인 간 상관계수가 높을 이유는 없다. 참고로 다중공선성이 다중회귀분석에서 문제가 되지만 후에 다룰 요인분석 또는 인자분석(factor analysis)에서 다중공선성이 없는 경우에는 각 측정변인이 각각의 요인으로 역할을 하기 때문에 일정부분 다중공선성이 필요한 경우도 있다.

다중공선성을 확인하는 방법은 다음과 같다. 기본적으로 y변인과 x변인에 대한 상관관계를 산출하고 나서 전체의 관련성을 알아보고 각 독립변인 간에 상관관계를 알아보자. 만약 두 변인 간에 다중공선성이 완벽하다면 그것은 단순상관계수가 1이나 마찬가지이며 실제로 똑같은 변인이 두 번 다중회귀식에 투입되었다고 볼 수 있다. 따라서 너무나 높은 상관계수를 띠는 두 독립변인은 다중공선성이 발생하였다는 의심을 가질 수 있다. 실제로 다중회귀분석에서 좋은 모델은 두 독립변인 간에 상관계수가 약하나 동시에 전체 유의성(F)이 있으며 설명계수가 높은 것이다.

두 번째 방법은 분산확대요인(variance inflation factor: VIF)과 잔여분산(tolerance)

을 사용하는 방식이다. 이 두 가지는 서로 상대적이므로 하나만 사용해도 될 것이다. 보통 tolerance가 일반적으로 0.1미만이면 다중공선성이 높다고 볼 수 있으며, VIF가 일반적으로 10이 넘으면 다중공선성이 높다고 볼 수 있다.

마지막으로 전반적 영향치(inflation data), 종속변인과 독립변인 간의 선형성 등을 동시에 살펴보는 방법으로 편회귀점(partial regression plot)을 찍어보는 방법도 있다. 편회귀점은 독립변인의 수만큼 만들어지며 y축에는 실제값 y에서 예측치 $\hat{y}$를 뺀 값을 x축에는 x의 실제 값에서 x변인들을 이용하여 적합하게 만들어진 예측치를 뺀 값이다.

10.4 변인 선택 및 모델 수정

연구자들은 많은 변인 중에서 몇 개의 소수 변인들만 선택하여 다중회귀모델을 만들고자 한다. 그 이유는 많은 변인을 선택함에 있어 데이터를 계속 수집하고 관리하는 데 노력과 경비가 들기 때문이다. 또한 변인 간에 다중공선성이 발생하여 회귀모형 추정을 곤란하게 하는 어려움이 발생하기도 한다. 마지막으로 단순명료의 법칙(principle of parsimony)에 위배되기 때문이다. 우리는 소수의 변인으로 정확한 예측력을 가지고 동시에 종속변인 y에 대한 설명력이 높은 공식을 만들고자 한다. 변인 선택 또는 모델의 수정에는 여러 가지 방식이 있다. 여기서는 다중회귀분석에서 흔히 사용되는 몇 가지만 살펴보기로 하자.

▍모든 가능한 회귀분석(all possible regressions)

모든 가능한 회귀 K개의 잠재적인 후보변인 중에서 p개의 변인을 선택하여 설명변인으로 잡는 경우 조합의 수는 2^k이다. 즉, k=3인 경우 2^3=8번 회귀분석을 해야 한다. 가령 괄호안과 같이 회귀모델을 만들 수가 있다(0, x1, x2, x3, x1 x2, x1 x3, x2 x3, x1 x2 x3).

따라서 이 방법은 K가 작은 경우에 한하여 (보통 SAS에서는 k가 12미만) 이 방법이 실용성을 갖는다. 계산은 복잡하지만 가장 좋은 축소모형을 찾을 수 있는 장점이 있다.

SAS에서는 proc rsquare; 구문을 이용하여 수행한다. 이는 종속변인에 대하여 2^k 개의 다른 회귀모델을 만들어 설명계수 R^2와 옵션으로 Mallow의 C_p를 산출해 낸다.

변인증가법(forward selection)

모델에 처음 삽입된 변인은 독립변인 중에서 가장 F값이 큰 변인이면서 동시에 .05의 알파수준에서 유의한 변인이다. 그 다음에 첫 단계에서 선택되지 않은 변인 중에 부분 F 검증(partial test)을 가장 크게 하는 변인을 하나 찾는다. 이 변인이 유의수준에서 유의하면 그 변인을 포함시키고 그 다음 단계로 넘어간다. 그러나 그렇지 못한 경우 기각하는 축소모델이 선택된다. 즉, 순서적으로 영향력이 있는 변인을 찾아 집어넣으면서 유의성을 확인해 나가는 모델이다.

부분 F검증은 변인을 삽입시킴에 따라 잔차자승합을 유의하게 줄일 수 있는가를 검증하기 위함이다. 가령 변인 하나가 있을 때 선형모델은 $y_i=\beta_0+\beta_1x_{1i}+e_i$이다. 이 모델의 잔차자승합(residual sum of square)을 SSE(β_0, β_1)라고 하자. 만약 변인 x_2를 추가로 삽입할지를 결정하기 위해서 부분 F검증을 수행한다면 추가적인 선형모델 $y_i=\beta_0+\beta_1x_{1i}+\beta_2x_{2i}+e_i$을 우선 설정한다. 이 모델의 잔차자승합은 SSE(β_0, β_1, β_2,)이다. 그리고 부분 F검증은 $F=\frac{SSE(\beta_0,\beta_1)-SSE(\beta_o,\beta_1,\beta_2)}{SSE(\beta_0,\beta_1,\beta_2)/(n-3)}$이며 F(1, n-3)의 값과 비교하여 유의한 경우 추가변인을 삽입한다.

다른 측면에서의 부분 F 검증(partial test)은 아래와 같이 표시할 수 있다.

$$F=\frac{SSR(X_1,X_2)-SSR(X_1)}{MSE(X_1,X_2)/(n-3)}$$ d.f=(1, n-j-1)임

이 방법은 좋은 방법으로 보이나 실제로는 매 단계별로 바로 앞의 좋은 변인을 선택해야 하기 때문에 많이 사용되는 방법은 아니다.

변인감소법(backward elimination method)

변인감소법은 변인증가법의 반대라고 생각할 수 있다. 첫 단계에서는 모든 변인을 삽입한 완전모델을 만든다. 그리고 나서 부분 F값을 가장 조금 작게 하는 변인을 하나 찾는다. 그 변인이 유의하면 완전모형을 선택하고 그렇지 않으면 제거하고 다

음 단계로 넘어간다. j번째(j=2,⋯,k)에는 (j-1)개의 변인이 제거되어 회귀모형에는 (k-j+1)개의 변인이 남아있다. 남아있는 변인 중에서 제거되었을 때 부분 F값을 가장 조금 작게 하는 변인 하나를 찾아 유의수준 a에서 유의하면 제거된 축소모형을 택한다. 이 방법은 변인선택을 함에 있어 가장 좋은 방법이라고 할 수 있다.

▍변인증감법(stepwise method)

이 방법은 변인증가법과 변인감소법을 혼합한 방법으로 변인증가법보다는 추천할 만하나 변인감소법보다는 바람직하지 못하다. 최적의 축소모형에 도달한다는 보장이 없다. 즉, 첫 번째 F값을 가장 크게 하는 변인 가령 x_1을 찾아 이것이 유의하면 포함시키고 다음 두 번째 단계에서 부분 F값을 가장 크게 하는 변인을 찾는다. 그리고 이 두 번째 선택된 변인 x_2가 부분 F 검증에서 유의하면 이를 포함시키고(forward) 이미 선택되었던 첫 번째 변인에 대하여 부분 F 검증을 실시한다. 이때 이 첫 번째 변인이 유의하면 다음 단계로 넘어가고 그렇지 못하면 제거한다. 즉, x_2만이 남는다(backward).

▍모형선호의 기준

단순히 설명계수인 R^2만 비교하는 것은 무리다. 설명변인의 수가 다른 두 축소모형에 대하여 결정계수는 적절한 모형선호의 기준이 되지 못한다. 차라리 수정된 설명계수(adjusted R^2)가 더 좋다. 독립변인을 추가하면 자동적으로 R^2가 증가하므로 독립변인의 수를 고려한 설명계수가 수정된 설명계수이다. 독립변인의 수가 다른 선형모델(equation)을 비교할 때 유용하다.

혹은 Mallows의 C_p나 Akaike의 정보량기준(information criterion: AIC)을 사용하는 것이 바람직하다. Mallows의 C_p나 Akaike 정보량기준은 사실 동일하다고 볼 수 있다. 이러한 지수와 더불어 종합적으로 잔차분석, 이상치 등 다른 회귀진단법과 종합하여 축소모형을 선택하는 것이 옳다. 수정된 결정계수는 꼭 변인을 증가하더라도 항상 커지는 것은 아니며 Mallows의 C_p는 일반적으로 작은 것이 좋다.

10.5 다중회귀분석과 SAS명령문

▌기본명령문

다중회귀를 위한 SAS명령문은 Proc reg;이다. 아래의 예는 다중회귀분석에서 일반적으로 사용해야 할 명령문과 그 결과이다.

(예) 학습만족도 y변인이 독립변인 x1-x3에 의해 예측되어질 수 있는가에 대한 다중회귀식을 만들기 위한 데이터이다.

```
Data psy;
input y x1 x2 x3;
cards;
70 5 1.1 9
85 6 0.5 9
90 7 1.0 7
40 3 2.5 5
30 1 3.0 2
50 4 3.0 4
60 5 2.5 7
70 3 0.8 9
55 3 2.0 7
68 8 2.3 9
58 4 2.0 5
63 5 1.7 8
66 4 1.8 10
87 8 0.9 13
45 3 3.1 4
20 2 3.9 1
35 4 4.0 3
25 5 4.3 5
60 7 2.5 7
90 3 1.3 9
;
proc reg; model y=x1-x3/stb tol vif partial influence dw; ①
                                output out=res             ②
```

```
                        predicted=p                      ③
                        rstudent=r                       ④
                        cookd=cookd;                     ⑤
   run;
   proc print data=res; run;                             ⑥
```

• 각 명령문의 기본 해설 및 결과값

① proc reg;는 회귀분석을 수행하라는 기본 명령문. model y=x1-x3/stb tol vif partial influence dw; model문은 종속변인 y에 대하여 독립변인 x1 x2 x3을 가지고 다중회귀분석을 수행하라는 것이다. 그 다음 /는 옵션으로 없으면 ANOVA표와 회귀계수 추정의 결과(parameter estimates)만을 제시한다. 옵션으로 stb는 표준화 회귀계수(standardized estimate)를 산출하라는 것이고, tol은 잔여분산(tolerance)을, vif는 분산팽창요인 (variance inflation factor)을 산출하라는 것이다.

partial은 편회귀플롯(partial regression plot)을 찍으라는 것이다. 편회귀플롯은 y축에는 y_i-$\hat{y}_i$를 x축에는 $x_{ik}-\hat{x}_{ik}$를 잡고 n개의 데이터를 플롯한 그래프이다. $\hat{y}_i$는 독립변인 모두를 이용한 예측치이다. $\hat{x}_{ik}$는 독립변인들로 만들어진 예측치이다. 편회귀플롯은 독립변인과 종속변인 간의 선형관계, 영향력이 큰 관측치 또는 이상치를 확인하는 데 쓰인다. 편회귀플롯은 독립변인의 수 + 1만큼 만들어진다. 즉, 상수항인 절편(intercept)을 포함하여 만들어진다. 편회귀플롯은 앞의 데이터에서 변인이 3개이므로 상수를 포함하여 총 4개가 발생한다. 아래 결과에서는 변인 x1에 대한 편회귀플롯만 제시한다. 결과에 의하면 정적 선형관계성이 발생한다고 볼 수 있으며 y축 15값과 x축 -2.5와 -2.0사이에 있는 데이터가 약간 문제가 있는 것으로 의심할 수 있다.

옵션 influence는 각 관측치의 영향력분석에 필요한 각종 계산 표준화잔차 COVARITIO, DIFFITS, DFBETAS 등을 산출하여 제시한다. COVARITO값이 큰 경우는 회귀계수 안정성에 나쁜 영향을 미친다고 볼 수 있다. DIFFITS의 절대값이 큰 경우 예측치에 영향력이 크다. DIBETAS는 베타회귀계수의 추정치에 미치는 영향력이 크다고 본다.

옵션 dw는 Durbin Watson D값을 산출하여 제시하라는 구문이다. D값이 1.787 약 2에 가깝기 때문에 독립성이 어느 정도 확보되었다고 봐도 무방하다.

② output out=res는 결과를 바깥으로 임시적으로 내보내는데 데이터 이름을 res라고 하고,

③ predicted=p 예측치 값을 p라는 이름으로,

④ rstudent=r 표준화잔차 값을 r이라는 이름으로,

⑤ cookd=cookd; cook's d값을 cookd라는 이름으로 내보내라는 것이다.

⑥ proc print data=res; run;앞에서 만든 데이터 세트 res를 프린트하라는 것이다. Cook's d값이 1을 넘는 것이 없기 때문에 영향력이 있는 데이터가 없다고 봐도 무방할 것이다.

The REG Procedure
Model: MODEL1
Dependent Variable: y

Number of Observations Read	20
Number of Observations Used	20

Analysis of Variance

Source	DF	Sum of Squares	Mean Square	F Value	Pr > F
Model	3	7619.30169	2539.76723	45.49	<.0001
Error	16	893.24831	55.82802		
Corrected Total	19	8512.55000			

Root MSE	7.47181	R-Square	0.8951
Dependent Mean	58.35000	Adj R-Sq	0.8754
Coeff Var	12.80517		

Parameter Estimates

Variable	DF	Parameter Estimate	Standard Error	t Value	Pr > |t|	Standardized Estimate	Tolerance	Variance Inflation
Intercept	1	72.24030	11.49114	6.29	<.0001	0	.	0
x1	1	2.60510	1.18245	2.20	0.0426	0.23792	0.56238	1.77817
x2	1	-13.96979	2.66747	-5.24	<.0001	-0.73240	0.33533	2.98212
x3	1	0.79098	1.17747	0.67	0.5113	0.11196	0.23610	4.23545

The REG Procedure
Model: MODEL1
Dependent Variable: y

Durbin-Watson D	1.787
Number of Observations	20
1st Order Autocorrelation	-0.168

Dependent Variable: y

Output Statistics

Obs	Residual	RStudent	Hat Diag H	Cov Ratio	DFFITS	DFBETAS Intercept	DFBETAS x1	DFBETAS x2	DFBETAS x3
1	-7.0178	-0.9914	0.1034	1.1202	-0.3368	-0.1075	0.0290	0.1347	-0.0132
2	-3.0048	-0.4497	0.2401	1.6147	-0.2528	-0.1613	-0.0990	0.2002	0.1286
3	7.9570	1.4604	0.4306	1.3359	1.2702	0.8095	0.9415	-0.9715	-1.0040
4	-9.0860	-1.2967	0.0831	0.9231	-0.3905	-0.1718	0.1522	0.0439	0.0511
5	-4.5180	-0.6894	0.2560	1.5358	-0.4044	-0.2538	0.1590	0.1071	0.1458
6	6.0848	0.8505	0.0990	1.1901	0.2819	0.0941	0.0793	-0.0203	-0.1339
7	4.1218	0.5593	0.0691	1.2804	0.1524	-0.0578	0.0097	0.0720	0.0518
8	-5.9985	-0.9168	0.2408	1.3710	-0.5163	-0.1815	0.3299	0.1527	-0.1230
9	-2.6528	-0.3668	0.1139	1.4097	-0.1315	-0.0138	0.0969	-0.0141	-0.0536
10	-0.0694	-0.0104	0.2595	1.7482	-0.0062	0.0030	-0.0039	-0.0020	-0.0008
11	-0.6760	-0.0941	0.1322	1.4882	-0.0367	-0.0307	-0.0098	0.0259	0.0274
12	-4.8450	-0.6576	0.0622	1.2320	-0.1693	-0.0232	-0.0032	0.0258	-0.0156
13	0.5752	0.0878	0.2783	1.7900	0.0545	-0.0276	-0.0363	0.0300	0.0475
14	-3.7910	-0.6085	0.3322	1.7584	-0.4292	0.2229	-0.0690	-0.1179	-0.2269
15	5.0869	0.7059	0.0989	1.2606	0.2339	0.0434	-0.0595	0.0433	-0.0204
16	-3.7593	-0.5642	0.2387	1.5635	-0.3160	-0.1068	0.0251	-0.0120	0.1178
17	5.8455	0.8645	0.1940	1.3222	0.4241	-0.0907	0.0771	0.2030	-0.0262
18	-4.1506	-0.6866	0.3671	1.8073	-0.5229	0.3735	-0.0175	-0.4485	-0.2398
19	-1.0884	-0.1559	0.1799	1.5682	-0.0730	0.0123	-0.0573	-0.0058	0.0170
20	20.9863	5.0843	0.2208	0.0302	2.7067	0.0534	-2.1003	0.1921	1.4792

Sum of Residuals	0
Sum of Squared Residuals	893.24831
Predicted Residual SS (PRESS)	1483.14954

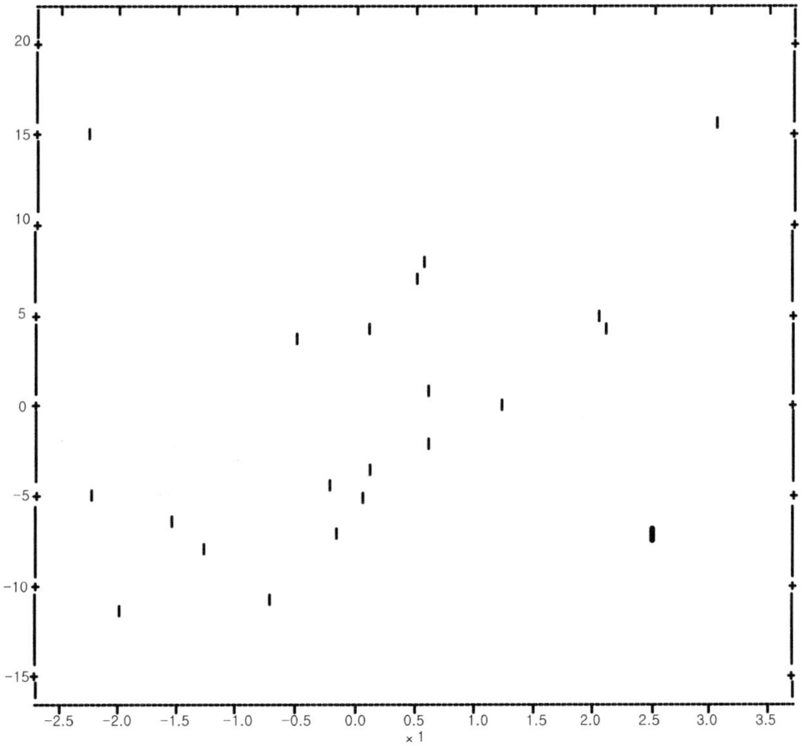

```
OBS    y    x1    x2    x3       p        cookd          r

  1   70     5   1.1     9   77.0178   0.02838   -0.99142
  2   85     6   0.5     9   88.0048   0.01681   -0.44968
  3   90     7   1.0     7   82.0430   0.37666    1.46045
  4   40     3   2.5     5   49.0860   0.03656   -1.29674
  5   30     1   3.0     2   34.5180   0.04227   -0.68943
  6   50     4   3.0     4   43.9152   0.02022    0.85050
  7   60     5   2.5     7   55.8782   0.00607    0.55935
  8   70     3   0.8     9   75.9985   0.06731   -0.91677
  9   55     3   2.0     7   57.6528   0.00457   -0.36684
 10   68     8   2.3     9   68.0694   0.00001   -0.01045
 11   58     4   2.0     5   58.6760   0.00036   -0.09406
 12   63     5   1.7     8   67.8450   0.00743   -0.65759
 13   66     4   1.8    10   65.4248   0.00079    0.08776
 14   87     8   0.9    13   90.7910   0.04795   -0.60855
 15   45     3   3.1     4   39.9131   0.01412    0.70587
 16   20     2   3.9     1   23.7593   0.02607   -0.56423
 17   35     4   4.0     3   29.1545   0.04569    0.86452
 18   25     5   4.3     5   29.1506   0.07070   -0.68663
 19   60     7   2.5     7   61.0884   0.00142   -0.15586
 20   90     3   1.3     9   69.0137   0.71739    5.08430
```

▎변인선택과 모델수정

회귀분석에 있어서 변인선택과 모델수정은 몇 가지 방식이 있다. 여기서는 proc rsuare; proc stepwise; proc reg;를 이용한 방식을 설명한다. Y는 종속변인이며 x1-x4의 독립변인 4개가 있는 경우의 모델수정에 필요한 변인선택 방식을 설명한다.

SAS의 자승합(sum of squares: SS)에는 Type I, II, III, IV가 있다. 만약 회귀분석의 상황에서는 proc glm을 사용한다면 Type I과 Type II가 계산될 것이다. 보통 이들은 ss1 또는 ss2라고 모델문(statement)에서 옵션으로 설정할 수 있다. Type I은 변인이 순차적으로 들어감에 따라 회귀선의 변량이 증가하는 것이다. 반면에 Type II는 변인이 들어감에 있어 다른 변인의 영향력을 통제하고 순수한 그 변인에 의한 회귀선 변량을 제시하는 것이다. 아래 표를 보면 회귀선에 의해 발생하는 Type I과 Type II 변량 자승합에 대해 이해할 수 있다.

<표 10-2> 다중회귀분석에서 Type I 자승합과 Type II 자승합

효과(Effect)	Type I SS	Type II SS
X1	$R(\beta_1/\ \beta_0)$	$R(\beta_1/\ \beta_0,\ \beta_2,\ \beta_3)$
X2	$R(\beta_2/\ \beta_0,\ \beta_1)$	$R(\beta_2/\ \beta_0,\ \beta_1,\ \beta_3)$
X3	$R(\beta_3/\ \beta_0,\ \beta_1,\ \beta_2)$	$R(\beta_3/\ \beta_0,\ \beta_1,\ \beta_2)$

Type I자승합 $R(\beta_2/\beta_0, \beta_1)$은 아마도 변인 x2가 회귀모델 $y=\beta_0+\beta_1x_1+\varepsilon$에 포함되어야 하는지를 검증할 때 사용될 것이다. 반면 $R(\beta_2/\beta_0, \beta_1, \beta_3)$은 다중회귀모델 $y=\beta_0+\beta_1x_1+\beta_2x_2+\beta_3x_3+\varepsilon$에서 $H_0:\beta_2=0$을 검증하는 데 사용될 수 있을 것이다. 이는 편회귀계수의 t검증과 같을 것이다.

변량분석에서 Type III SS에 대해서 설명하였다. 변량분석에서 만약 선형모델이 주효과만 가지고 상호작용효과가 없다면 Type II SS와 Type III SS는 셀의 크기가 같지 않더라도 똑같은 결과를 가진다. 반면 Type III SS와 Type IV SS는 상호작용이 있을 시 사용하는 데 Type IV는 셀에 개체가 없을 때 사용하며 만약 모든 셀에 개체가 있을 시에는 Type III SS와 Type IV는 같다. 아래는 변량분석에서의 요인으로부터 발생하는 자승합 종류이다.

<표 10-3> 변량분석에서 Type I, II, III, IV 자승합

효과(Effect)	Type I SS	Type II SS	Type III SS(=Type IV SS)
A	$R(\alpha/\mu)$	$R(\alpha/\mu, \beta)$	$R(\alpha/\mu, \beta, \alpha\beta)$
B	$R(\beta/\mu, \alpha)$	$R(\beta/\mu, \alpha)$	$R(\beta/\mu, \alpha, \alpha\beta)$
A*B	$R(\alpha\beta/\mu, \alpha, \beta)$	$R(\alpha\beta/\mu, \alpha, \beta)$	$R(\alpha\beta/\mu, \alpha, \beta)$

예
```
data psy;
input x1-x4 y;
cards;
 7 26 6 60 78.5
 1 29 15 52 74.3
11 56 8 20 104.3
11 31 8 47 87.6
 7 52 6 33 95.9
11 55 9 22 109.2
 3 71 17 6 102.7
 1 31 22 44 72.5
 2 54 18 22 93.1
21 47 4 26 115.9
```

```
 1 40 23 34   83.8
11  66  9 12  113.3
10  68  8 12  109.4
;
proc rsquare cp;                                        ①
model  y=x1-x4/include=1;  run;                         ②
proc stepwise;                                          ③
model  y=x1-x4/forward sle=.05;                         ④
model  y=x1-x4/backward sls=.1;                         ⑤
model  y=x1-x4/stepwise;                                ⑥
title'regression: variable selection';                  ⑦
run;
proc reg; model  y=x1-x4/selection=stepwise;  run;      ⑧
```

• 각 명령문의 기본 해설 및 결과값

① proc rsquare cp; 설명계수를 중심으로 모든 가능한 변인의 조합에 따른 회귀분석을 수행하라는 것이다. Cp는 Mallow의 Cp값도 제시하라는 것이다. 이것이 없으면 단순히 설명계수 R^2 값만 제시한다.

② model y=x1-x4/include=1; 모든 변인 조합에 따른 회귀분석을 종속변인 y에 x1 x2 x3 x4를 독립변인으로 수행하라는 것이고 옵션/include=1이라는 것은 첫 번째 변인을 항상 포함하라는 것이다. 따라서 첫 번째는 x1부터 회귀분석에 따른 설명계수 값과 C_p값을 제시한다.

③ proc stepwise; 단계적 회귀분석을 수행하라는 기본 명령문이다.

④ model y=x1-x4/forward sle=.05; 단계적 회귀분석에서 변인증가법으로 수행하라는 것이다. 변인을 포함시킬 유의도 수준 알파는 .05이다. 이 수준은 바꿀 수가 있다. sle는 slentry의 약자이다. 디폴트는 .15이다.

⑤ model y=x1-x4/backward sls=.1; 단계적 회귀분석에서 변인감소법으로 수행하라는 것이고 변인을 제거시킬 유의도 수준은 .10이다 디폴트는 .15이다.

⑥ model y=x1-x4/stepwise; 단계적 회귀분석에서 변인증감법으로 수행하라는 것이다.

⑦ title'regression: variable selection'; 출력 시 타이틀을 붙이라는 것임.

⑧ proc reg; model y=x1-x4/selection=stepwise; 회귀분석을 옵션/selection 선택구문에 의해 수행하라는 것이다. selection 방식은 forward, backward, stepwise 중에 선택할 수 있으며 여기서는 변인증감법을 선택하였고 이 결과는 ⑥결과와 똑같다. 따라서 여기서는 결과를 생략한다.

```
                    The RSQUARE Procedure
                       Model: MODEL1
                   Dependent Variable: y

                 R-Square Selection Method

          Number of Observations Read          13
          Number of Observations Used          13

NOTE: The variables in the 1 variable model are included in all models.

      Number in
        Model      R-Square        C(p)    Variables in Model

            1        0.5339    202.5488    x1
      ------------------------------------------------------------
            2        0.9787      2.6782    x2
            2        0.9725      5.4959    x4
            2        0.5482    198.0947    x3
      ------------------------------------------------------------
            3        0.9823      3.0182    x2 x4
            3        0.9823      3.0413    x2 x3
            3        0.9813      3.4968    x3 x4
      ------------------------------------------------------------
            4        0.9824      5.0000    x2 x3 x4
```

```
                          The STEPWISE Procedure
                              Model: MODEL1
                          Dependent Variable: y

                   Number of Observations Read         13
                   Number of Observations Used         13

                        Forward Selection: Step 1

          Variable x4 Entered: R-Square = 0.6745 and C(p) = 138.7308

                          Analysis of Variance

                                        Sum of          Mean
Source                     DF          Squares        Square    F Value    Pr > F

Model                       1       1831.89616    1831.89616      22.80    0.0006
Error                      11        883.86692      80.35154
Corrected Total            12       2715.76308

                Parameter     Standard
Variable         Estimate        Error   Type II SS  F Value  Pr > F

Intercept       117.56793      5.26221        40108   499.16  <.0001
x4               -0.73816      0.15460   1831.89616    22.80  0.0006

                    Bounds on condition number: 1, 1
------------------------------------------------------------------------------------
```

Forward Selection: Step 2

Variable x1 Entered: R-Square = 0.9725 and C(p) = 5.4959

Analysis of Variance

Source	DF	Sum of Squares	Mean Square	F Value	Pr > F
Model	2	2641.00096	1320.50048	176.63	<.0001
Error	10	74.76211	7.47621		
Corrected Total	12	2715.76308			

Variable	Parameter Estimate	Standard Error	Type II SS	F Value	Pr > F
Intercept	103.09738	2.12398	17615	2356.10	<.0001
x1	1.43996	0.13842	809.10480	108.22	<.0001
x4	-0.61395	0.04864	1190.92464	159.30	<.0001

Bounds on condition number: 1.0641, 4.2564

No other variable met the 0.0500 significance level for entry into the model.

Summary of Forward Selection

Step	Variable Entered	Number Vars In	Partial R-Square	Model R-Square	C(p)	F Value	Pr > F
1	x4	1	0.6745	0.6745	138.731	22.80	0.0006
2	x1	2	0.2979	0.9725	5.4959	108.22	<.0001

The STEPWISE Procedure
Model: MODEL2
Dependent Variable: y

Number of Observations Read 13
Number of Observations Used 13

Backward Elimination: Step 0

All Variables Entered: R-Square = 0.9824 and C(p) = 5.0000

Analysis of Variance

Source	DF	Sum of Squares	Mean Square	F Value	Pr > F
Model	4	2667.89944	666.97486	111.48	<.0001
Error	8	47.86364	5.98295		
Corrected Total	12	2715.76308			

Variable	Parameter Estimate	Standard Error	Type II SS	F Value	Pr > F
Intercept	62.40537	70.07096	4.74552	0.79	0.3991
x1	1.55110	0.74477	25.95091	4.34	0.0708
x2	0.51017	0.72379	2.97248	0.50	0.5009
x3	0.10191	0.75471	0.10909	0.02	0.8959
x4	-0.14406	0.70905	0.24697	0.04	0.8441

Bounds on condition number: 282.51, 2489.2

```
                    Backward Elimination: Step 1

        Variable x3 Removed: R-Square = 0.9823 and C(p) = 3.0182

                        Analysis of Variance

                                     Sum of          Mean
Source                  DF          Squares        Square    F Value    Pr > F

Model                    3       2667.79035     889.26345     166.83    <.0001
Error                    9         47.97273       5.33030
Corrected Total         12       2715.76308

                 Parameter     Standard
    Variable      Estimate        Error   Type II SS  F Value  Pr > F

    Intercept     71.64831     14.14239    136.81003    25.67  0.0007
    x1             1.45194      0.11700    820.90740   154.01  <.0001
    x2             0.41611      0.18561     26.78938     5.03  0.0517
    x4            -0.23654      0.17329      9.93175     1.86  0.2054

                 Bounds on condition number: 18.94, 116.36
------------------------------------------------------------------------------
                    Backward Elimination: Step 2
```

```
                        The STEPWISE Procedure
                           Model: MODEL3
                       Dependent Variable: y

                Number of Observations Read          13
                Number of Observations Used          13

                    Stepwise Selection: Step 1

        Variable x4 Entered: R-Square = 0.6745 and C(p) = 138.7308

                        Analysis of Variance

                                     Sum of          Mean
Source                  DF          Squares        Square    F Value    Pr > F

Model                    1       1831.89616    1831.89616      22.80    0.0006
Error                   11        883.86692      80.35154
Corrected Total         12       2715.76308

                 Parameter     Standard
    Variable      Estimate        Error   Type II SS  F Value  Pr > F

    Intercept    117.56793      5.26221        40108   499.16  <.0001
    x4            -0.73816      0.15460   1831.89616    22.80  0.0006

                 Bounds on condition number: 1, 1
------------------------------------------------------------------------------
```

```
                          Stepwise Selection: Step 2

          Variable x1 Entered: R-Square = 0.9725 and C(p) = 5.4959

                             Analysis of Variance

                                       Sum of           Mean
Source                       DF       Squares         Square    F Value    Pr > F

Model                         2    2641.00096     1320.50048     176.63    <.0001
Error                        10      74.76211        7.47621
Corrected Total              12    2715.76308

                 Parameter     Standard
    Variable      Estimate        Error   Type II SS  F Value  Pr > F

    Intercept    103.09738      2.12398        17615  2356.10  <.0001
    x1             1.43996      0.13842    809.10480   108.22  <.0001
    x4            -0.61395      0.04864   1190.92464   159.30  <.0001

               Bounds on condition number: 1.0641, 4.2564
----------------------------------------------------------------------------------------
                          Stepwise Selection: Step 3
```

```
                           The STEPWISE Procedure
                               Model: MODEL2
                          Dependent Variable: y

                       Backward Elimination: Step 2

          Variable x4 Removed: R-Square = 0.9787 and C(p) = 2.6782

                             Analysis of Variance

                                       Sum of           Mean
Source                       DF       Squares         Square    F Value    Pr > F

Model                         2    2657.85859     1328.92930     229.50    <.0001
Error                        10      57.90448        5.79045
Corrected Total              12    2715.76308

                 Parameter     Standard
    Variable      Estimate        Error   Type II SS  F Value  Pr > F

    Intercept     52.57735      2.28617   3062.60416   528.91  <.0001
    x1             1.46831      0.12130    848.43186   146.52  <.0001
    x2             0.66225      0.04585   1207.78227   208.58  <.0001

               Bounds on condition number: 1.0551, 4.2205
----------------------------------------------------------------------------------------

     All variables left in the model are significant at the 0.1000 level.

                      Summary of Backward Elimination

       Variable    Number    Partial      Model
Step   Removed     Vars In   R-Square     R-Square     C(p)      F Value    Pr > F

  1    x3             3      0.0000       0.9823      3.0182       0.02     0.8959
  2    x4             2      0.0037       0.9787      2.6782       1.86     0.2054
```

Stepwise Selection: Step 3

Variable x2 Entered: R-Square = 0.9823 and C(p) = 3.0182

Analysis of Variance

Source	DF	Sum of Squares	Mean Square	F Value	Pr > F
Model	3	2667.79035	889.26345	166.83	<.0001
Error	9	47.97273	5.33030		
Corrected Total	12	2715.76308			

Variable	Parameter Estimate	Standard Error	Type II SS	F Value	Pr > F
Intercept	71.64831	14.14239	136.81003	25.67	0.0007
x1	1.45194	0.11700	820.90740	154.01	<.0001
x2	0.41611	0.18561	26.78938	5.03	0.0517
x4	-0.23654	0.17329	9.93175	1.86	0.2054

Bounds on condition number: 18.94, 116.36

Stepwise Selection: Step 4

Variable x4 Removed: R-Square = 0.9787 and C(p) = 2.6782

Analysis of Variance

Source	DF	Sum of Squares	Mean Square	F Value	Pr > F
Model	2	2657.85859	1328.92930	229.50	<.0001
Error	10	57.90448	5.79045		
Corrected Total	12	2715.76308			

Variable	Parameter Estimate	Standard Error	Type II SS	F Value	Pr > F
Intercept	52.57735	2.28617	3062.60416	528.91	<.0001
x1	1.46831	0.12130	848.43186	146.52	<.0001
x2	0.66225	0.04585	1207.78227	208.58	<.0001

Bounds on condition number: 1.0551, 4.2205

All variables left in the model are significant at the 0.1500 level.

No other variable met the 0.1500 significance level for entry into the model.

Summary of Stepwise Selection

Step	Variable Entered	Variable Removed	Number Vars In	Partial R-Square	Model R-Square	C(p)	F Value	Pr > F
1	x4		1	0.6745	0.6745	138.731	22.80	0.0006
2	x1		2	0.2979	0.9725	5.4959	108.22	<.0001
3	x2		3	0.0099	0.9823	3.0182	5.03	0.0517
4		x4	2	0.0037	0.9787	2.6782	1.86	0.2054

Chapter 11

상관관계분석

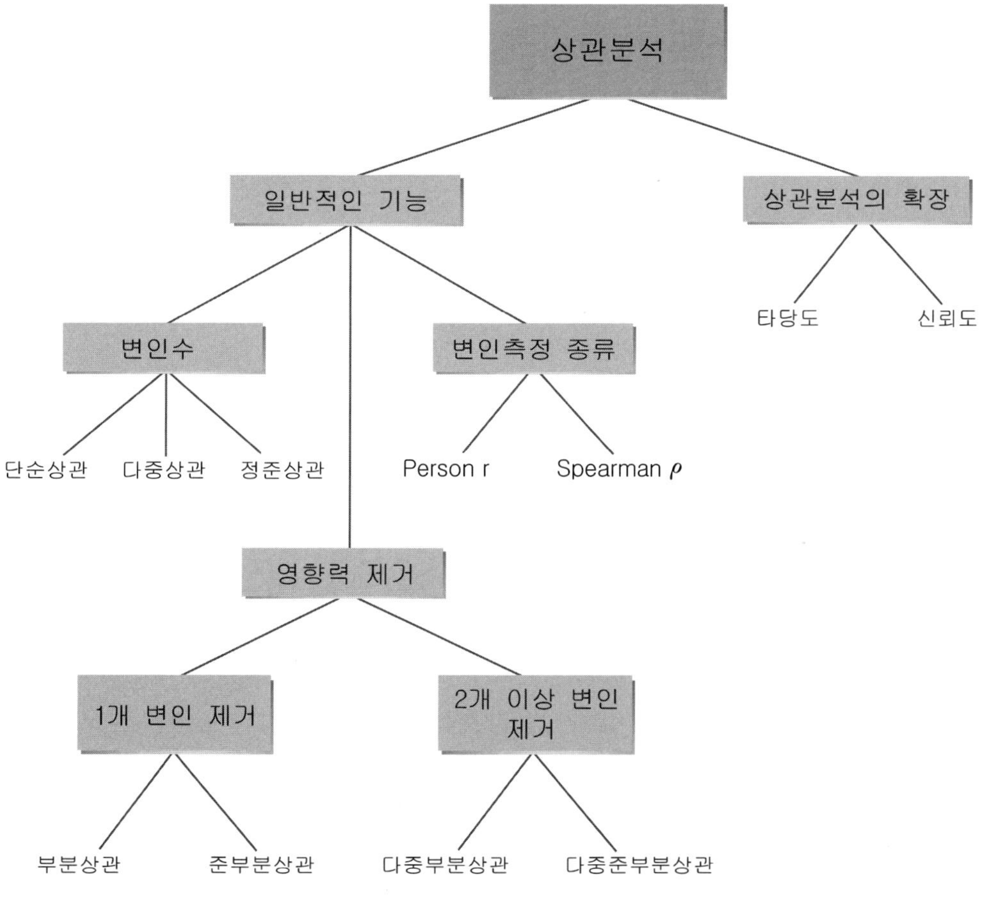

Situation 11

K씨는 학업성취가 동기부여와 매우 관련성이 있다는 것을 알고 있다. 그런데 자신의 학급에서 그 관련성이 어느 정도인지를 알고 싶고 또 다른 학급과 그 정도를 비교하고 싶다. 나아가 자아효능감이 상기 변인들과 관련성이 있다는 것을 알고 자아효능감의 영향력을 배제한 순수 관련성의 정도를 알고 싶었다.

Problem: K씨는 자신의 학급 학생들의 학업성취와 동기부여와의 관계성을 측정하고 싶고 다른 학급보다 그 관계성의 정도가 더 큰지 작은지 알고 싶은데 어떻게 하면 이러한 것을 해결할 수 있는가? 또한 어떻게 자아효능감의 영향력을 제어하고 순수한 두 변인 간의 관계성 정도를 파악할 수 있는가?

Solution: 학업성취는 특별히 별도의 측정을 하지 않고 금번 중간고사 수리영역의 점수를 사용한다. 동기부여의 정도는 표준화된 자가동기부여평가도구(self motivation assessment scale)를 사용하여 측정하고 두 집단의 상관관계 계수를 산출하고 비교한다. 자아효능감 측정도구(self efficacy assessment scale)로 학생들의 자아효능감을 측정하여 세 변인 간의 다중상관계수(multiple correlation coefficient)와 부분상관계수(partial correlation coefficient)를 산출하여 순수 관련성의 정도를 파악한다.

Learning Objectives: 상관관계의 종류를 이해 분류할 수 있고, 상관계수를 해석할 수 있다. SAS를 이용하여 다양한 상관관계 계수를 산출할 수 있으며 분석을 할 수 있다.

11.1 단순상관계수의 개념

앞의 두 절에서는 변인 간의 관계성을 예측적 측면에서 다루었다. 특히 단순회귀분석은 두 변인 간의 선형관계성을 예측하기 위한 회귀식을 만들어 분석하는 것이다. 회귀식의 기울기(slope) b계수는 연합관계성(association)의 방향을 알려준다. 가령 b가 양(positive)이라면 독립변인이 증가함에 따라 종속변인도 증가한다는 것이고 반면 음(negative)이라면 그 반대로 감소하는, 즉 하향의 직선을 의미한다. 만약 표준화(standardized)가 되지 않는다면 변인 간의 연합관계성의 강도(strength)를 알려줄 수 없다.

단순회귀식에서 기울기의 b는 어느 숫자나 될 수 있다. 이러한 기울기는 한 단위의 변화(unit change)에 의존하기 때문에 해석에 어려움이 있다. 가령 y변인을 1,000개당 불량품 발생률이라고 하자. 그때 b계수가 .5하자. y변인이 불량품 10,000개라고 하면 b계수는 5.0이 될 것이다. 기울기는 따라서 측정단위에 의존한다. 이러한 기울기 b계수는 예측을 하기 위한 목적과 관계성의 형태를 설명하기 위한 목적으로는 바람직하나 연합의 정도를 측정하여 알려주는 목적으로는 바람직하지 않다. 따라서 단위의 변화에 영향을 받지 않으면서 동시에 최소값과 최대값이 있는 측정단위가 필요하다. 변인 간 연합의 정도를 해석할 수 있는 강도(magnitude)는 이러한 측정단위로 가능할 것이다.

등간척도로 측정된 변인 간에 연합의 정도를 측정하는 데 많이 쓰이는 것은 Pearson의 상관계수(product moment correlation coefficient)다. 보통 상관계수를 말하면 이 Pearson의 상관계수를 의미하며 영어 약자로 r이라고 표현한다. Pearson의 상관계수는 표준화된 b계수라고 볼 수 있다. 따라서 이 Pearson의 상관계수는 변인이 두 개일 때 표준화 회귀계수(standardized regression coefficient)라고도 불린다. b계수와 관계로 인해 Person의 r은 다음과 같은 공식으로 표현될 수 있다. x, y 변인의 표집표준편차의 점 추정치의 비율을 회귀계수 기울기인 b로 곱한 것이다.

$$r = \left(\frac{\hat{\sigma}_y}{\hat{\sigma}_x}\right) b$$

여기서 $\hat{\sigma}_x = \sqrt{\frac{\sum (x_i - \bar{x})^2}{n-1}}, \hat{\sigma}_y = \sqrt{\frac{\sum (y_i - \bar{y})^2}{n-1}}$

두 변인 간의 표준편차가 만약 같다면 그 비율은 1이므로 정확하게 상관계수와 회귀계수는 같아진다. 즉, r=b이다. 다른 방식에서 r은 공변량(covariance)을 표준화한 개념으로 해석될 수 있다. 따라서 다음과 같이 표현될 수 있다.

$$r_{xy} = \frac{cov(xy)}{\sqrt{var(x) \times var(y)}}$$

$$r = \frac{\sum (X - \overline{X})(Y - \overline{Y})}{\sqrt{\sum (X - \overline{X})^2 \sum (Y - \overline{Y})^2}}$$

11.2 상관계수 r의 특성

▍선형관계의 가정

상관관계 r은 관계성을 나타내는 하나의 지표이다. 관계는 선형관계만 있는 것은 아니다. 관계는 곡선형태의 선형관계(curve linear relationship)도 있으며 비선형(non linear relationship)도 있을 수 있다. 상관계수 r은 선형성이 아닌 관련성이 있다고 해도 수리적으로 그 값이 산출될 수 있다. r의 값이 산출되고 그것이 특정 알파 유의도 수준에서 유의하다고 해도 그것이 선형관계성이 아닐 수도 있음을 반드시 인지해야 한다. 간단히 말해서 r은 회귀분석과 마찬가지로 선형관계를 나타내는 관계지수이지만 수리적으로는 선형이 아닌 관계성이 있는 경우라도 산출된다. 따라서 두 변인의 경우는 회귀분석과 마찬가지로 플롯을 찍어 이원관계성(bivariate relationship)의 형태를 우선적으로 파악하는 것이 중요하다.

▍특정 범위 안에서 r과 인과관계

r은 관계성의 정도를 나타내는 지수이다. 기울기의 표준화된 버전(version)인 r은 회귀계수 b와는 달리 때문에 $-1 \leq r \leq 1$ 의 범위에서만 존재한다. 즉, 정적완전상관으로부터 부적완전상관까지의 값을 가지게 된다. 이러한 관계성의 정도는 단순히 두 변인 간의 관계성을 크기로 해석할 수는 있지만 인과관계로 해석할 수는 없다. 물론 상관관계는 인과관계의 가장 기본요건이다. 상관관계가 없다고 하면 인과관계가 존재하지 않는다. 반대로 상관관계가 있다고 해서 반드시 인과관계가 존재한다고는 말할 수 없다.

흔히 연구자들은 인과관계를 밝히고자 한다. 그 중 인과모델분석(causal model analysis)을 통해서 하는 것이 최근 대세이다. 그 이유는 인과관계를 설명할 수 있는 지식 대부분이 시간과 공간에 있어서 비교적 불변(invariant)이라는 것이다. 두 번째로, 단순히 한 변인이 다른 변인과 함께 같이 변하는 것을 아는 것보다는 한 변인이 다른 변인의 원인이 된다는 것을 아는 것이 더 바람직하다. 마지막으로 인과모델링은 변인 간 하나 이상의 관계성을 제시하는 것이 가능하고 변인 간에 특정관계성을 명시하는 게 가능하다.

인과관계는 기본적으로 몇 가지 요소가 필수적이다. 그 첫 번째가 공변량(covariation) 혹은 상관관계이다. 공변량의 표준이 상관계수임을 상기하자. 가령 대학생 수와 대학 교수의 수 두 개 변인이 있다고 하자. 대부분 대학생 수가 많은 경우 대학 교수의 수도 많을 것이고 두 변인 간에 상관관계는 높을 것이다. 그렇다고 대학생 수가 꼭 대학 교수의 수에 원인이 된다고 볼 수 없는 경우도 있다. 대부분 대학의 경우 재정자립도에 영향을 받기 때문에 재정이 건실한 경우 학생수와 상관없이 많은 교수의 수를 확보한다. 따라서 실제 교수의 수는 대학의 재정 상태에 달려 있다고 본다.

두 번째는 시간의 경과 순서(time order)이다. 보통 설명변인 또는 독립변인이 영향을 받는 변인에 앞서 발생해야 한다. 가령 홍수가 발생해서 토지가 침식되고 황폐화된다면 홍수는 토지의 상태에 먼저 시간적으로 발생한 것이다.

마지막으로 제 삼수 변인(confounding variable)의 효과가 제거된 경우라도 두 변인의 공변량이 사라지지 않아야 한다. 다시 말해서 제 삼수변인 효과(spurious effect)가 없어야 한다. 보통의 경우 이러한 제 삼수변인 효과를 제어하기 위해 아래에서 다룰 부분상관계수(partial correlation)를 많이 다룬다.

▌같은 부호(sign)의 r과 b

상관계수 r은 b와 같은 부호를 가진다. 즉, b가 양수인 >0라고 하면 r도 양수이다. b가 음수인 <0 경우는 r도 똑같이 음수가 된다. r이 양수인 경우는 정적(positive)인 관계성을 가지므로 x변인이 증가함에 따라 y변인도 그 값이 증가하는 것을 의미한다. 반대로 r이 음수인 경우는 부적(negative) 관계성이므로 x변인이 증가하면 y변인은 감소하게 된다. 다음 그림은 관계성의 방향과 상관계수의 크기에 따른 경사도를 나타내고 있다.

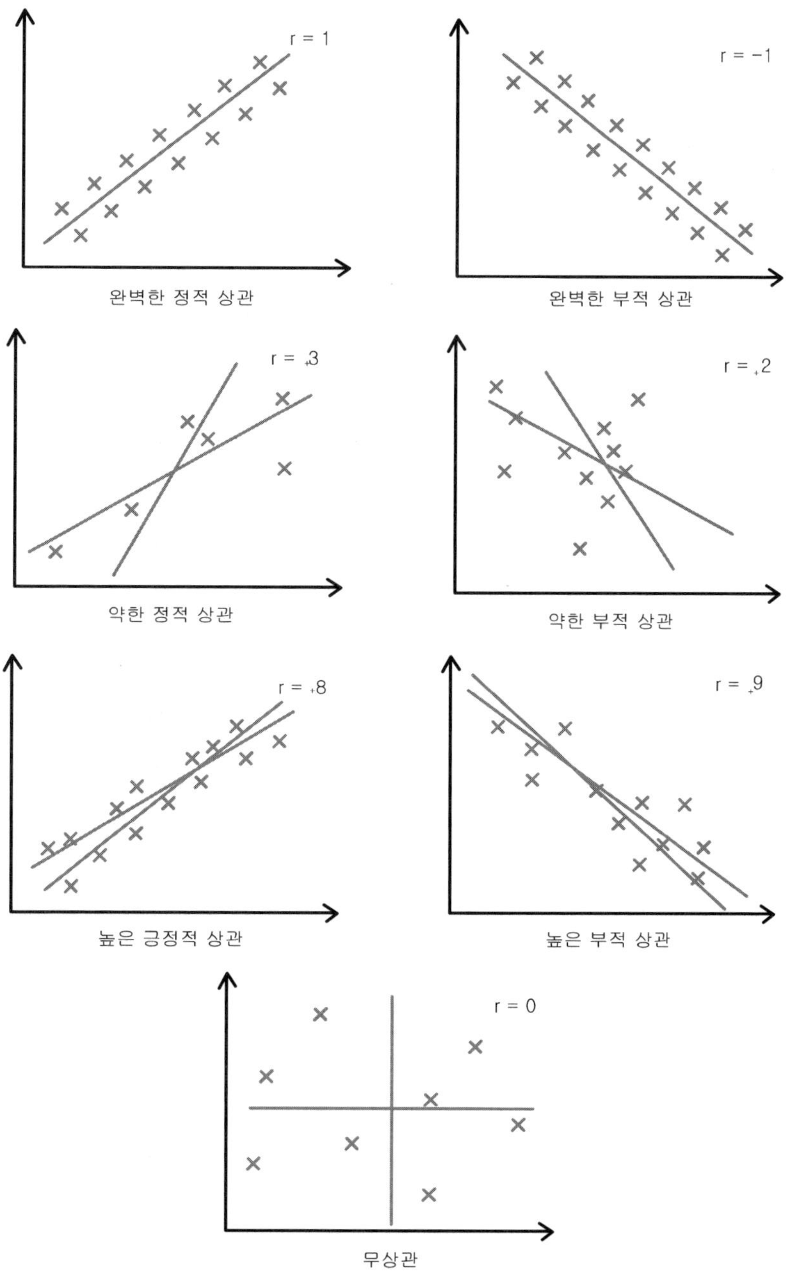

[그림 11-1] 상관계수의 방향과 크기

r은 만약 x의 값과 y값이 똑같이 예측선 위에 존재한다면 정확하게 ±1이 될 것이다. 이 경우에는 예측에 대한 오차(prediction error)가 전혀 발생하지 않는 경우이다. 상관계수는 일단 +인가 -인가 방향부터 살펴본다(direction). 그리고 그 다음에 강도(magnitude)를 살펴본다. 강도는 강한 또는 높은(strong), 보통 또는 중간(moderate), 약한(weak)의 수식어를 이용하여 표현한다. 절대적인 기준은 없지만 아래의 표를 고려하는 것이 바람직하다.

<표 11-1> 상관계수 값의 언어적 해석

r의 값	해석
.8 ~ 1	매우 높은 상관
.6 ~ .8	높은 상관
.4 ~ .6	중간 상관
.2 ~ .4	약한 상관
.2 이하	매우 약한 상관

이러한 Pearson의 r은 등간척도(interval scale) 변인인 경우에만 그 값을 구할 수 있고 사용 가능하지만 해석차원의 성격만 따지면 실질적으로는 서열척도이다(ordinal scale). 다시 말해서 구하는 것은 등간척도이지만 결과해석은 서열척도방식이다. 가령 r=.8 관계성의 강도가 r=.4보다 크지만 그 비율이 정확하게 2배라고 말할 수 없다.

표집크기와 무관성

상관계수의 강도는 표집크기에 영향을 받지 않는다. 표집크기가 크다고 해서 상관계수의 강도가 커지는 것은 아니다. 그러나 상관관계의 유의성 검증과 관련 있는 검증력(power)은 영향을 받는다. 일반적으로 상관계수의 강도가 클수록 유의성이 있을 확률이 크다. 즉, r=.6이 r=.2보다 특정 알파수준 가령 a=.05 에서 유의할 확률이 크다. 그러나 항상 그런 것만은 아니다. 가령 똑같은 표집 내에서 특정변인들 간의 상관계수의 강도가 다른 상관계수보다 크지만 유의하지 않을 경우도 발생한다. 이와는 별도로 유의성은 표집크기와도 관련이 있다. 똑같은 표집인 경우 표집크기를 크게 할 경우 상관계수의 유의성은 높아진다.

비선형 관계성인 경우 r의 과소평가

앞에서 설명하였듯이 r은 선형관계성의 가정 조건상에서 해석을 해야 옳다. 상관계수 r이 약하다고 하더라도 그것이 곧 관계성이 약하다고 무조건 결론지을 수 없다. 특히 비선형 관계성을 가진 경우 상관계수는 약하게 나타날 수 있다. 가령 곡선선형의 관계성(curvilinear relationship)이 매우 강한 경우 극단적으로 r=0이 될 수 있다. 아래 그림은 곡선선형의 관계성이 강하지만 상관계수가 0인 것으로 나타난 예이다. 아래 그림의 경우 실제로 $y=x^2$과 같이 이차곡선이지만 상관은 없는 것으로 나타난다. 따라서 상관계수가 작다고 하더라도 두 변인 간에 관계성이 없다고 단정할 수 없다.

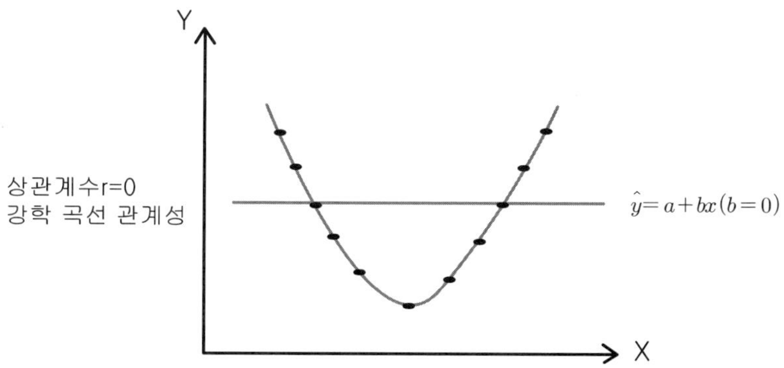

[그림 11-2] 두 변인 간의 곡선 선형 관계성

측정단위의 무영향

앞의 개념 설명에서와 같이 상관계수는 측정단위에 영향을 받지 않는다. 가령 1,000개당 불량품의 수를 y변인이라고 할 때 그것을 10,000개당 불량품 수라고 하더라도 특정 x변인하고의 상관계수는 바뀌지 않는다. 또한 이원관계(bivariate relationship)에서 측정단위가 온도인 경우 화씨가 되었든 섭씨가 되었든 똑같은 결과가 나올 것이다. 마지막으로 변인의 원점수(raw score)를 가지고 상관계수를 만들건 표준화를 시킨 Z점수(즉, 평균은 0, 표준편차는 1)를 가지고 상관계수를 만들건 그 값은 똑같다.

▎동일 모집단 조건

상관계수는 동일한 모집단인 경우만 두 변인 간의 관련성을 표현할 수 있다. 상관계수가 완전히 이질적인 타 집단으로부터 얻어서 계수를 산출한다면 의미가 없다. 가령 초등학교 6학년의 모집단으로부터 키와 몸무게의 상관계수를 산출해야지 초등학교 6학년과 고등학교 3학년을 섞어서 두 변인 간 상관계수를 산출하면 의미가 없다. 또한 초등학교 6학년 학생의 키와 고등학교 학생의 몸무게를 산출하여 상관계수를 산출하는 것은 더더욱 의미가 없다. 이러한 경우 일반적으로 동질성 확보차원에서 변량분석(ANOVA)등으로 그룹의 차이를 검증하는 것이 바람직하다.

11.3 설명계수(Coefficient of determinant)

설명계수는 회귀분석에서 이미 다루었다. 설명계수는 상관계수 r이 구해졌다면 단순히 자승시키면 (r^2)된다. 설명계수는 한 변인의 전체 변량 몫이 다른 변인의 변량과 연합되어 있는 정도를 의미한다. 즉, 교집합을 말하며 공유되는 변량(shared variance)을 의미한다. 설명계수 r^2는 회귀분석에서 설명하였듯이 회귀선에 의해 설명되는 변량(SSR)을 수정된 전체변량(TSS)로 나뉜 값이다.

해석은 가령 y변인과 x변인 간에 r^2가 .49이라고 하면 49%의 y변인의 변량이 회귀선에 의해 설명된다. 이때 두 변인 간의 상관관계는 r=.7이 될 것이다. r=.7이라면 두 변인 간에 상관관계가 어느 정도 높은 것으로 볼 수 있으나 이 두 변인이 서로 공유하는 변량은 약 50%라고 볼 수 있다. 따라서 상관관계가 높다고 너무 그것에 의미를 부여하는 것보다 이렇게 자승화하여 해석을 하는 것도 바람직하다. 아래는 설명계수를 구하는 공식이다.

설명계수 $r^2 = \frac{TSS-SSE}{TSS} = \frac{SSR}{TSS}$

11.4 다중상관계수(Multiple correlation coefficient)

앞에서 이제껏 설명한 것은 이원관계성(bivariate relationship) 측면의 단순상관계수(simple correlation coefficient)이다. 두 변인 대신에 여러 개의 확률 변인들의 집단

($x_1, x_2, x_3, \cdots, x_p$)과 하나의 종속 변인 y간에 선형적 연관관계는 다중상관계수에 의해 설명되어진다. 예를 들면 학업성취도라는 y변인과 학원비 x_1, 교통비 x_2, 과외비 x_3, 방과 후 활동비 x_4와 같은 변인들 간에 동시적인 연관성을 알고자 할 때 다중상관계수는 유용하게 사용될 수 있다. 위의 변인들을 통틀어 교육관련 비용이라고 독립변인집단으로 묶어 종속변인과의 관계성을 살펴볼 수 있다.

다중상관계수와 뒤에서 설명할 정준상관계수는 모두 행렬을 이용하여 그 값을 구할 수가 있다. 여기서는 그러한 방법은 생략하겠다. 다중상관계수는 단순상관계수와 달리 값의 범위가 $o \leq r_{y\underline{x}} \leq 1$이다. 여기서 $\underline{x}$는 독립변인의 행렬 벡터(vector)이다. 이러한 다중상관계수는 SAS의 출력에서는 정준상관(Canonical correlation)이라고 표시된다. SAS에서는 다중상관계수도 아래에서 다룰 정준상관이라고 표시한다. 다중회귀공식에서 다중설명계수 r^2는 다중상관계수를 자승한 것과 같다. 만약 다중상관계수가 0이면 모든 변인 간의 단순상관계수는 0이다. 반대로 다중상관계수가 1이라면 종속변인 y와 독립변인 x들의 집단 간에 완벽한 선형관계를 이루고 있다고 볼 수 있다.

11.5 정준상관계수(Canonical correlation coefficient)

정준상관계수는 정준상관분석(canonical correlation analysis)을 수행하기 위해 산출하는 계수이다. 정준상관분석은 다변인분석(multivariate analysis) 기법 중에 하나이다. 다중회귀분석은 여러 독립변인들을 이용하여 하나의 종속변인을 예측하는 즉, 선형조합을 만들어낸다. 만약 여러 독립변인들의 세트와 종속변인의 세트의 관계성을 알고자 할 때는 이러한 다중회귀분석으로는 어려움이 생긴다.

정준상관분석은 앞의 다중상관계수를 좀 더 발전시킨 개념으로 독립변인들의 세트뿐만 아니라 종속변인도 여러 개로 구성된 세트와의 선형관계성을 찾는다. 최근까지 잘 사용되지 않던 다변인분석 기법이지만 다른 다변인분석 기법에 비하여 제한 점이나 가정요건 등이 적다. 따라서 이렇게 제한 점이 적은 관계로 다른 다변인 기법에 비하여 좀 정확도 측면이 떨어지거나 해석에 있어서 약간 부족하다고 볼 수도 있다. 그러나 다중 종속과 독립변인들을 가진 상황에서는 매우 적절하고 강력한 기법이라고 할 수 있다. 정준상관분석은 가령 앞의 교육비용(학원비 x_1, 교통비 x_2, 과외비 x_3, 방과 후 활동비 x_4)과 학업성취도(수리영역성취도 y_1, 언어영역 y_2)를 동시성을 가지고 상관 정도를 나타내는 것이다. 정준상관분석은 독립변인들이나 종속변인들 모두 등간척도와 비등간척도 상관없이 적용 가능하다.

정준상관계수는 여러 독립변인과 종속변인으로부터 만들어진 정준함수식(canonical function)으로부터 발생한 정준변인(canonical variate)들 간에 이원상관(bivariate correlationship)이다. 정준상관계수를 만들어내는 함수에 대한 유의도 검증과 더불어 정준계수(canonical weight), 정준적재(canonical loading), 정준교차적재(canonical cross loading)를 살펴보고, 정준변인에 의해 원래의 반응변인집단 변량 또는 분산의 공헌도를 알아보는 중복계수(redundancy coefficient)의 분석도 수행해야 한다. 정준상관분석은 이 책의 범위를 벗어나기 때문에 "다변인분석의 이해와 적용"을 참조하기 바란다. 사실 정준변인은 주성분분석(principal component analysis)에서 주성분, 요인분석(factor analysis)의 요인과 같은 가상적인 변인이라고 볼 수 있다.

변인수에 따른 상관분석

단순상관계수: 변인이 두 개인 이원관계성을 나타낸 Pearson의 상관계수.
다중상관계수: 여러 변인(독립변인)과 하나의 변인(종속변인)과의 상관계수.
정준상관계수: 여러 변인의 세트로부터 생긴 가상변인과 또 다른 여러 변인의 세트로부터 생긴 가상변인 간의 상관계수.

11.6 부분상관계수(Partial correlation coefficient)

부분상관계수 또는 편상관계수는 제 삼 변인 영향력이 제거된 상태에서 두 변인의 상관계수를 산출하는 것이다. 가령 x_1, x_2, x_3 세 개의 변인이 있다고 가정하자. 부분상관계수 $r_{12.3}$은 x_1과 x_2에 대한 x_3의 변인 영향력이 제거된 상태에서 x_1과 x_2의 상관계수를 산출하는 것이다.

x_1을 종속변인으로 놓고 x_3을 독립변인으로 회귀식을 만들면 잔차(error) e_1이 발생할 것이다. 이 e_1은 실제 값 x_1에서 회귀식으로부터 만들어진 예측치를 뺀 값이 될 것이다.

즉, $e_1 = x_1 - \hat{x}_1$

x_3을 가지고 x_2에 대한 회귀식을 만들면 위와 같이 잔차 e_2가 발생할 것이다. 즉,

$e_2 = x_2 - \hat{x}_2$

위의 잔차 e_1과 e_2는 x_3을 이용하여 만든 회귀식으로부터 발생한 오차이기 때문에 x_3과 관련이 없을 것이다. 따라서 이러한 잔차들은 x_3과 상관이 없다고 봐도 무방하다. 이러한 e_1과 e_2는 x_3과 상관계수가 0이기 때문에 e_1과 e_2를 가지고 상관계수를 만든다고 하면 그것은 x_3의 영향력이 제거된 상태에서의 상관계수라고 봐도 될 것이다. 부분상관계수의 공식은 다음과 같다.

$$r_{12 \cdot 3} = \frac{r_{12} - (r_{13} \times r_{23})}{\sqrt{(1 - r_{13})^2 \times (1 - r_{23})^2}}$$

부분상관계수는 제삼수변인효과(spurious effect)를 제어하기 위해 흔히 사용되는 방법이다. 그러나 부분상관계수도 어느 정도 한계는 있다. 가령 x와 y그리고 z라는 변인이 있다고 하자. x와 y사이의 공변량이 z로부터 공통적으로 일부 또는 전부 영향을 받아 발생한다고 할 때 z를 제어하고 x와 y간의 부분상관계수를 산출하는 경우 두 가지 가능성이 생길 수 있다. 첫째는 z가 x와 y 두 개에 대하여 공통적으로 영향을 주어 x와 y간에 상관이 생기며 z는 제삼수변인효과를 가지고 있다고 해석할 수 있다. 둘째는 z가 매개변인(intervening variable)으로서 y에 영향을 줄 수 있다. 가령 x가 z에 영향을 주고 z가 y에 영향을 주어 최종적으로 x와 y간에 상관을 발생시킨다는 가능성이다.

부분상관계수는 보통 매개변인의 영향력을 파악하고자 많이 사용한다. 가령 지능, 학업성취, 동기부여 간의 상관행렬이 있다고 가정하자. 지능과 학업성취 간에 상관이 높다고 하였을 때 동기부여의 영향력을 제거하고 지능과 학업성취의 부분상관이 낮게 나왔다면 동기부여가 매개변인으로 작용을 하였다고 볼 수 있다.

위와 같이 부분상관계수는 두 가지의 해석이 가능하며 어느 것이 진짜 결과인지 확인하기 어려움이 발생하는데 이에 대한 것은 경로분석(path analysis)나 구조모형

분석(structural equation model or LISREL) 등으로 해결할 수 있다.

부분상관계수의 확장이 다중부분상관계수(multiple partial correlation coefficient)이다. 다중부분상관계수는 영향력이 제거되는 변인이 하나가 아니라 두 개 이상을 의미한다. 가령 x_1, x_2, x_3, x_4 네 개의 변인이 있다고 가정하자. 부분상관계수 $r_{12.34}$는 x_1과 x_2에 대한 x_3과 x_4 변인 영향력이 제거된 상태에서 x_1과 x_2의 상관계수를 산출하는 것이다.

11.7 준부분상관계수(Semi partial or part correlation coefficient)

준부분상관계수는 앞의 부분상관계수와 같이 영향력을 제거하는 차원에서는 같다. 부분상관계수는 특정 독립변인이 종속변인과 다른 독립변인 모두에게 영향력을 끼치는 것을 제거하고 나서 상관계수를 산출한다. 반면 준부분상관계수는 특정 독립변인이 종속변인에 가지고 있는 영향력을 제거하는 것은 생략하고 단지 다른 독립변인에 영향력을 주는 것만 제거한다. 가령 y_1, x_1, x_2세 개의 변인이 있다고 하자. y_1과 x_1과의 부분상관계수는 x_2가 두 변인 모두에게 미치는 영향력이 제거된 상태의 상관계수이다. y_1과 x_1의 준부분상관계수는 x_2가 x_1에 미치는 영향력만 제거된 후 산출되는 상관계수이다.

준부분상관계수를 자승시킨 것은 보통 다중회귀분석에서 독립변인이 종속변인에 영향력을 얼마나 가지는가를 비교하는 데 많이 쓰인다. 준부분상관계수를 구하는 방식은 여러 가지가 있으나 여기서는 두 가지 방식을 제시한다.

첫째로 앞에서 부분상관계수를 구한 것과 유사하게 x_1에 대한 x_2의 회귀식을 구하고 그에 대한 오차를 e_1이라고 하자. 이러한 오차와 종속변인 y_1에 대한 상관계수를 구하면 그 값이 준부분상관계수가 될 것이다.

두 번째 방식은 설명계수 R^2를 이용한 방식이다. x_1, y_1, x_2 세 변인에 있어서 y_1을 종속변인으로 두 독립변인 x_1과 x_2를 가지고 회귀식을 만들면 다중상관자승인 R^2_{y12}가 나온다. 여기서 R^2_{x2}의 값을 빼면 $R^2_{y(1.2)}$가 생성된다. 이것을 그래픽으로 표시하면 다음과 같다. 준부분상관자승을 다시 제곱근화하면 준부분상관계수가 된다.

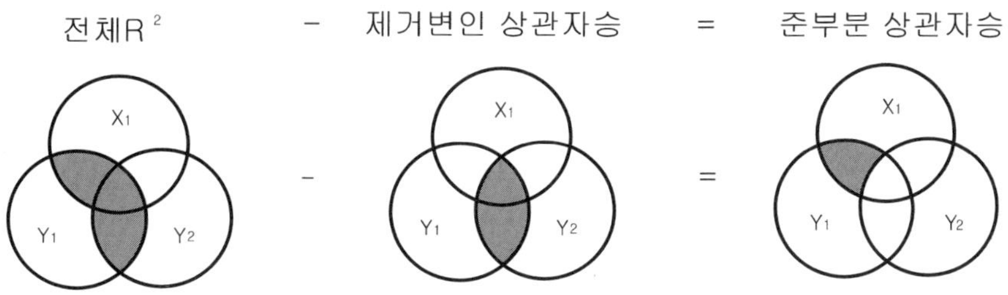

[그림 11-3] 준부분상관자승

사실 위의 그림에서 x_1과 y_1이 겹치는 부분에서 x_1과 x_2가 겹치는 부분을 빼도 마찬가지의 결과가 될 것이다.

다중준부분상관계수(multiple semi partial correlation coefficient)는 다중부분상관계수와 같이 준부분상관계수의 확장이다. 두 개 이상의 변인이 한 변인에게 영향을 미치는 것을 제거하고 난 뒤 다른 변인과의 상관계수를 측정하는 것이다. 가령 x_1, x_2, x_3 ,x_4 네 개의 변인이 있다고 가정하자. 다중준부분상관계수 $r_{1(2.34)}$은 x_2에 대한 x_3과 x_4 변인 영향력이 제거된 상태에서 x_1과 x_2의 상관계수를 산출하는 것이다.

영향력 제거에 따른 상관계수

부분상관계수: 제 삼 변인이 다른 두 변인 모두에게 미치는 영향력을 제거한 후 첫 번째 두 번째 두 변인의 상관계수를 산출.

준부분상관계수: 제 삼 변인이 다른 한 변인(보통의 경우 독립변인)에 미치는 영향력을 제거하고 나서 나머지 두 변인 간의 상관계수를 산출.

다중부분상관계수: 두 개 이상 변인(제 삼 제 사 변인)이 첫 번째와 두 번째 두 변인 모두에게 미치는 영향력을 제거한 후 첫 번째와 두 번째 변인의 상관계수 산출.

다중준부분상관계수: 두 개 이상의 변인이 다른 한 변인(보통의 경우 독립변인인 두 번째 변인)에 미치는 영향력을 제거하고 첫 번째 변인과 두 번째 변인과의 상관계수 산출.

11.8 서열척도 순위상관계수

비등간척도로 서열척도 순위상관계수인 경우 대표적인 것이 Spearman's ρ (rho)

이다. 이것은 위에서 설명한 Pearson의 r에 대한 특별한 상황이다. 기본적으로 Pearson의 상관계수를 만들어 낸 데이터를 서열 또는 순위(rank)를 만들어내어 상관을 측정·계산한 것이다. 동등한 순위가 없는 경우 아래의 공식을 이용하여 그 값을 구한다. 공식에서 d는 순위의 차이(difference)를 의미한다. 해석은 Pearson의 r의 방식대로 하면 된다.

$$\rho = 1 - \frac{6\Sigma d^2}{n(n^2-1)}$$

아래와 같이 어느 학급에서의 성적 순위와 지능 순위 데이터가 있다고 가정하자. 실제로는 이러한 데이터보다는 원 자료(raw score)가 있을 가능성이 크다. 만약 원 자료가 있는 경우 척도가 등간척도라면 그냥 Pearson의 상관계수를 산출하여 사용하면 될 것이다. 그렇지 않다고 하면 앞의 Chapter 04에서 다룬 SAS를 이용하여 순위 점수를 만들어 계산을 수행할 수 있을 것이다.

<표 11-2> 서열척도 상관데이터

ID	성적순위	IQ지능순위	d	d^2
a	1	2	1	1
b	2	1	–1	1
c	3	4	1	1
d	4	3	–1	1

$\Sigma d^2=4$

$$\rho = 1 - \frac{6\times 4}{4(4^2-1)} = .60$$

순위상관계수의 값이 .60이므로 어느 정도 높은 상관이 있는 것으로 해석할 수 있다.

11.9 상관의 확장

상관(correlation)은 여러 방식으로 산출되고 그에 따라 여러 방식으로 해석되어 사용된다. 여기서는 상관의 의미를 좀 더 확장하여 연구방법과 관련하여 가장 많이 사용되는 타당도와 신뢰도의 사용방법에 대해 알아보자. 이 책은 연구방법론이 주가 아니므로 간단히 그 개념을 다루고 그에 따른 상관적용을 제시한다.

❙ 측정의 타당도

모든 연구는 우선적으로 변인에 대하여 측정이 이루어져야 데이터를 가지게 되고 데이터가 있어야 분석이 가능하다. 이렇게 측정을 통하여 원하는 변인 값의 데이터가 생성되는데 만약 측정이 잘못되는 경우 변인의 값 데이터도 잘못 생성되었을 것이다. 따라서 변인에 대한 최종적인 해석 또는 분석이 잘못된다. 이 경우 근본적으로 문제가 되는 것이 타당도일 것이다.

타당도는 측정도구가 무엇을 측정하는가(what to measure)의 문제이다. 측정 본질의 문제라고 볼 수 있다. 따라서 측정도구가 정말로 연구자가 측정하고자 하는 것을 제대로 측정하는가를 알고자 하기 위한 것이다. 타당도가 있다는 것은 변인의 속성을 제대로 측정한다는 것이고 타당도가 없다는 것은 자신이 다루고자 하는 변인과는 무관한 다른 변인의 속성을 측정한다는 것이다.

몸무게를 알고자 할 때 키를 재는 도구를 사용한다면 그것은 전혀 타당도가 없다는 것이다. 반면 몸무게를 킬로그램과 그램으로 정확히 나타내는 도구를 사용하여 측정한다면 그것은 측정도구에 있어 타당도가 높다고 말할 수 있다. 조사연구도 마찬가지다. 컴퓨터 지식을 측정하는 문항에 컴퓨터 태도를 측정하는 문항이 있다면 그 조사도구는 타당도가 떨어지거나 낮은 도구이다. 타당도의 종류에는 내용타당도, 예언타당도, 공인타당도, 구인타당도 등이 있다.

• 내용타당도(content validity)

내용타당도는 언어타당도라고도 한다. 이것은 측정하고자 하는 개념이나 변인의 속성을 언어적으로 표현하는 것이다. 장점은 편리하게 말이나 글로써 표현할 수 있다는 것이다. 그러나 타당도로서는 가장 하위적인 것으로 개인의 주관이 들어갈 수 있으며 계수로 산출될 수 없다는 단점이 있다. 그럼에도 불구하고 조사도구의 초기 개발단계나 적절한 조사도구가 없을 경우 편리하게 사용할 수 있는 장점이 있다. 주로 전문가나 연구영역 관련자를 통해 변인에 대해 정의를 내리는 양식이다.

- 예언타당도(predictive validity)

예언타당도는 측정결과가 미래의 어떤 효과나 행동에 있어서 얼마만큼 일치 또는 부합하는 가를 나타내는 타당도이다. 즉, 현재 측정값과 미래의 값에 대한 상관계수를 산출하면 그것이 예언타당도가 될 것이다. 가령 예비 비행기 조종사에 대한 어떤 값을 측정하여 얻고 2년 교육 후에 비행기 조종능력에 대한 값을 얻어 상관을 산출하여 계수를 얻으면 예언타당도 값을 구할 수 있을 것이다.

- 공인타당도(concurrent validity)

공인타당도는 예언타당도의 단점을 보완할 수 있는 타당도이다. 예언타당도는 미래의 값과의 상관이기 때문에 시간의 흐름이 필요하다. 그러나 공인타당도는 현재의 성과와 현재 준거(criteria)와의 상관관계를 만드는 개념이다. 가령 지능점수와 그 지능에 맞는 행동이 나왔다면 공인타당도가 높은 지능측정도구라고 할 수 있다.

- 구인타당도(construct validity)

구인타당도는 개념(concept), 구인(construct), 잠재변인(latent variable), 요인(factor) 등과 같은 것과 실제 이러한 보이지 않는 변인을 측정하는 도구와의 상관관계의 정도를 나타내는 것이다. 구인타당도는 보통 요인분석(factor analysis) 등을 이용하여 타당도를 나타내는 경우가 많다. 요인분석은 이러한 잠재변인의 구성을 파악하고자 하는 탐색적(exploratory factor analysis) 요인분석과 기존의 잠재변인을 측정하고자 만들어진 도구들이 타당한가를 확인하는 확인적 요인분석(confirmatory factor analysis)이 있다.

측정의 신뢰도

신뢰도도 상관의 개념을 이용하여 계산할 수 있다. 타당도가 무엇을 측정하는가의 문제라면 신뢰도는 어떻게 측정하는가의 문제이다. 보통 신뢰도는 일관성(consistency), 정확도(accuracy) 등의 개념을 포함하고 있다. 신뢰도가 높다는 것은 정확하고 일관된 값을 나타내는 도구라는 것이다. 가령 몸무게를 재는 저울의 바늘이 0을 가리키지 않고 자주 앞뒤로 변하거나 저울의 배터리가 닳아서 정확하거나 일정치 않다고 하면 그것은 신뢰도가 떨어지는 도구이다.

일반적으로 타당도가 높은 경우 신뢰도도 높을 수 있으나 신뢰도가 높다고 타당도가 높다고는 말할 수 없다. 타당도가 신뢰도보다 더 상위의 개념이다. 신뢰도에는 재검사신뢰도, 동등형신뢰도, 반분검사신뢰도, 내적일치도신뢰도 등이 있다.

- 재검사신뢰도(test-retest reliability)

재검사신뢰도는 특정검사도구를 특정집단에게 두 번의 검사를 수행하여 그 값에 대한 상관계수를 산출하는 것이다. 여기서 두 값을 이용하여 Person's r값을 만들어 내면 그것이 신뢰도 계수가 될 것이다. 두 번의 검사로 인해 측정오차가 발생할 수 있는 확률이 있으며 시험을 두 번 실시한다는 시간, 예산, 행정 등의 부담이 발생한다.

- 동등형신뢰도(equivalent forms reliability)

재검사신뢰도는 똑같은 문제를 두 번 풀어 그 값을 상관계수로 만든다. 반면 동등형신뢰도는 두 번 검사하여 추측이나 연습 등으로 발생할 수 있는 오차를 줄이고자 만든 것이다. 유사한 속성의 도구를 미리 만들어 그것과 처음 값하고의 상관을 만들어낸다. 이 역시 두 번의 검사로 인해 추가적인 부담이 발생한다.

- 반분검사신뢰도(split-half reliability)

반분검사신뢰도는 하나의 조사 또는 검사 도구 안에 비슷한 문항들을 두 개씩 만들어 이들 두 부분의 값을 가지고 상관계수를 만드는 것이다. Spearman-Brown의 반분검사신뢰도 공식은 다음과 같다.

$$r_{sb} = \frac{2r_{ab}}{1+r_{ab}}$$

a부분과 b부분의 상관계수 값인 r_{ab}가 .90이라면 반분검사신뢰도계수인 r_{sb}는 아래와 같다.

$$r_{sb} = \frac{2(0.9)}{1+0.9} = \frac{1.8}{1.9} = 0.9474$$

• 내적일치도 신뢰도(internal consistency reliability)

내적일치도 신뢰도계수는 흔히 Chronbach's 알파계수라고도 한다. 이것은 각 문항들 사이의 상관 정도를 기반으로 하여 만들어내는 계수이다. 사회과학에서 가장 많이 사용되는 방법으로 Likert형태의 심리측정도구에서 많이 사용되는 신뢰도 계수이다. 만약 4지 선다 또는 5지 선다형의 옳고 그름의 검사도구라면 알파계수를 사용할 수 없다. 다른 방식으로 신뢰도와 유사한 계수를 산출해야 한다. SAS에서는 요인분석을 통해 tetrachoric 상관계수를 산출할 수 있다. 이 상관계수는 2진 데이터 요인분석(binary data analysis)을 통해 얻어질 수 있다. 그러나 이러한 상관계수 산출은 보통 문항반응이론(item response theory)이나 고전적 검사이론을 사용하는 것이 바람직하다. 문항반응이론에서는 변별도, 난이도, 문항추측도 등을 산출할 수 있다. 일반적으로 전문 프로그램인 BILOG-MG 또는 MULTILOG 같은 전문 프로그램을 이용하는 것이 용이하다.

내적일치도는 문항에 대해서 응답자가 일관성 있는 응답을 하는가 나타내는 것이다. 가령 태도측정의 10개 Likert타입의 문항이 5점 척도로 측정되었다고 가정하자. 5점은 매우 긍정이고 1점은 매우 부정이라고 할 때 긍정적인 태도를 가진 사람은 대부분의 문항에서 긍정적인 점수에 체크를 하여야 하고 부정적인 사람은 부정적인 점수에 체크를 대부분 해야 할 것이다. 만약 긍정적인 태도를 가진 사람이 몇 개 문항에는 긍정을 몇 개 문항에는 부정에 답한다면 그것은 내적일치도가 떨어지는 도구이다.

11.10 SAS 명령문과 결과

▌단순 및 다중상관계수

SAS에서 상관계수를 만들기 위한 기본 명령문은 proc corr;이다. 다중상관 및 정준상관분석을 위해서는 proc cancorr;를 사용해야 한다.

예

```
data psy;
input x1 x2 x3 y;
x=sum(of x1-x3);
```

```
label x1='학원비' x2='학교특별활동비' x3=' 교통비'y='중간고사점수'
x='교육비용';
cards;
15 2 3 90
20 2 4 94
7 1 2 96
9 0 2 84
8 0 1 76
25 0 3 98
30 3 4 98
9 0 1 77
10 2 2 80
15 3 2 90
6 0 1 65
0 0 0 68
;
proc corr nosimple; var x1 x2 x3 y ; run;          ①
proc cancorr; var y; with x1-x3; run;               ②
proc reg; model y=x1-x3; run;                       ③
```

• 각 명령문의 기본 해설 및 결과값

① proc corr nosimple; 상관계수를 산출하라는 명령문이며 nosimple은 옵션이다. nosimple은 기초통계치를 산출하지 말라는 옵션이다. 변인 지정문인 var에 의하여 변인 x1 x2 x3에 대한 상관계수를 산출하라는 것이다. 아래 행렬에서 자신과의 상관계수, 즉 대각선 요소(diagonal elements)는 모두 1.0임을 확인하기 바란다.

CORR 프로시저

4 변수: x1 x2 x3 y

피어슨 상관 계수, N = 12
H0: Rho=0 검정에 대한 Prob > |r|

	x1	x2	x3	y
x1 학원비	1.00000	0.55682 0.0600	0.89006 0.0001	0.78515 0.0025
x2 학교특별활동비	0.55682 0.0600	1.00000	0.64532 0.0234	0.55788 0.0595
x3 교통비	0.89006 0.0001	0.64532 0.0234	1.00000	0.85172 0.0004
y 중간고사점수	0.78515 0.0025	0.55788 0.0595	0.85172 0.0004	1.00000

② proc cancorr; 다중상관계수 산출의 기본 명령문이다. var y;는 종속변인 y에 대하여 with x1-x3; 독립변인인 x1 x2 x3의 다중상관계수를 산출하라는 것이다. 아래에서 Canonical correlation 0.853899가 다중상관계수 값이며 이를 자승한 것이 0.729144이다 다중상관계수 값에 대한 유의도는 Wilks' Lambda 값 0.270855에 해당하는 p값 0.0117로 확인할 수 있다. p값이 .05보다 작으므로 다중상관계수는 유의하다고 결론짓는다.

Canonical Correlation Analysis

	Canonical Correlation	Adjusted Canonical Correlation	Approximate Standard Error	Squared Canonical Correlation
1	0.853899	0.835576	0.081666	0.729144

	Eigenvalues of Inv(E)*H = CanRsq/(1-CanRsq)				Test of H0: The canonical correlations in the current row and all that follow are zero				
	Eigenvalue	Difference	Proportion	Cumulative	Likelihood Ratio	Approximate F Value	Num DF	Den DF	Pr > F
1	2.6920		1.0000	1.0000	0.27085571	7.18	3	8	0.0117

NOTE: The F statistic is exact.

Multivariate Statistics and Exact F Statistics

S=1 M=0.5 N=3

Statistic	Value	F Value	Num DF	Den DF	Pr > F
Wilks' Lambda	0.27085571	7.18	3	8	0.0117
Pillai's Trace	0.72914429	7.18	3	8	0.0117
Hotelling-Lawley Trace	2.69200259	7.18	3	8	0.0117
Roy's Greatest Root	2.69200259	7.18	3	8	0.0117

③ proc reg; 다중회귀분석을 위한 기본 명령문. model y=x1-x3; model문에 의해 종속변인 y를 독립변인 x1 x2 x3 사용하여 회귀분석을 수행하라는 것임. 앞의 cancorr에서 나온 다중상관계수 값 canonical correlation 값인 0.853899를 자승하면 0.729144이다. 이 값은 아래의 설명계수 R^2값과 같다. 따라서 상기의 다중상관계수는 proc cancorr;를 꼭 사용할 필요는 없다. 실제로 정준상관분석을 위한 명령문이 proc cancorr;이다.

```
The REG Procedure
Model: MODEL1
Dependent Variable: y 중간고사점수

Number of Observations Read          12
Number of Observations Used          12
```

Analysis of Variance

Source	DF	Sum of Squares	Mean Square	F Value	Pr > F
Model	3	1056.28702	352.09567	7.18	0.0117
Error	8	392.37964	49.04746		
Corrected Total	11	1448.66667			

Root MSE	7.00339	R-Square	0.7291
Dependent Mean	84.66667	Adj R-Sq	0.6276
Coeff Var	8.27172		

Parameter Estimates

Variable	Label	DF	Parameter Estimate	Standard Error	t Value	Pr > |t|
Intercept	Intercept	1	68.28915	4.12440	16.56	<.0001
x1	학원비	1	0.17628	0.54061	0.33	0.7527
x2	학교특별활동비	1	0.16742	2.23182	0.08	0.9420
x3	교통비	1	5.68824	4.06677	1.64	0.1387

▌부분 및 준부분상관계수

부분 및 준부분상관계수를 산출하는 방식은 여러 가지가 있다. proc glm;이나 proc reg; 등을 이용하여 잔차를 만들고 나서 그것을 이용하여 proc corr;를 다시 사용하는 방식도 있으며 기본적인 proc corr;에 옵션 partial문을 사용하는 경우도 있다. 아래에서 각각의 방식을 차례대로 제시한다.

예

```
data psy;
input x1 x2 x3 y1 y2;
label x1='자아효능도' x2='동기부여' x3='자기학습시간' y1='성취도점수'
y2='교육만족도';
cards;
5 3 10 96 5
4 2 12 94 5
3 2 8 88 4
3 4 9 82 4
5 5 10 92 5
5 5 12 98 5
2 4 8 80 2
3 2 6 72 3
2 3 7 67 2
5 4 10 92 5
;
proc corr nosimple; var x1 x2 x3 y1 y2; run;               ①
proc corr; var x1 y1; partial x2; run;                      ②
proc cancorr; var x1; with y1; partial x2; run;             ③
proc glm; model x1 y1=x2; manova/printe; run;               ④
proc reg; model y1=x1 x2/pcorr1 pcorr2; run;                ⑤

proc reg noprint; model x1=x2; output out=res1 r=ex1; run; ⑥
proc reg noprint; model y1=x2; output out=res2 r=ex2; run; ⑦
data new; merge res1 res2; run;                             ⑧
proc corr nosimple data=new; var ex1 ex2; run;              ⑨

proc reg data=psy noprint; model x1=x2; output out=res3
r=ex3; run;                                                 ⑩
proc corr nosimple data=res3; var y1 ex3; run;              ⑪

proc reg data=psy; model y1=x1 x2/scorr1 scorr2; run;      ⑫
```

```
proc corr; var x1 y1; partial x2 x3; run;                    ⑬

proc reg data=psy noprint; model x1=x2 x3; output out=
res4 r=ex4; run;                                              ⑭
proc corr nosimple data=res4; var y1 ex4; run;               ⑮
```

• 각 명령문의 기본 해설 및 결과값

proc corr nosimple; var x1 x2 x3 y1 y2; 변인 5개 간의 단순상관계수를 산출하라는 명령문이다. nosimple은 단순통계치를 산출하지 말라는 옵션구문이다.

CORR 프로시저

5 변수: x1 x2 x3 y1 y2

피어슨 상관 계수, N = 10
H0: Rho=0 검정에 대한 Prob > |r|

	x1	x2	x3	y1	y2
x1 자아효능도	1.00000	0.39326 0.2609	0.74092 0.0142	0.84769 0.0020	0.92527 0.0001
x2 동기부여	0.39326 0.2609	1.00000	0.39028 0.2648	0.32084 0.3661	0.22769 0.5270
x3 자기학습시간	0.74092 0.0142	0.39028 0.2648	1.00000	0.88187 0.0007	0.80628 0.0048
y1 성취도점수	0.84769 0.0020	0.32084 0.3661	0.88187 0.0007	1.00000	0.89906 0.0004
y2 교육만족도	0.92527 0.0001	0.22769 0.5270	0.80628 0.0048	0.89906 0.0004	1.00000

② proc corr;를 이용하여 부분상관계수를 만드는 방식이다. 두 변인 x1과 y1을 var에 의해 지정하고 x2의 영향력을 두 변인 모두 제거하기 위해 partial구문으로 지정한 방식이다. 아래의 결과에서 부분 변수로 x2가 표시되어 있는 것을 확인하고, x2가 제거된 상태의 x1과 y1의 부분상관계수는 $r_{y1.2}$=.8286이다.

```
                    CORR 프로시저

          1 부분 변수:    x2
          2      변수:    x1          y1

          피어슨 부분 상관 계수, N = 10
     H0: 부분 Rho=0 검정에 대한 Prob > |r|

                          x1              y1

     x1                1.00000         0.82855
     자아효능도                          0.0058

     y1                0.82855         1.00000
     성취도점수          0.0058
```

③ proc cancorr;를 이용하여 부분상관계수를 만드는 방식이다. var x1; with y1;는 x1과 y1과의 정준상관계수를 산출하는 명령문이다. partial x2;는 x2변인의 영향력을 두 변인 모두 제거하라는 것이다. 아래의 결과에서 정준상관계수(canonical correlation)의 값이 .8286이며 부분상관자승값(squared canonical correlation)이 .6865로 제시되고 있다. 유의성은 Wilks' Lambda계수가 .3135이며 F값이 15.33에 p값이 .0058이므로 정준상관계수가 0이라는 영가설이 기각되고 정준상관계수를 받아들인다.

```
                         The CANCORR Procedure

          Canonical Correlation Analysis Based on Partial Correlations

                                 Adjusted    Approximate      Squared
                   Canonical    Canonical       Standard    Canonical
                 Correlation  Correlation          Error  Correlation

               1    0.828552            .       0.110840     0.686498

                                           Test of H0: The canonical correlations in the
           Eigenvalues of Inv(E)*H            current row and all that follow are zero
             = CanRsq/(1-CanRsq)
                                           Likelihood Approximate
    Eigenvalue  Difference  Proportion  Cumulative   Ratio     F Value  Num DF  Den DF  Pr > F

 1      2.1898                  1.0000      1.0000 0.31350188    15.33       1       7  0.0058

                       NOTE: The F statistic is exact.

               Multivariate Statistics and Exact F Statistics

                           S=1    M=-0.5    N=2.5

       Statistic                    Value    F Value   Num DF   Den DF   Pr > F

       Wilks' Lambda           0.31350188      15.33        1        7   0.0058
       Pillai's Trace          0.68649812      15.33        1        7   0.0058
       Hotelling-Lawley Trace  2.18977356      15.33        1        7   0.0058
       Roy's Greatest Root     2.18977356      15.33        1        7   0.0058
```

④ proc glm; 다변량분석MANOVA를 이용한 부분상관계수을 구하는 방식이다. model x1 y1=x2;는 x1과 y1 두 종속변인에 대해서 하나의 독립변인 x2에 대한 일반선형모델을 돌리라는 구문이다. manova/printe; 옵션으로 다변량분석을 수행하고 잔차(error) SSCP행렬을 제시하라는 구문이다. 이 구문은 자동적으로 부분상관계수를 산출한다.

아래의 결과는 x1과 y1에 대한 x2의 변량분석 (ANOVA)결과는 생략하고 부분상관계수 값만을 나타내는 화면만 제시한 것이다.

```
                    The GLM Procedure
            Multivariate Analysis of Variance

                  E = Error SSCP Matrix

                         x1              y1

     x1         11.919354839    85.370967742
     y1         85.370967742    890.69354839

Partial Correlation Coefficients from the Error SSCP Matrix / Prob > |r|

     DF = 8               x1              y1

     x1             1.000000        0.828552
                                      0.0058

     y1             0.828552        1.000000
                      0.0058
```

⑤ proc reg; 회귀분석을 통해서도 구할 수 있는 방식이다. model y1=x1 x2/pcorr1 pcorr2; y1에 대한 회귀식에 독립변인 x1과 x2를 삽입하고 옵션문/pcorr1 pcorr2;를 사용한 방식이다. 여기서 pcorr는 부분상관자승값을 산출하라는 의미다. partial correlation의 약자라고 생각하면 될 것이다. pcorr1과 pcorr2는 변인들이 순차적으로 들어갔을 때 부분상관자승을 만들어내는 방식(pcorr1)과 변인들이 동시에 회귀모형에 포함되었을 때의 부분상관자승을 만들어내는 방식의 차이이다. 아래 결과값에서 동시부분상관자승값(squared partial correlation type II) .68650을 제곱근하면 부분상관계수값 .82852값이다. 역으로 부분상관계수 .82852값을 자승하면 동시부분상관자승값이 된다.

The REG Procedure
Model: MODEL1
Dependent Variable: y1 성취도점수

Number of Observations Read	10
Number of Observations Used	10

Analysis of Variance

Source	DF	Sum of Squares	Mean Square	F Value	Pr > F
Model	2	713.66590	356.83295	8.95	0.0118
Error	7	279.23410	39.89059		
Corrected Total	9	992.90000			

Root MSE	6.31590	R-Square	0.7188
Dependent Mean	86.10000	Adj R-Sq	0.6384
Coeff Var	7.33554		

Parameter Estimates

Variable	Label	DF	Parameter Estimate	Standard Error	t Value	Pr > |t|	Squared Partial Corr Type I	Squared Partial Corr Type II
Intercept	Intercept	1	60.05007	7.64764	7.85	0.0001	.	.
x1	자아효능도	1	7.16238	1.82940	3.92	0.0058	0.71858	0.68650
x2	동기부여	1	-0.13261	1.95078	-0.07	0.9477	0.00065973	0.00065973

⑥, ⑦은 잔차를 이용해서 부분상관계수를 만들기 위해 우선적으로 회귀분석을 수행하는 방법이다. proc reg;는 회귀분석을 수행하라는 것이다. noprint는 옵션으로 회귀분석을 수행하되 결과값을 출력하지 말라는 것이다. 종속변인 x1에 대해서 x2가 독립변인으로 모델문을 설정하였다. output out=res1 r=ex1;는 결과값을 바깥으로 임시로 내보내되 그 데이터 이름을 res1이라고 주고 결과값 중 잔차 r은 ex1이라는 이름으로 저장하여 내보내라는 것이다. 두번째도 마찬가지로 새로운 데이터 세트인 res2가 생기고 그 데이터 중 잔차는 ex2라는 이름으로 저장하라는 것이다.

⑧ data new; 새로운 데이터를 만들기 위한 데이터 문으로 데이터 명을 new라고 지칭하였다. merge res1 res2; 기존데이터들을 병합하기 위한 merge문이 사용되었고 병합데이터들은 위의 회귀분석에서 만들어진 res1과 res2이다.

⑨ proc corr nosimple data=new;는 새롭게 만들어진 데이터 new를 이용하여 상관분석을 하데 단순통계치는 제시하지 말라는 구문이다. var ex1 ex2; 변인 ex1과 ex2에 대해서 상관계수를 제시하라는 것이다. 이러한 잔차들은 x2변인으로부터 모두 영향력이 제거된 것이기 때문에 이들을 이용해서 상관을 내면 바로 부

분상관계수가 된다.

```
                CORR 프로시저

          2  변수:    ex1        ex2

            피어슨 상관 계수, N = 10
         H0: Rho=0 검정에 대한 Prob > |r|

                          ex1          ex2

        ex1            1.00000      0.82855
        Residual                     0.0031

        ex2            0.82855      1.00000
        Residual        0.0031
```

⑩⑪은 잔차를 이용해서 준부분상관계수를 만드는 방식이다.

proc reg data=psy noprint; model x1=x2; output out=res3 r=ex3; 데이터 psy를 이용해서 종속변인 x1에 대하여 x2 독립변인을 이용해서 회귀분석을 수행하라는 것이다. 결과는 바깥으로 임시 저장하여 내보내되 그 데이터 이름은 res3 그리고 잔차 r값의 이름은 ex3로 하라는 것이다.

proc corr nosimple data=res3; var y1 ex3; 위에서 만들어진 res3 데이터를 이용해서 변인 y1과 ex3 간의 상관계수를 제시하라는 것이다. 회귀분석에서 x2가 x1에 가지는 영향력이 제거된 ex3라는 변인과의 상관계수는 곧 준부분상관계수이다. 준부분상관계수의 값이 .78475이다.

```
                CORR 프로시저

          2  변수:    y1         ex3

            피어슨 상관 계수, N = 10
         H0: Rho=0 검정에 대한 Prob > |r|

                          y1           ex3

        y1             1.00000      0.78475
        성취도점수                    0.0072

        ex3            0.78475      1.00000
        Residual        0.0072
```

⑫ proc reg data=psy; model y1=x1 x2/scorr1 scorr2; 준부분상관계수를 산출하기 위한 회귀식이다. 부분상관계수를 산출하기 위한 회귀식과 유사하되 옵션만 틀린 구문이다. 옵션/scorr1 scorr2;는 순차적으로 준부분상관자승값과 동시에 삽입되어 준부분상관자승값을 산출하라는 방식이다. 동시준부분상관자승값(squared semi partial correlation type II) .61583을 제곱근하면 바로 위의 준부분상관계수 .78475가 된다.

The REG Procedure
Model: MODEL1
Dependent Variable: y1 성취도점수

Number of Observations Read	10
Number of Observations Used	10

Analysis of Variance

Source	DF	Sum of Squares	Mean Square	F Value	Pr > F
Model	2	713.66590	356.83295	8.95	0.0118
Error	7	279.23410	39.89059		
Corrected Total	9	992.90000			

Root MSE	6.31590	R-Square	0.7188
Dependent Mean	86.10000	Adj R-Sq	0.6384
Coeff Var	7.33554		

Parameter Estimates

Variable	Label	DF	Parameter Estimate	Standard Error	t Value	Pr > |t|	Squared Semi-partial Corr Type I	Squared Semi-partial Corr Type II
Intercept	Intercept	1	60.05007	7.64764	7.85	0.0001	.	.
x1	자아효능도	1	7.16230	1.02940	3.92	0.0058	0.71858	0.61583
x2	동기부여	1	-0.13261	1.95078	-0.07	0.9477	0.00018566	0.00018566

⑬ proc corr; var x1 y1; partial x2 x3; 다중부분상관계수를 산출하기 위한 상관분석을 수행하라는 구문이다. 변인 x1과 y1의 상관계수를 산출하되 partial문에 의해 x2와 x3의 영향력을 제거하라는 것이다.

```
                              CORR 프로시저

                         2 부분 변수:   x2        x3
                         2      변수:   x1        y1

                              단순 통계량

                                                                                        편
변수        N       평균    표준편차          합      최소값      최대값      편분산   표준편차 라벨

x2         10    3.40000    1.17379    34.00000     2.00000     5.00000                      동기부여
x3         10    9.20000    1.98886    92.00000     6.00000    12.00000                      자기학습시간
x1         10    3.70000    1.25167    37.00000     2.00000     5.00000     0.88276   0.93955 자아효능도
y1         10   86.10000   10.50344   861.00000    67.00000    98.00000    31.44014   5.60715 성취도점수

                       피어슨 부분 상관 계수, N = 10
                     H0: 부분 Rho=0 검정에 대한 Prob > |r|

                                    x1            y1

                     x1          1.00000       0.63258
                     자아효능도                 0.0923

                     y1          0.63258       1.00000
                     성취도점수   0.0923
```

⑭⑮는 다중준부분상관계수를 산출하기 위한 방법이다. 앞에서 잔차를 이용하여 준부분상관계수를 만드는 방식과 거의 동일하다. 다만 model문에서 변인이 x2와 x3로 두 개 추가되었다는 점만 다르다. 회귀분석에 수 만들어진 결과 데이터를 res4라는 이름으로 그 중에서 잔차 r은 ex4로 저장시키라는 것과 그 데이터를 이용해서 상관관계계수 y1과 ex4를 만들라는 것이다.

```
                        CORR 프로시저

                  2  변수:    y1        ex4

                    피어슨 상관 계수, N = 10
                H0: Rho=0 검정에 대한 Prob > |r|

                                 y1            ex4

              y1              1.00000        0.29782
              성취도점수                      0.4033

              ex4             0.29782        1.00000
              Residual         0.4033
```

순위상관계수

서열척도의 순위점수로 상관계수 산출은 proc corr;를 이용하여 만들 수 있다.

예 **data** psy;

```
input id class iq;
cards;
a 1 2
b 2 1
c 3 4
d 4 3
;
proc corr sperman; var class iq; run;     ①
```

•각 명령문의 기본 해설 및 결과값

proc corr 뒤의 sperman옵션은 순위상관계수를 산출하라는 것이다. 원데이터 값은 모두 순위점수로 되어있다. 만약 상기 점수가 순위 값이 아니고 등간척도의 값이라면 Person의 r을 산출할 시 똑같은 값이 나올 것이다.

CORR 프로시저

2 변수: class iq

단순 통계량

변수	N	평균	표준편차	중위수	최소값	최대값
class	4	2.50000	1.29099	2.50000	1.00000	4.00000
iq	4	2.50000	1.29099	2.50000	1.00000	4.00000

스피어만 상관 계수, N = 4
H0: Rho=0 검정에 대한 Prob > |r|

	class	iq
class	1.00000	0.60000 0.4000
iq	0.60000 0.4000	1.00000

▎신뢰도 산출

SAS에서 신뢰도 산출 시 가장 많이 사용되는 알파계수는 proc corr;를 이용하여 구하게 된다.

```
data psy;
```

```
input (x1-x10)(1.0);
cards;
3333344444
2222212121
5454545555
3232221132
4444455454
2322113322
3345455555
1221221212
2312111111
5454555555
;
proc corr nosimple nocorr alpha; var x1-x10; run;     ①
```

• 각 명령문의 기본 해설 및 결과값

① nosimple과 nocorr의 옵션은 단순통계치와 변인 간의 상관계수값을 제시하지 말라는 옵션이다. alpha는 내적일치도 신뢰도 알파계수를 산출하라는 옵션이다. var는 내적일치도계수를 산출하기 위한 변인을 지정한다.

아래 결과에서 원데이터를 이용한 알파계수와 표준화데이터를 이용한 알파계수 두 가지가 제시되어있다. 보통의 경우 원데이터를 이용한 알파계수를 제시한다. 일반적으로 변인의 수와 표집크기를 고려해서 알파계수를 사용하는데 보통 5~6개 문항의 경우 .7이하인 경우 한번쯤 수정을 할 필요가 있다. 알파계수 아래에 삭제한 변수와 합계와의 상관계수 그리고 삭제하였을 때의 알파계수 각각의 값이 제시되어 있다. 일반적으로 합계와의 상관계수가 매우 낮고 그 변인을 제거했을 때 알파계수가 원래의 알파계수보다 많이 상승했을 때는 그 문항을 제거할 필요가 있다. 아래의 결과에서는 X2가 원데이터계수 .989977보다 .983229로 상승한다. 그러나 이러한 변화는 거의 차이가 없으므로 그대로 사용하는 것이 바람직하다. 일반적으로 합계와의 상관계수가 .3이하인 경우 제거하는 것이 보통이다.

CORR 프로시저

10 변수: x1 x2 x3 x4 x5 x6 x7 x8 x9 x10

Cronbach의 α계수

변수	α계수
원데이터	0.980077
표준화	0.982906

변수를 제외했을 때의 Cronbach 계수

삭제한 변수	데이터 변수: 합계와의 상관계수	데이터 변수: α계수	표준화된 변수: 합계와의 상관계수	표준화된 변수: α계수
x1	0.858397	0.979389	0.869006	0.982434
x2	0.791057	0.983229	0.791849	0.984782
x3	0.935656	0.977117	0.933005	0.980458
x4	0.916190	0.977947	0.912333	0.981100
x5	0.939122	0.976708	0.937571	0.980317
x6	0.928143	0.977366	0.922403	0.980788
x7	0.938034	0.977172	0.939702	0.980250
x8	0.920303	0.977547	0.917862	0.980928
x9	0.961269	0.976009	0.958865	0.979653
x10	0.967959	0.975725	0.961681	0.979565

Chapter 12

공분산분석

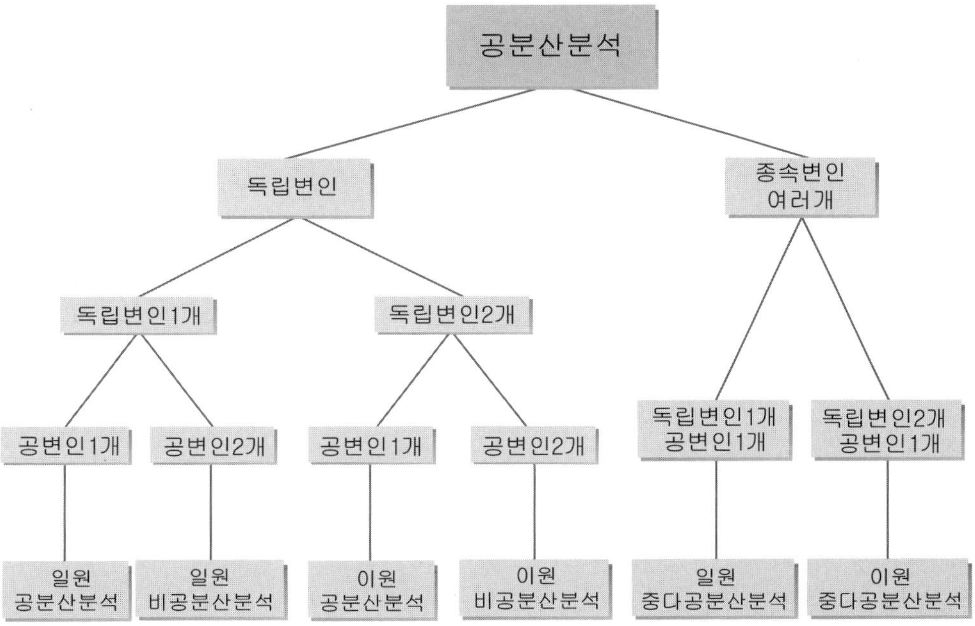

Situation 12

L씨는 교육방법 세 가지 이러닝, 블랜디드러닝, 일반교수법의 교육효과를 알기 위해 자신이 가르치는 세 개의 반을 합하여 무선적으로 다시 세 그룹으로 배치하고 실험을 수행하였다. 학생들에게 특정주제에 대하여 수업을 실시한 후 교육효과를 측정하였다. 그러나 학생들이 사전에 가지고 있는 수업과 관련한 지식수준이 영향을 준다고 생각하고 그들을 통제하고 순수한 교육효과를 알고 싶었다.

Problem: L씨는 어떻게 세 그룹을 비교하고 사전점수를 통제할 수 있을까?

Solution: 우연히 특정그룹에 사전지식이 높은 점수를 가진 학생이 많을 수도 있으므로 사전지식을 공변인으로 묶어 통제한 후 순수효과만 변량분석으로 검증할 수 있다.

Learning Objectives: 공분산 분석의 개념을 설명할 수 있으며, 공분산분석표를 해석할 수 있다. SAS를 이용하여 실제로 공분산분석의 명령문을 작성하고 수행할 수 있다.

12.1 공분산분석(Analysis of covariance: ANCOVA) 개념

일반적으로 연구자는 자신의 실험에서 실험조치(treatment or factor)로부터 발생하는 종속변인의 변량을 극대화하고 오차변량(error variance)을 최대로 줄이고 싶어 한다. 이렇게 오차변량을 최대로 줄이고 싶어 하는 것을 실험오차의 통제 또는 제어(control)라고 한다. 이러한 제어방법에 가장 좋은 것은 실험에 포함되는 실험개체를 동질적으로 무선적으로 배치하는 것이다. 또 다른 방법으로는 실험단위들에 영향을 미친다고 간주되는 변인을 아예 실험에 포함시켜 나중에 그러한 것을 통계적으로 제어하는 것이다. 보통 순수실험조치 이외의 가외요인이 종속변인에 영향을 주는 것을 오염(contamination)이라고 한다.

교육효과에 영향을 주는 가장 대표적인 요인 중 하나는 지능이다. 학업성취도를 높이기 위한 교수방법을 개발하기 위해 실험을 하였다고 하자. 하나의 교수방법은 온라인과 오프라인이 결합된 블랜디드 학습이고 또 하나는 직장 내에 구축된 학습관리시스템 상에서 순수한 온라인 학습법이라고 하자. 종속변인은 직무에 관련된 기본 역량점수라고 하자.

이러한 상황에서 전개할 수 있는 실험디자인은 여러 가지가 있을 수 있다. 첫째는 완전무선설계(completely randomized design)로 실험개체들을 무선적으로 배치하여 각 그룹에 지능이 높고 낮은 개체들이 골고루 배치되도록 하는 것이다. 실험에 앞서 두 집단의 지능을 t검증이나 일원변량분석 등을 통하여 검증하는 것도 좋은 방법이다. 만약 두 집단이 통계적으로 차이가 나지 않는다면 두 그룹에 대한 학습효과를 검증함에 있어 문제가 되지 않는다.

둘째로 지능이 높은 집단과 낮은 집단 모두에게 두 가지 교수방법 통해 학습하도록 하고 각각의 방법으로부터 발생한 점수를 가지고 비교검증할 수 있다. 동일피험자의 반복측정 설계방식이다. 이 경우 두 번의 학습과 그에 대한 시험이 부담이 될 수도 있다. 또한 이미 한번 학습한 것이 사전 지식화되어 실험의 타당도를 저해할 수 있다. 그러나 자연과학에서 새로운 상품의 기능에 대해 특정요인을 가진 두 집단에게 반복을 하여 측정비교하는 경우 만족할 만한 결과를 가져올 수 있다.

셋째, 지능이 높은 집단과 낮은 집단을 블록(block)으로 묶어 블랜디드 학습과 온라인 학습법 그룹에 똑같이 한 명씩 뽑아 집어넣어 실험을 수행하면 순수효과에 대한 검증을 할 수 있을 것이다.

넷째, 이원요인설계방법으로 지능을 하나의 독립변인으로 집어넣어 통계적 검증을 수행할 수 있다. 이 경우 제 1종 오류(Type I error)를 조절하고 나아가 상호작용까지 살펴볼 수 있는 장점도 있다.

마지막으로 실험을 마치고 가외요인을 통계적으로 제어하는 방법으로 공분산 또는 공변량 분석이 있다. 실험요인설계에서 요인으로 간주되지 않은 변인을 공변인(covariate)이라고 한다. 기본적으로 종속변인(dependent variable) 또는 반응변인(response variable)에 영향을 미칠 것이라는 가정을 갖는 공변인을 실험 후 제거함으로써 순수 요인의 영향력을 검증할 수 있는 방법이다.

지능을 공변인으로 삼은 경우 지능과 학습효과 간에 유의한 상관관계가 있다고 하면 그만큼의 공변량이 발생하므로 교수방법만 사용했을 때보다 전체 오차변량은 줄어든다. 따라서 일반적으로 전체 변량분석표에서 발생하는 F값은 커지고 유의성이 증가할 것이다.

지능이라는 한 개의 공변인을 사용하는 것 이외에 한 개의 공변인을 추가한다면 그만큼 전체 오차변량은 더욱 줄어들 것이다. 가령 지능과는 별도로 학습자의 동기부여가 학습효과에 영향을 줄 것이다. 이렇게 다공변인(multiple covariate)을 설정하여 공분산분석을 수행할 수도 있다. 이 경우는 단순상관계수가 아니라 다중상관계수(multiple correlation coefficient)를 다중회귀방식으로 산출한다.

12.2 공분산분석의 가정

공분산분석을 수행하면 단순히 변량분석에서 처치로부터 평균의 차이가 발생하여 유의성을 받아들이고 처치의 효과가 있다고 결론 내리는 것이 아닌 경우도 있다. 가령 교수방법에 따라 학업성취도도가 차이가 있다고 일원변량분석을 통해 결론 내리는 것이 지능을 공변인으로 삽입함으로써 전혀 처치의 효과가 나오지 않는 경우이다. 반대로 단순히 일원변량분석에서 유의성이 없게 나왔지만 공변인을 삽입함으로써 유의한 결과가 발생할 수도 있다.

공분산분석은 전반적인 선형모델의 유의성, 즉 전반적인 F값(overall F-value)을 증가시키지만 때로는 공변인이 추가되어도 전반적인 F값이 떨어지는 경우가 있다. 이 경우는 공변인이 종속변인과 상관이 있지만 처치 요인과도 상관이 있기 때문이다. 예를 들면 지능을 새로운 교수방법이 끝나고 측정하였다고 하자. 각 방법에 학생들이 비록 무선적으로 배치되었다고 하지만 오랫동안 블랜디드 방식과 온라인 방식으로 공부한 학생간의 지능에 있어서 차이가 발생할 수 있다. 즉, 교육방법(factor)이 학습효과에도 영향을 미치고 동시에 학습자들의 지능(covariate)에도 영향을 미치는 경우이다. 또 다른 경우는 공변인을 추가함으로써 실제의 처치요인 효과가 무의도적으로 감소하는 결과가 발생하는 것이다.

일반적으로 공변인이 위의 사례와 같이 처치요인으로부터 영향을 받는 경우 수정된 처리평균치(adjusted mean)를 구해서 사용하는 것이 바람직하다. 이 평균은 공변인으로부터 발생하는 모든 차이를 제거하고 나서 구해진 값이다.

공분산분석은 다음과 같은 가정요건이 있다. 첫째, 공변인과 종속변인에 유의한 상관관계 등이 있어야 한다. 가령 위에서 피험자의 지능점수와 학습효과점수와 상관관계가 있어야 공분산분석을 적용할 수 있다. 둘째, 공변인은 독립변인인 처치 혹은 요인(treatment or factor)과 상호작용(interaction effect)이 없어야 한다. 셋째, 공변인은 처치별로 똑같은 기울기(slope)를 가져야 한다. 이러한 둘째와 셋째 가정요건은 보통 선형모델에서 상호작용효과를 삽입하여 검토를 한다.

위의 가정요건과 별도로 공분산분석은 변량분석과 회귀분석의 기본 가정요건이 충족되어야 한다. 변량분석에서의 변량의 동질성, 정규분포성, 개체의 독립성 그리고 회귀분석에서의 잔차분석에서 확인할 수 있는 정규분포성, 독립성, 무선성, 선형성, 그리고 그 밖의 이상치 등의 검증이 필요하다.

12.3 공분산분석의 종류

공분산분석은 독립변인, 공변인, 종속변인의 수에 따라 다양하게 이루어진다. 우선 독립변인측 처치 혹은 요인의 수에 따라 일원공분산분석(one way analysis of covariance), 이원공분산분석(two way analysis of covariance) 등으로 나뉜다. 일원공분산분석은 처치 혹은 요인이 하나 동시에 공변인이 하나이면서 종속변인도 하나인 경우다. 이원공분산분석은 요인이 두 개에 공변인 하나이면서 종속변인도 하나인 경우다. 요인의 수가 세 개인 삼원공분산분석도 있을 수 있으나 일반적으로 해석에 어려움이 있으므로 바람직하지는 않다.

공변인이 하나 이상인 다공변인(multiple covariate)의 경우 보통 2개까지만 모델에 삽입하여 사용한다. 공변인을 3개 이상 삽입하는 경우 그만큼 오차변량은 줄지만 해석에 어려움이 있으며 모델의 간명성 법칙(principle of parsimony)에 의해 바람직하지 않다. 일원공분산분석과 이원공분산분석에 공변인이 두 개로 증가한 따라서 일원이공분산분석과 이원이공분산분석 등이 있을 수 있다.

마지막으로 중다공분산분석(multiple analysis of covariance: MANCOVA)이 있다. 중다공분산분석은 종속변인이 여러 개인 경우 중다변량분석(MANOVA)에 공변인을 추가한 것이다. 이 경우 독립변인인 요인이 한 개 공변인이 한 개의 경우 일원중다공분산분석(one-way MANCOVA)라고 하며, 요인이 두 개, 공변인이 한 개의 경우 이원중다공분산분석(two-way MANCOVA)라고 한다. 변량분석에서 설명하였듯이 중다변량분석은 종속변인이 여러 개이므로 종속변인의 세트, 즉 평균벡터의 차이 검증을 의미하고 거기에 공변인이 추가되었다고 보면 된다. 가령 교육방법(블랜디드 vs. 온라인)에 따라 종속변인이 학업만족도와 성취도를 동시에 본다고 하면 종속변인의 경우 두 개이다. 여기에 지능을 공변인으로 삼아 분석하였다면 일원중다공분산분석이 될 것이다.

12.4 공분산분석의 모델

일원공분산분석의 선형모델은 다음과 같다.

$y_{ij}=\mu+\alpha_i+\beta(x_{ij}-\bar{x}_{..})+e_{ij}$

y_{ij}=j그룹에 i번째 종속변인 관찰값

x_{ij}=j그룹에 i번째 공변인 관찰값

$\bar{x}_{..}$= x전체평균

i=1…r(그룹 또는 처치수준)

j=1…n(i수준에 해당하는 관찰치)

e_{ij} ~ iidN(0~σ^2): 잔차는 독립적이며 동질적이며 정규분포에 평균은 0, 변량은 σ^2

$\mu+\alpha_i=\mu_j$= j그룹효과

β=기울기(slope)

각각의 i에 대하여 기울기가 같은 단순선형회귀식을 가지고 있으나 절편(intercept)은 보통 다를 것이다. 다르게 표현하면 공변인의 효과가 각 그룹의 평균을 조정하여 새로운 값을 산출한다는 것이다.

12.5 SAS와 공분산분석

SAS를 이용하여 공분산분석을 수행하기 위해서는 proc glm;을 사용한다. proc glm;의 사용법은 이원변량분석에서 설명을 하였다. proc glm; 이외에 proc anova; 등을 이용해서 기본적인 변량분석과 proc gplot; 등을 이용하여 기울기를 확인한다.

예 아래에는 세 개의 교수방법(method) A, B, C를 받은 학생들의 학업성취 사후점수(post)와 사전점수(pre)의 데이터이다. 각 그룹별로 5명의 피험자가 무선적으로 배치되었으나 사전 점수가 완전히 무선적 또는 블록화되었다고 보기 힘든 관계로 사전점수를 공변인으로 채택하였다.

```
data psy;
input method $ post pre @@;
cards;
A 36 19 A 37 24 A 33 19 A 42 25 A 30 16
B 41 32 B 36 24 B 36 26 B 24 15 B 31 22
C 21 21 C 30 26 C 29 27 C 20 13 C 25 25
;
proc anova; class method; model post=method;
means method/lsd; run;
run;①

proc glm;
class method ;
model post= method pre method*pre; run;②

proc glm; class method; model post=method pre/solution
clparm;③
lsmeans method/stderr tdiff pdiff adjust=tukey cl;④

symbol1 v='1' i=rl c=blue ;
symbol2 v='2' i=rl c=red;
symbol3 v='3' i=rl c=green; ⑤
proc gplot; plot pre*post=method; run; ⑥
```

● 각 명령문의 기본 해설 및 결과값

① proc anova;는 변량분석을 수행하라는 명령문. class method; 독립변인, 즉 처치요인을 method로 지정. model post=method;는 종속변인 post를 앞의 class문에

서 지정한 method로 선형모델로 하여 변량분석을 수행하라는 것이다. 이것은 기본적으로 공변량분석에 앞서 처치요인의 효과가 발생하는 가를 확인하고자 하는 것이다. 앞에서 설명한 것과 같이 여기서 효과가 있다고 하더라도 공변인을 추가함으로써 효과가 없는 경우도 있기 때문이다.

아래 변량분석 결과에서 일단 처치요인, 즉 교수방법에 의해 학업성취가 영향을 받는 것이 확인되었다. 추가로 다중비교를 하기 위해서 means method/lsd;를 삽입하였다. 처치요인 method에 의해 평균을 t검증 방식으로(least significance difference) 비교하라는 것이다. 이것은 공변인이 추가됨으로써 어떻게 초기의 결과가 바뀌는지를 보여주고자 수행하였다. 여기서의 결과에 의하면 첫 번째 그룹과 두 번째 그룹하고는 차이가 없고 첫 번째와 두 번째 그룹은 세 번째 그룹하고만 차이가 발생한다.

```
                              The ANOVA Procedure

Dependent Variable: post

                                            Sum of
        Source                      DF     Squares     Mean Square    F Value    Pr > F

        Model                        2   317.2000000   158.6000000      5.80    0.0173

        Error                       12   328.4000000    27.3666667

        Corrected Total             14   645.6000000

                    R-Square     Coeff Var     Root MSE     post Mean

                    0.491326      16.66024     5.231316      31.40000

        Source                      DF     Anova SS    Mean Square    F Value    Pr > F

        method                       2   317.2000000   158.6000000      5.80    0.0173

                              The ANOVA Procedure

                             t Tests (LSD) for post

NOTE: This test controls the Type I comparisonwise error rate, not the experimentwise error rate.

                    Alpha                               0.05
                    Error Degrees of Freedom              12
                    Error Mean Square               27.36667
                    Critical Value of t              2.17881
                    Least Significant Difference      7.2088

              Means with the same letter are not significantly different.

              t Grouping          Mean      N    method

                       A        35.600      5    A
                       A
                       A        33.600      5    B

                       B        25.000      5    C
```

② proc glm; 일반선형모델분석을 수행하라는 문. class는 앞의 변량분석과 마찬가지로 method를 지정하였다. 그러나 모델문에서 학업성취(post)를 설명함에 있어서 이원변량분석에서 사용하는 것과 같이 method pre method*pre 세 가지의 요인을 집어넣었다. 특히 상호작용(interaction effect)을 삽입하였다. 여기서 주의할 것은 class문에서 pre를 지정하지 않았다는 것이다. 이원변량분석에서는 반드시 pre를 지정해야 하나 공변량분석에서는 회귀변인, 즉 x변인을 삽입하지 않는다는 점이다. 상호작용을 집어넣은 것은 공변인과 처치요인과의 상호작용이 있는가를 알아보기 위함이다. 가정요건에서 설명하였듯이 공변인과 처치요인 간에는 상호작용이 없어야 한다.

아래 결과에서는 H_0: 상호작용없음(no interaction effect)은 F값 1.14, p값 .3629이므로 기각할 수 없다. 따라서 공변인과 처치요인과의 상호작용은 없다고 보며 가정요건이 충족되었다. 이것은 다른 차원에서 공변인의 기울기(slope)가 처치수준별로 일정하다고 해석할 수 있다.

The GLM Procedure

Dependent Variable: post

Source	DF	Sum of Squares	Mean Square	F Value	Pr > F
Model	5	603.6618474	120.7323695	25.91	<.0001
Error	9	41.9381526	4.6597947		
Corrected Total	14	645.6000000			

R-Square	Coeff Var	Root MSE	post Mean
0.935040	6.874700	2.158656	31.40000

Source	DF	Type I SS	Mean Square	F Value	Pr > F
method	2	317.2000000	158.6000000	34.04	<.0001
pre	1	275.8682298	275.8682298	59.20	<.0001
pre*method	2	10.5936177	5.2968088	1.14	0.3629

Source	DF	Type III SS	Mean Square	F Value	Pr > F
method	2	1.3880084	0.6940042	0.15	0.8637
pre	1	244.9103891	244.9103891	52.56	<.0001
pre*method	2	10.5936177	5.2968088	1.14	0.3629

③ proc glm; class method; model post=method pre/solution clparm;

공분산분석을 수행하기 위한 명령문이다. 여기서도 중요한 것은 class문에서는 처치요인 하나만, 즉 method를 설정하였으나 model문에서는 종속변인 학업성취인 post가 method와 공변인인 pre 두 개에 의해 설명된다고 하였다. /solution clparm;은 옵션으로 solution은 회귀분석방식의 추정치(parameter estimate)등을 산출하고 그에 대한 신뢰구간추정범위는 clparm에 의해 산출된다. 아래 결과에서 우선적으로 보고서나 논문에 공분산분석표를 제시한다면 다음과 같다. 기본적으로 Type III변량분석결과를 이용하고 전체변량과 오차변량은 분할되기 전의 변량분석결과를 사용한다.

<표 12-1> **일원공분산분석결과**

변량원(SV)	df	자승합(SS)	평균자승합(MS)	F값	p값
교수방법(Adj.)	2	372.64	186.32	39.01	<.0001
사전점수(Reg.)	1	275.87	275.87	57.77	<.0001
오차(Error)	11	52.53	4.78		
합계(Total)	14	645.60			

공분산분석표를 제시한 뒤 solution옵션에 의해 회귀계수들의 산출된 것을 이용하여 추가 분석을 수행한다. 첫째로 pre점수에 의한 회귀계수는 .8992이며 이 값은 p값이 <.0001이므로 유의하다. 또한 clparm옵션으로 95%신뢰구간이 .6388에서 1.1596 사이에 있으며 1을 포함하므로 이 경우 기울기(slope)으로써 적절하다.

또한 각각의 회귀계수로부터 각 처치요인의 선형모형을 제시할 수 있다.

처치요인 A: $\hat{y}$=4.8584 + 12.22 + .8992(pre)=17.0784 + .8992*(pre)

처치요인 B: $\hat{y}$=4.8584 + 7.34 + .8992(pre)=12.1984 + .8982*(pre)

처치요인 C: $\hat{y}$=4.8584 + .8992(pre)

The GLM Procedure

ependent Variable: post

Source	DF	Sum of Squares	Mean Square	F Value	Pr > F
Model	3	593.0682298	197.6894099	41.40	<.0001
Error	11	52.5317702	4.7756155		
Corrected Total	14	645.6000000			

R-Square	Coeff Var	Root MSE	post Mean
0.918631	6.959612	2.185318	31.40000

Source	DF	Type I SS	Mean Square	F Value	Pr > F
method	2	317.2000000	158.6000000	33.21	<.0001
pre	1	275.8682298	275.8682298	57.77	<.0001

Source	DF	Type III SS	Mean Square	F Value	Pr > F
method	2	372.6375612	186.3187806	39.01	<.0001
pre	1	275.8682298	275.8682298	57.77	<.0001

Parameter		Estimate	Standard Error	t Value	Pr > |t|	95% Confidence Limits	
Intercept		4.85838218 B	2.82453911	1.72	0.1134	-1.35838648	11.07515084
method	A	12.21852286 B	1.39842588	8.74	<.0001	9.14060825	15.29643747
method	B	7.34114889 B	1.39200553	5.27	0.0003	4.27736538	10.40493239
method	C	0.00000000 B	.	.	.	.	.
pre		0.89917937	0.11830692	7.60	<.0001	0.63878758	1.15957115

④ lsmeans method/stderr tdiff pdiff adjust=tukey cl; lsmeans (least square means)는 공변인으로부터 조정된 평균값을 처치요인인 method별로 제시하라는 것이고 옵션stderr는 표준오차, tdiff는 다중비교검증을 pdiff는 p값을 adjust는 다중비교 방식을 지정한다. tukey 이외에 dunett, scheffe, bon 등을 지정할 수 있다.

아래 결과에서 수정된 평균(LSMEAN)은 A그룹인 경우 37.10, B그룹인 경우 32.22, C그룹인 경우 24.88이다. 각각은 모두 유의하고 맨 아래의 차이검증 결과(difference between means) 모두 유의하다. 95% 신뢰구간 i그룹에서 j그룹을 뺀 값이 모두 0을 포함하고 있지 않으므로 모두 유의하다. 각 그룹에 공변인이 추가되어 조정된 평균값간의 비교를 할 경우 모두 차이가 발생한다. 따라서 맨 처음에 일원공변량분석에서 다중비교를 한 것과 다른 결과가 나타났다. 공변인이 추가되기 전에는 A그룹과 B그룹 간에는 차이가 없었지만 추가된 후에는 세 그룹 모두 차이가 발생한 것이다.

The GLM Procedure
Least Squares Means
Adjustment for Multiple Comparisons: Tukey-Kramer

method	post LSMEAN	Standard Error	Pr > |t|	LSMEAN Number
A	37.0986323	0.9969967	<.0001	1
B	32.2212583	0.9939972	<.0001	2
C	24.8801094	0.9774313	<.0001	3

Least Squares Means for Effect method
t for H0: LSMean(i)=LSMean(j) / Pr > |t|

Dependent Variable: post

i/j	1	2	3
1		3.403543 0.0150	8.73734 <.0001
2	-3.40354 0.0150		5.273793 0.0007
3	-8.73734 <.0001	-5.27379 0.0007	

method	post LSMEAN	95% Confidence Limits	
A	37.098632	34.904257	39.293007
B	32.221258	30.033485	34.409031
C	24.880109	22.728798	27.031421

Least Squares Means for Effect method

i	j	Difference Between Means	Simultaneous 95% Confidence Limits for LSMean(i)-LSMean(j)	
1	2	4.877374	1.007042	8.747706
1	3	12.218523	8.441646	15.995400
2	3	7.341149	3.581612	11.100686

⑤ symbol문은 명령문 어느 위치에 작성을 하여도 괜찮다. 이 명령문은 gplot;문에 있어서 플롯의 특징이나 플롯을 이용한 선 등을 작성하도록 하는 데 쓰인다. symbol은 1부터 30까지를 사용하며 v는 처치를 나타내는데 보통 0에서 9까지 또는 A부터 W까지 혹은 star, diamond, square, plus와 같은 특별한 문자를 사용하기도 한다. i=rl 선을 만들 때 회귀식에 의해서 선을 그으라는 것이고 c는 색깔을 지정하는 것이다.

⑥ proc gplot;는 plot문에 비해 좀 더 나은 것이라고 생각하면 되고 기본적으로 proc plot; 문 방식과 사용법은 비슷하다. plot pre*post=method;는 사전점수와 사후점수의 플롯을 교수방법에 따라 찍으라는 것이다. 아래의 결과는 회귀선을 기준으로 선을 그은 것이다. 결과에 의하면 세 그룹이 모두 똑같지는 않지만 거의 유사한 기울기를 가지고 있다.

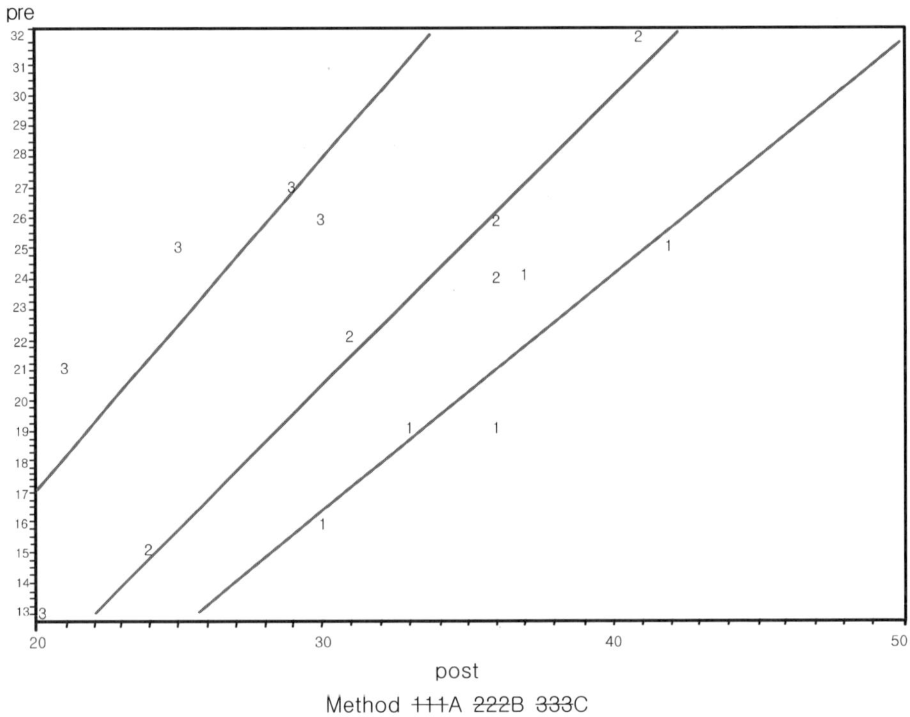

Chapter 13

요인분석

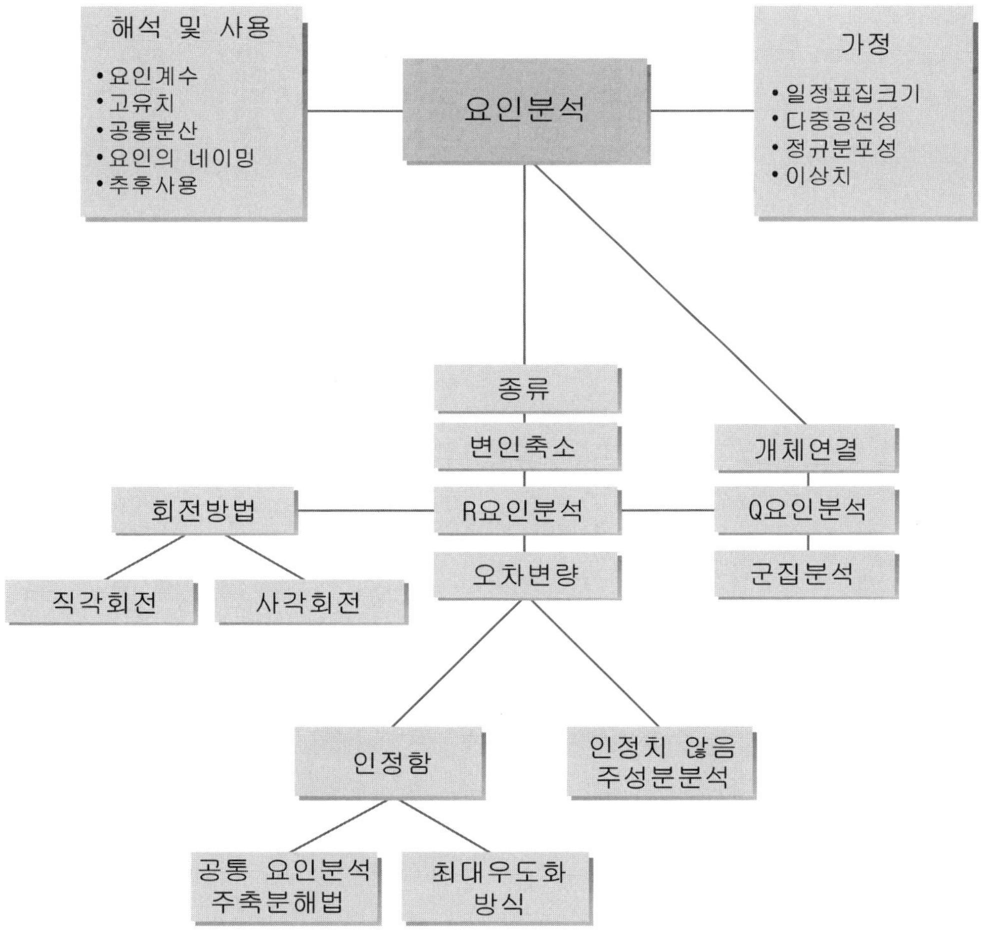

Situation 13

M씨는 컴퓨터 리터러시 측정도구가 있다. 문항 아이템이 비교적 많아 이를 줄일 수 있는 방법이 있는가 고민하게 되었다. 또한 각 문항 아이템이 컴퓨터 리터러시를 실제로 측정하고 있는가를 알고 싶었고 컴퓨터 리터러시의 하위영역은 어떤 요인으로 구성될 수 있는지 궁금했다.

Problem: M씨는 어떻게 문항 아이템을 축소할 수 있으며, 컴퓨터 리터러시와 문항아이템 관련 정도를 파악하고, 문항아이템을 몇 개의 그룹으로 묶을 수 있을까?

Solution: 요인분석을 통해 문항아이템과 컴퓨터 리터러시 간에 요인계수가 현저히 낮은 아이템을 제거하고 다시 요인분석을 수행한 후 요인계수를 기준으로 공헌도를 파악한다. 그 후 문항아이템을 요인계수에 따라 몇 개의 그룹으로 묶은 다음에 각 하위그룹에 이름을 부여한다.

Learning Objectives: 요인분석의 개념을 설명할 수 있으며, 요인분석수행 방법을 설명할 수 있으며 요인분석결과표를 해석할 수 있다. 실제로 SAS를 이용하여 요인분석을 수행하고 나아가 요인분석결과를 이용하여 관찰 개체들의 새로운 요인점수를 산출할 수 있다.

13.1 요인분석/인자분석(Factor analysis)개념

요인분석은 인자분석이라고도 한다. 요인분석은 이 책에서 다루는 유일한 다변인분석(multivariate analysis) 기법이다. 보통 다변량자료분석 시 변인들 간에 상호관련으로 인해 복잡한 구조관계를 소수의 차원으로 축약(dimension reduction)하는 기법이다. 다시 말하면 데이터의 행렬(matrix) 안에서 강조하는 구조를 파악(define)하기 위한 것이다. 사회과학에서 특히 많이 사용되는 다변인분석기법이다.

요인분석을 수행하기 위해서는 여러 변인들이 서로 상관관계를 가지고 있으면서 직접적으로 해석하기 어려운 구조적 연관관계가 있어야 한다. 이 경우 상대적으로 독립적이면서 이해하기 쉬운 형태로 축약을 하고 동시에 그 수도 줄이는 기법이다. 예를 들면 수학능력을 살펴보자. 수학능력은 흔히 언어적 영역, 수리적 영역, 외국어 영역으로 구성되어 있다고 본다. 이때 수학능력을 파악하기 위해 30개의 문항 또는 아이템을 개발하여 측정을 하였다고 하자. 이 30개를 어떤 방식으로 축약을 하였더니 세 그룹으로 묶였다고 하자. 그러면 그 세 그룹은 아마도 상기 세 영역이 될 확률이 클 것이다. 따라서 이 경우 세 영역은 각각의 요인이 될 것이고 이 요인들이 각각의 아이템에 영향을 주었다고 할 수 있다. 참고로 세 영역도 결국 수학능력이라는 한 개의 요인에 영향을 받았다고 할 수 있다.

변인들의 구조적 측면에서 공통적으로 영향을 주는 확률적 요인(random factor)은 실제로는 관찰이 불가능하며(unobservable), 개념상으로 가설적인 존재이다. 이렇게 눈에 보이지 않고 개념상으로 존재하기 때문에 잠재변인(latent variable)으로 불린다. 흔히 요인은 잠재변인, 구성개념(construct) 또는 공통요인(common factor)이라고도 불린다.

공통요인을 통해 설명 구조를 강조하는 공통된 세트(set)를 파악함으로써 결국 이 세트에 의해 데이터의 구조를 정리·요약·분석할 수 있다(summarizing and data reduction). 정리의 의미는 많은 변인들을 적은 요인으로 표시함으로써 해석이나 이해를 쉽게 할 수 있다는 것이다. 요인은 변인들의 수를 줄이기도 하지만 요인을 이용하여 새로운 점수를 계산하여(요인점수) 원래 변인들의 값으로 대체함으로써 데이터 세트를 줄일 수도 있다. 즉, 원점수를 압축하여 새로운 가상의 점수로 만들어 총 데이터까지도 줄일 수 있다.

요인분석은 변인들의 선형조합(variate)을 사용하는 점에서 회귀분석과 비슷하지만(가령 다중회귀분석에서 $y=a + b_1x_1+b_2x_2$와 같은) 독립변인과 종속변인으로 나누지 않고 다만 모든 변인을 동시에 고려하는 상호관련성(interrelationship)을 분석한다는 점에서 다르다. 상호관련성을 이용해서 추후에 요인이라는 가상의 변인이 생긴다면 그 요인은 측정변인(measurement variables)에 대하여 독립변인의 역할을 한다고 볼 수 있으며 측정변인(실제 관찰된 변인)은 종속변인이라고 볼 수 있다.

13.2 요인분석의 종류

요인분석은 흔히 R요인분석(R factor analysis)과 Q요인분석(Q factor analysis)으로

나눈다. R요인분석은 여기서 다루는 요인분석이다. 즉, 데이터 정리하는 것을 통해 잠재된 구조를 확인하는 데 목적이 있으며 변인 간의 관계성을 살펴본다. 반면 Q요인분석은 개체들의 속성에 의거 개체를 연결하는 구조가 정리·제시된다. 즉, 변인 간의 관계성을 살펴보는 것이 아니라 관찰 개체들(observations)의 특징을 가지고 공통고리를 만들어내는 것이다. 대표적인 Q요인분석으로 군집분석(cluster analysis)이 있다. 우리가 흔히 생물에서 포유류로 사람, 원숭이, 침팬지 등을 묶고 고양이류로 호랑이, 사자, 표범 등을 묶는 방법이 바로 군집분석을 통해서 가능한 것이다.

요인분석은 다른 차원에서 탐색적(exploratory) 요인분석과 확인적(confirmatory) 요인분석이 있다. 탐색적 요인분석은 잠재변인과 실제관찰변인 간에 존재하는 관계성을 연구하여 몇 개의 요인으로 축약하는 데 목적이 있다. 탐색적 요인분석은 대개 많은 연구가 이루어지지 않은 초기 연구분야에 수행되는 경우가 많다. 반면 확인적 요인분석은 이미 공통요인의 수나 관찰변인의 수가 정해져 있고 그에 대한 관계성이 알려진 경우 연구자가 수집한 데이터가 이러한 관계성(모형)에 부합하는지를 확인하는 데 목적이 있다. 확인적 요인분석은 어느 정도 연구가 축적이 되어야 요인과 관찰변인의 관계성을 확인하므로 초기의 연구에서는 많이 사용되지 않는다. 여기서는 탐색적 요인분석을 중점으로 다루겠다.

요인과 측정변인 간의 공분산(상관)을 나타내는 방식에 따라 주성분분석(principal component)과 공통요인분석(common factor analysis, 혹은 principal common factor analysis)이 있다. 원래 측정변인 간에 상관계수 또는 공분산이 있다고 할 때 그것을 원상관행렬이라고 한다. 요인분석을 통해 요인이 추출되고 나서 요인을 이용하여 다시 변인 간에 상관계수를 만들어 낸다면 그것은 원상관행렬과는 다를 것이다. 주성분 분석은 대각요소(diagonal elements)를 1로 공통요인분석은 1보다 적은 축소된 상관행렬을 사용한다. 상관행렬에서 대각선에 있는 자기와 자기 간에 상관은 항상 1인데 그대로 1을 사용한다면 주성분 분석이고 1이 되지 않고 그 보다 작은 상관행렬이 나오는 경우는 공통요인분석기법이다. 원상관행렬에 가깝게 만들어내는 요인들로 구성될수록 좋은 요인모델이 되겠지만 실제로 완벽하게 만들어내는 것은 있을 수 없다. 따라서 수리적으로 강제로 만들어내는 주성분분석보다는 공통요인분석이 더 바람직하다.

공통요인분석의 예를 들어보자. 만약 변인 x_1(대수), x_2(함수), x_3(확률), x_4(단어), x_5(해석)이라고 하자. 요인분석을 통해 두 개의 요인1(factor 1)과 요인2(factor 2)가 추출되었다고 하자. 아마도 요인1은 수리적 능력 요인2는 언어적 능력이라고 명칭을 부여할 수 있을 것이다. 명칭부여방법(naming)은 아래에서 다루겠다.

아래 그림은 추출된 요인과 실제 관찰변인 간의 관계를 도식화한 것이다. 아래에서 우선 계수 b_{11}은 요인1과의 x_1관찰변인과의 표준화된 회귀계수라고 볼 수 있으며 b_{12}는 요인2와 x_1과의 표준화된 회귀계수이다. U_1은 추출된 요인이 아니면서 x1관찰변인에 영향을 주는 것으로 그것으로부터 발생하는 회귀계수는 d_1이다. 단순회귀분석에서 표준화된 회귀계수 베타는 두 변인 간에 상관계수와 같다는 것을 상기하자. 또한 다중회귀분석에서도 독립변인 간에 전혀 상관이 없다면 그 또한 각각의 베타 값은 상관계수가 될 것이다. 물론 독립변인 간에 상관이 없는 경우는 거의 없다.

회귀분석형식으로 모든 관찰변인, 즉 x_1, x_2, x_3, x_4, x_5의 값을 제시할 수 있다. 가령 x_1은 회귀식을 이용하여 $x_1=b_{11}F_1+b_{12}F_2+d_1U_1$이라고 표기될 수 있으며 $x_2=b_{21}F_1+b_{22}F_2+d_2U_1$이라고 표시할 수 있다. 일반적으로 아래와 같은 방식으로 회귀계수를 제시한다면 항상 관찰변인의 식별코드를 먼저 쓰고 그 다음에 요인의 코드를 사용한다. 즉, b_{11}에서 앞의 1은 관찰변인 뒤의 1은 요인의 코드이다. 여기서 d_1U_1은 요인에 의해 설명되지 않는 부분이다.

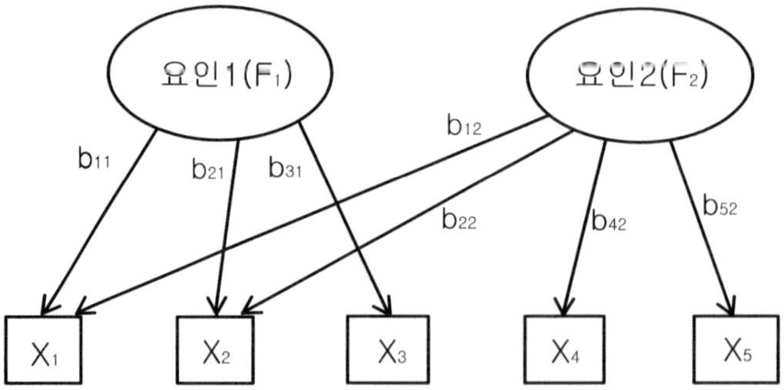

[그림 13-1] 요인과 관찰변인의 선형모델

위의 방식으로 각 관찰변인의 변량과 변인 간의 공변량을 만들어 낼 수 있다. 가령 변인 x_1에 대한 변량과 x_2와의 공변량을 회귀공식으로 표시하면 다음과 같다.

$Var(x_1)=b_{11}^2+b_{12}^2+d_1^2$

$Cov(x_1,x_2)=b_{11}b_{21}*var(F_1)+b_{12}b_{22}*var(F_2)=b_{11}b_{21}+b_{12}b_{22}$

즉, 관찰변인의 변량은 표준화된 회귀계수를 자승하여 합한 것과 설명되지 않는 회귀계수를자승하여 오차변량을 더한 것 같다. 여기서 회귀계수는 요인계수(factor loading score)라고 불리며 d_1^2는 고유변량이라고 한다. x_1과 x_2의 공변량은 F_1으로부터의 각각의 x_1과 x_2요인계수를 곱하고 F_2부터의 x_1과 x_2의 요인계수를 곱하여 더한 것과 같다. 그 이유는 자신과의 변량은 1이기 때문이다.

여기서 이러한 요인들로부터 설명되는 공통변량(common variance)을 1로 보느냐 아니면 설명되지 않는 고유의 변량을 인정하는가(d_1^2)에 따라서 요인을 추출하는 방법이 달라진다. 공통요인과 고유요인(설명되지 않는 요인의 변량)이 구분되지 않는 상태에서의, 즉 원상관행렬에서 요인을 뽑아내는 것을 주성분분석(principal component analysis)이라고 하고 축소된 상관행렬에서 뽑아지는 요인분석을 공통요인분석(common factor analysis)라고 한다. 아래의 표는 가상의 요인분석결과표로 관찰변인, 요인계수, 공통분산(communality) 그리고 고유치(eigen value 혹은 characteristic root)의 관계를 설명하기 위한 것이다. 참고로 공통변량은 공통분산과 똑같은 것이다. 아래에서 X_1의 경우 공통분산의 값이 .7754이므로 요인들에 의해 설명되지 않는 고유변량은 1-.7754=.2246이다.

<표 13-1> 관찰변인, 요인계수, 공통분산, 고유치와의 관계

측정변인	요인1	요인2	공통분산(communality)
X_1	.85	.23	$(.85)^2+(.23)^2=.7754$
X_2	.80	.30	.73
X_3	.70	.20	.53
X_4	.40	.47	.38
X_5	.20	.75	.60
고유치(eigen value)	$(x_1^2+\cdots+x_5^2)=2.05$	.97	2.05 + .97 = 3.02

마지막으로 요인추출방법에 따라 주축분해법 또는 주성분요인분석(principal axis method, principal factor analysis)과 최대우도화(maximum likely hood method: ML) 방법이 있다. 주축분해법은 최소자승화방법과 유사하다. 다만 회귀선 대신 축, 즉 요인(factor)이 사용된다고 보면 된다. 이 방법의 기본은 요인 간의 상관이 0이다. 주축분해법은 앞에서 설명한 주성분분석이 아니라 공통요인분석이다. 그러나 principal factor analysis라고 영문으로 쓰기 때문에 주성분요인분석이라고도 한다. 분명한 것은 고유변량을 받아들이는 방법으로 주축분해법이 사용된다는 것이다.

최대우도화 방식은 원상관행렬을 다시 재생산하는 행렬(m개의 요인의 수를 설정해놓고 그 요인에 의해 n개의 변인의 기초요인 상관계수행렬)을 만들어낼 때 가장 그럴듯한 행렬을 찾는 방식이다. 이렇게 어떠한 요인을 찾는 방식은 최대우도화 방식 이외에도 GLS(generalized Least Square), ULS(unweighted least square)등 여러 가지가 있으나 여기서는 자세한 내용은 생략한다.

요인분석종류

R요인분석: 변인 간의 관계성을 중심으로 요인에 의해 변인을 축소.
Q요인분석: 개체의 관계성을 중심으로 비슷한 개체끼리 연결.
주성분분석: 오차변량을 인정치 않는 분석.
공통요인분석: 오차변량을 인정하는 요인분석.
주축분해법: 요인의 축으로부터 직선거리들의 합이 최소가 되도록 하는 분석.
최대우도화방법: 미리 요인의 수를 미리 정해놓고 가설 검증하는 방식.

13.3 공통분산(Communality) 처음 값 추정방식

공통요인분석의 방식은 고유분산을 인정하고 그만큼 축소된 상관행렬을 쓰기 때문에 바람직하지만 최초의 공통분산의 값이 정해져야 사용할 수 있다는 문제점이 있다. 그러나 요인분석을 수행할 경우 이 값이 정해지지 않아서 공통분산의 최초 값에는 비슷한 유사치 값을 추정하여 집어넣어 요인을 추출하게 된다. 이렇게 최초 공통분산의 추정치를 만드는 방식은 여러 가지가 있다. 그 중 기본은 다중상관자승치(squared multiple correlation: SMC)를 사용하는 방법이다. 다중상관자승치는 가령 위의 표의 예에서 x_1과 나머지 네 개간의 다중 상관의 자승치 값이다. x_1을 종속변인으로 놓고 나머지를 독립변인으로 삼아 다중회귀분석을 수행하면 회귀식의 R^2값이다. 즉, 다중회귀식의 설명계수의 값과 같다.

다중상관자승치와 별도로 반복추정방법(iterative method)이 있다. 반복추정법은 원상관행렬와 축소된 상관행렬의 차이를 줄이기 위해 반복적으로 공통분산이 최초의 다중상관자승치에 가깝게 하는 방식이다. 즉, 가능한 공통분산을 크게 안정적으로 하기 위해 계속적으로 반복하는 방식이다. 다중상관자승치와 반복추정방법은 동시에 수행될 수 있으며 SAS의 default는 30회이다. 일반적으로 공통요인분석에 다중상관자승치와 반복추정을 같이 사용하는 것이 바람직하다.

공통분산은 0에서 1까지의 값을 가져야 하는데 1이 넘는 경우(Heywood)도 발생한다. 이 경우는 SAS안에서 옵션으로 Heywood를 명령문에 삽입하여 조절할 수 있다. 공통분산은 요인들로부터 개별 변인의 설명을 의미한다. 상기 표에서 행(row)의 개념이라고 보면 이해가 빠르다. 반면 하나의 요인으로 전체 변인들의 설명을 고유치(eigen value, latent root, characteristic root)라고 부른다. 이 고유치는 열(column)의 개념이라고 보면 된다. 고유치가 크면 클수록 요인의 영향력이 크다고 할 수 있다.

13.4 요인분석의 가정요건(Assumptions)

요인분석을 함에 있어서 표집크기(sample size)는 어느 정도 확보되어야 한다. 일반적으로 50개 이상의 개체가 최소한 요구되며 100개 정도의 개체가 보통 필요하다. 혹은 관찰 변인하나에 적어도 5개 이상의 개체가 요구되기도 한다. 즉, 5:1법칙을 사용하면 10개의 관찰변인인 경우 50개의 개체가 필요하다는 것이다.

변인 간에 있어서 어느 정도의 다중공선성(multicollinearity)이 필요하다. 왜냐하면 요인분석이 변인 간에 상호관련성(interrelationship)을 기반으로 분석하는 기법이기 때문이다. 다중회귀분석에서 다중공선성이 있는 경우 해석에 오류를 가져올 수도 있으나 요인분석에서는 일정부분 다중공선성이 요구된다. 최악의 경우 모든 변인이 아무런 상관관계가 없다면 그 변인만큼의 요인이 발생한다고 볼 수 있으며 요인분석이 변인의 축약과 정리의 목적이라면 이렇게 변인 수와 같은 요인의 수가 발생하는 것은 의미가 없다. 실제로 주성분분석은 처음에 주성분의 개수를 관찰변인의 개수와 똑같이 만들어 시작하며 점차 그 수를 줄여나가는 방법이다. 만약 변인 간 상관관계가 .3이하가 많다고 하면 문제가 있으며 요인분석을 수행하는 것이 옳지 않다.

그러나 너무 높은 다중공선성이 있는 경우도 문제가 된다. 다중공선성이 높은 경우 요인계수(factor loading)의 표준오차(standard error)를 높이기 때문에 요인계수의 신뢰도가 떨어지며 요인계수의 명칭을 부여하는 것에도 어려움이 발생할 수 있다. 보통의 경우 관찰변인 간에 공선성이 높은 것을 제거하기도 하지만 앞에서와 같이 다중공선성을 인정하는 경우도 많다. 다중공선성의 경우의 진단은 다중회귀분석에서의 분산확대요인(vif)이나 잔여분산(tolerance)값을 사용한다.

요인분석의 다중공선성과 관련하여 가정요건의 검증은 여러 가지가 있다. 보통 부분상관계수(partial correlation)를 살펴보는 경우가 많다. 부분상관계수가 크면 요인분석은 부적절하다. SAS에서는 anti-image correlation matrix를 제공한다. 또한 measure of sampling adequacy (MSA)역시 같은 차원의 검증이다. 보통 .8이상이 바람직하다. MSA는 전체 MSA와 개별변인의 MSA가 있다. 일반적으로 Kaiser의 MSA의 일반적인 요인분석 사용의 적합도 검증은 .5이하면 사용할 수 없다. 보통의 경우 .80 이상을 요구한다.

요인분석도 정규분포성(normality)을 충족해야 한다. 최대우도화방법은 다중정규분포성(multivariate normality)을 추가로 요구한다. 또한 변량의 동질성(homogeneity)도 요구된다. 변량의 동질성은 그렇게 크게 영향을 주지 않는다. 그러나 이상치(outlier)의 확인은 필요하다. 이상치는 회귀분석과 마찬가지로 요인계수에도 영향을 미치므로 이에 대한 확인과 필요 시 제거한다. 확인방법은 회귀분석을 참조하기 바란다.

13.5 요인해석 및 회전

▌요인수효결정

주축분해 또는 주성분요인분석으로 요인들이 만들어졌을 때 요인으로 인정할 것인가의 여부는 여러 가지에 의해 결정된다. Kaiser에 의하면 기본적으로 요인의 고유치(eigen value)가 의 값이 1이상 경우 요인으로 받아들인다. 또한 scree test로 경사면 기울기가 급격하다가 점차 완만해져 수평이 되는 시점까지의 요인을 받아들인다. 요인을 받아들이는 것은 탐색적 요인분석에서 우선적으로 요인의 수를 지정하지 않으면 SAS의 경우는 변량의 비율(proportion)에 의해 설정된다. 그러나 이것은 어디까지나 기본 요인의 수를 추출하는 것이고 실제로는 고유치 값이 1에 유사한 것까지를 받아들이는 것이 현명하다.

요인의 수효를 결정하는 다른 방식은 요인으로부터 설명되는 전체 변량이다. 전제변량은 100%인데 이보다 적은 보통 사회과학에서는 60%이상, 자연과학에서는 95%정도에서 결정한다. 절대적이지는 않지만 최소한의 요구는 50% 정도라고 본다. 〈표 13-1〉에서 x_4인 경우 38%의 변량이 설명된다. 그렇지만 요인을 집어넣으면 넣을수록 변인을 설명하는 변량은 늘어나지만 그만큼 요인의 수가 많아지므로 간명의 법칙(principle of parsimony)에 어긋나는 점을 상기해야 한다. 때로는 강제로 요인의 수를 지정해 주는 경우도 있다. 이 경우는 연구자가 사전지식(a priori)이 있는 경우 미리 설정해 주는 것이다.

▌요인계수(factor loading)의 고려

요인계수는 간단히 말하면 관찰변인과 요인 간에 상관계수이다. 이 상관계수를 자승시키면 요인으로부터 한 관찰변인의 설명변량이다. 표집크기가 100이상인 경우 사회과학의 경우 .8이상이 나오기가 힘든 경우가 많다. 최소한 .3은 요구되며 보통은 .7이상이 바람직하다. 그 이유는 .7이라면 이는 요인이 한 관찰변인에 대해 약 50%의 변량, 즉 절반 정도를 설명하기 때문이다.

요인계수를 해석함에 있어 중간점수대가 여러 요인에 걸쳐 나오는 경우가 있다. 가령 x_4경우가 그렇다. 이 경우는 일반적으로 그 변인을 삭제하고 다시 돌려서 비교해보는 것도 좋은 방법이다. 혹은 추가로 표집을 선정하여 확인할 필요도 있다. 아니면 일반적으로 여러 요인에 걸쳐 골고루 비슷한 크기의 계수가 나왔다고 하더라도 특정 요인에 연결되었다면 무시하고 받아들일 수도 있다.

요인계수를 받아들이면서 동시에 요인계수의 유의성(significance)도 살펴볼 필요가 있다. 유의성은 다른 통계기법과 마찬가지로 현실적 유의성(practical significance)과 통계적 유의성(statistical significance)이 있다. 요인계수의 크기(magnitude)가 크면 클수록 현실적으로 유의성은 증가할 것이다. 보통의 경우 ±.3이 적으며 (minimal), ±.4는 좀 더 유의하며 (more important), ±.5 현실적으로 유의하다(practically significant).

반면에 통계적으로 유의한 것도 고려해야 할 것이다. 가령 요인계수가 .35인데 그와 관련된 신뢰구간(confidence interval)이 -.12 ~ .85 라고 가정하자. 0을 포함하므로 통계적으로 0과 다르다고 할 수 없다. 즉, 유의성이 없다고 볼 수 있다. 요인계수와 표집크기를 통계적 유의도와 관련할 때 아래의 경험의 법칙을 사용하자. 즉, 요인계수 .722가 통계적으로 보통 유의할 경우의 표집크기는 약 50정도이다.

<표 13-2> 표집크기에 따른 요인계수

사례수(n)	50	100	200	300	600	1000
요인계수	.722	.512	.384	.298	.210	.162

▎요인의 회전(factor rotation)

주성분분석(principal component analysis)이 아니라 주축분해법인 공통분산요인분석의 경우 요인의 주축은 서로 상관이 없는, 즉 상관계수가 0이며 기본적으로 요인의 주축간의 각도는 90도이다. 회전을 시키는 이유는 요인들이 관찰변인들을 더욱 선명하게 구별해주기 위해서이다. [그림 13-2] 예를 보면 변인 v1은 요인1(Factor 1)로부터 요인계수(factor loading) .7과 요인2(Factor 2)로부터 요인계수 .6을 가지고 있다. 그러나 이것을 90도를 유지하면서 오른쪽으로 회전을 시키자 요인계수 .9와 .2로 바뀌고 있다. 즉, 이것은 두 가지를 함축하고 있다. 첫째로 회전으로 인하여 각 변인의 요인계수의 크기가 변한다는 것이다. 요인계수가 변한다고 해서 관찰변인의 변량(communality)은 변하지 않는다. 둘째 회전으로 인하여 관찰변인을 설명하는 요인의 구조가 명확해질 수 있다. 즉, .7과 .6의 요인계수가 있다고 하면 어느 요인이 더 관찰변인을 설명하는가에 대하여 어려움이 발생할 수 있으나 회전으로 인해 .9와 .2로 바뀜으로 인해 구조적으로 관계성이 명확해진다.

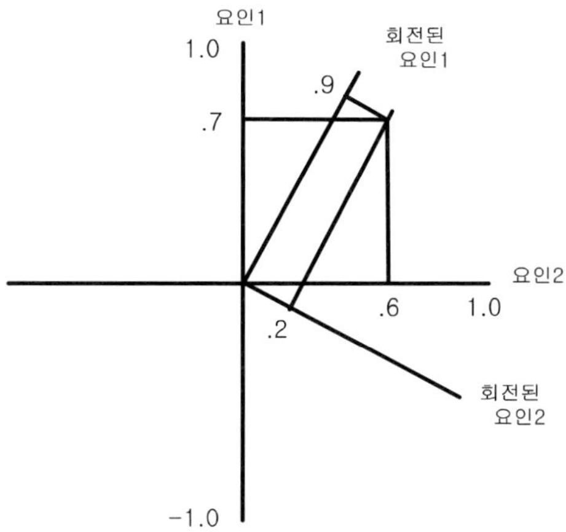

[그림 13-2] 요인축의 회전과 변인과의 관계

회전의 방법으로는 직각회전(orthogonal)과 사각회전(oblique) 두 가지 방식이 있다. 직각회전은 요인 간의 상관관계를 직각으로 나타내기 때문에 요인 간의 상관관계를 0으로 만든다. 이 방법은 요인계수 자승값의 합산(sum of squared factor loading)을 각 요인 열(column)마다 가장 크게 한다. 이 방법은 관찰변인과 설명하는 요인의 수는 최소로 만들면서 특정요인의 요인계수는 가장 크게 하는 방법이다. 직각회전의 경우 전체 및 개별 공통분산의 값은 변하지 않는다. 직각회전에는 varimax, quartimax, equtimax가 있는데 보통 varimax를 사용한다. 각각의 차이는 생략한다.

사각회전은 요인 간의 상관관계를 인정하며 요인에 좀 더 많은 변인들이 구별될 수 있도록 굳이 직각을 유지하지 않는 방법을 의미한다. 직각회전이 열(column)에 초점을 맞춘다면 사각회전은 행(row)에 초점을 맞춘다. 직각회전이 변인과 요인의 구조를 깔끔하게, 즉 특정변인이 특정요인에만 연결되게 하도록 한다면 사각회전은 모든 변인이 한 요인에 몰리도록 하면서 나머지 변인에는 상관관계가 약하게 하는 방식이다. 이것은 직각회전이 요인 간에 상관을 인정치 않는 것과 달리 요인 간에 어느 정도의 상관을 인정하는 방식이다. 사각회전인 경우 요인구조행렬(factor structure matrix), 즉 요인 간의 상관관계 행렬을 같이 제시하는 경우가 있다. 만약 요인 간 상관관계가 높으면 해석하기가 어렵다.

어느 방법을 써야 하는 절대적인 원칙은 없지만 일반적으로 많은 변인들을 서로 상관이 없는 변인들(요인)의 작은 세트로 압축하는 데는 직각회전이 바람직하고 이론적으로 유용한 여러 요인이나 구성개념(construct)을 추출하는 데는 사각회전이 바람직하다.

13.6 요인분석의 기타

요인의 명칭 부여

요인계수 및 공통분산을 제공하고 각 변인과 요인의 구조를 해석함에 있어 때로는 요인의 명칭을 부여(naming 혹은 labeling)하기도 한다. 혹자는 요인분석의 핵심은 관찰변인을 요인들로 압축하고 나서 각 요인에 적절한 이름을 붙이는 것에 있다고 주장하기도 한다. 요인의 명칭을 부여함으로써 해석이 쉽고 추후 사용에 있어서나 유사연구에 도움을 준다는 것이다.

요인에 이름을 붙이는 것은 전적으로 연구자의 몫이다. 그러나 간혹 이름을 만들기가 어려운 것은 규정할 수 없음(undefined)이라고 하고 버리는 것이 보통이다. 그러나 대다수의 연구자들은 요인의 명칭을 부여하지 않는 것은 의미가 없다고 한다. 일반적으로 요인의 명칭은 일반인들 대개가 공감할 수 있는 범위에서 부여하는 것이 바람직하고 기존 선행연구결과와 일관성이 있는 것이 좋다.

요인구조의 확인(validation of factor analysis)

요인분석의 종류를 설명하면서 탐색적 요인분석과 확인적 요인분석을 설명하였다. 특별한 경우가 아니라면 SAS를 이용하여 요인분석을 수행히면 대개 탐색적 요인분석일 것이다. 확인적 요인분석의 경우는 최대우도화방식 등을 이용하여 할 수도 있지만 그보다는 공변량구조모형(structural equation model) 전용 프로그램인 LISREL이나 AMOS 등을 사용한다. 물론 SAS에서 CALIS를 이용하거나 IML 등을 이용하여 확인적 요인분석을 할 수도 있다.

보통의 경우 탐색적 요인분석에서 요인을 추출하고 변인과 요인 간의 관계를 확인하고 추후에는 그 요인구조가 적절한지를 확인하는 방법은 두 가지가 있다. 유사한 집단에 대해 확인적 요인분석(confirmatory factor analysis)을 돌려볼 수도 있고 다른 측면에서 다른 집단에 대해 탐색적 요인분석을 다시 적용하여 비교를 하는 것도 바람직하다.

▌요인분석결과의 추후사용(additional use)

요인분석의 경우 변인의 수를 압축하는 것이 목적이라면 요인분석의 결과를 추후 사용은 하지 않지만 데이터를 축소(reduction)하는 목적이라면 새로운 점수를 창출하여 다른 통계 기법에 사용하는 것이 바람직하다. 데이터를 축소, 즉 변인의 수를 줄여서 전체적인 데이터 세트를 줄이는 방법에는 세 가지가 있다. 요인계수(factor loading)가 높은 변인을 사용하는 방법, 총합점수(summated score)를 사용하는 방법, 새로운 요인점수(factor score)를 사용하는 방법이다.

요인계수 사용법은 비교적 간단하다. 가령 앞에서 설명한 변인 x_1~x_5 5개 있다고 하자. 요인이 두 개가 추출되었다. 그중 요인계수가 높은 변인들만 선택을 하여 사용한다면 5개 변인 모두를 사용하지 않아도 될 것이다. 가령 X_4인 경우는 요인 1과 요인 2 모두 가장 약한 계수를 가지고 있으며 두 개의 요인에 골고루 걸쳐 있기 때문에 제거할 수도 있을 것이다.

총합점수에 대해서는 chapter 02에서 설명하였다. 좀 더 설명을 보충하면 총합점수의 구성요인은 개념적정의(conceptual definition), 차원성(dimensionality), 신뢰도(reliability), 타당도(validity)를 고려해서 사용해야 한다. 총합점수를 사용하는 일반적인 순서는 다음과 같다. 개념적 정의는 기본적으로 이론적 배경에 근거를 하여 정립을 하고, 그 다음에 그러한 정의에 근거를 하고 아이템 또는 문항(item)이 만들었는지 안면(face) 혹은 내용(content) 타당도를 언어적으로 연결해보고, 그 다음에 아이템들의 공간구성이 일차원성(unidimensionality 혹은 single trait)으로 되어 있는지를 살펴본다. 이러한 것들은 요인의 수와 요인계수들을 살펴봄으로써 이루어질 수 있다. 그 다음에 알파계수 등을 통한 아이템들에 대한 신뢰도를 살펴보고 문제가 없다고 하면 총합점수를 만들어내 사용한다. 앞의 순서와 별도로 그 다음 가능하면 다른 타당도 검증 가령 확인적 요인분석을 LISREL 등을 통해 실시해 본다.

〈표 13-3〉은 요인분석의 결과와 공통분산, 신뢰도, 고유치 등을 제시하고 있다. 총 항목(item)은 24개이며 컴퓨터 리터러시를 측정하는 것이다. 요인분석으로부터 세 개의 요인이 추출되었고 음영으로 처리된 것이 하나의 요인에 연결된 아이템이

라고 봐도 무방할 것이다. 이렇게 해석하는 근거는 우선적으로 음영으로 표시된 요인계수, 타 요인과의 요인계수 그리고 공통분산 등을 고려한 것이다. 요인계수 .5이상, 타 요인 .5보다 적음, 공통분산 각 변인에 대하여 최소 .5이상, 각 요인의 고유치 1.0이상 등을 고려하면 그대로 받아들여도 무방할 것이다.

첫 번째부터 여덟 번째 항목만 다 더하여 추후분석에 사용하면 그것은 하나의 총합점수가 되고 그에 대한 신뢰도는 .92이다. 만약 24개를 모두 다 더하여 컴퓨터 리터러시의 총합점수로 사용한다면 그것의 신뢰도는 .94이나 세 개의 하위영역의 요인으로 생각하여 사용하는 것이 바람직하다.

일반적으로 컴퓨터 리터러시는 인지적, 정의적, 운동기능적 영역으로 구성되어 있다고 본다. 각 항목이 각 영역에 잘 연결되어 있는지를 개념적으로 파악하기 위한 탐색적 요인 분석이 수행된 결과이다. 이렇게 개념적으로 파악하기 위한 노력을 구인 타당도로 말하는 경우도 있다. 즉, 1~8번째는 컴퓨터 리터러시 인지적요인, 9~16은 정의적요인, 17~28은 운동기능적 요인으로 명칭을 부여(naming)한 것이다.

<표 13-3> 구인 타당도의 예(탐색적 요인 분석 exploratory factor analysis)

항목	평균 (표준편차)	요인1	요인2	요인3	공통분산	신뢰도
컴퓨터 활용 수업과 관련된 용어들의 개념을 잘 알고 있음.	3.36 (.86)	.51	.41	.24	.48	.92
컴퓨터 시스템의 사양과 관련한 용어들을 잘 이해함.	3.45 (.96)	.70	.37	.15	.66	
컴퓨터 바이러스의 개념과 치료방법 등을 알고 있음.	3.39 (.99)	.68	.37	.16	.63	
컴퓨터 운영체제의 기본개념과 여러 운영체제의 종류와 특징을 알고 있음.	3.05 (.93)	.76	.19	.17	.65	
교내에서 사용되고 있는 종합 행정관리 시스템을 잘 이해함.	3.46 (.83)	.51	.42	.09	.44	
컴퓨터 네트워크와 관련된 용어들을 잘 알고 있음.	3.17 (.97)	.81	.28	.17	.76	
인터넷·웹 서비스와 관련한 기본 프로토콜들을 잘 이해함.	3.04 (.95)	.82	.16	.13	.71	
교내 전산망·홈페이지 구축과 관리에 필요한 하드웨어의 종류와 기능들을 알고 있음.	2.79 (1.00)	.81	.04	.13	.67	

항목	평균 (표준편차)	요인1	요인2	요인3	공통 분산	신뢰도
수업을 준비하거나 행정업무를 처리할 때 컴퓨터를 자주 이용하려 함.	3.84 (.82)	.24	.47	.51	53.	.85
수업 및 행정 업무를 처리할 때 컴퓨터를 활용하는 것이 즐겁게 느껴짐.	3.34 (.92)	.30	.31	.50	.43	
컴퓨터는 교직생활의 필수도구라고 생각함.	3.75 (.85)	.14	.18	.65	.48	
컴퓨터를 활용한 수업이 전통적인 강의식 수업보다 효과적이라고 생각함.	3.23 (.91)	.26	−0.10	.53	.36	
컴퓨터로 직무를 처리하면 효율성이 높아질 것임.	3.75 (.76)	.11	.14	.63	.43	
컴퓨터 활용에 필요한 지식이나 기술을 지속적으로 습득해야 함.	3.97 (.70)	.02	.37	.69	.61	
컴퓨터 관련 연수나 교육에 적극적으로 참여하고 싶음.	3.67 (.82)	.16	.35	.56	.46	
학교에서 직무를 수행하는 데 교사들의 컴퓨터 활용 능력은 점점 더 필요할 것임.	4.00 (.67)	.02	.36	.65	.55	
행정문서 및 기안문 작성에 필요한 워드프로세서를 능숙하게 활용함.	3.87 (.82)	.32	.69	.21	.62	.92
수업이나 학생 관리에 필요한 컴퓨터 소프트웨어들을 능숙하게 활용함.	3.56 (.85)	.49	.57	.22	.62	
교내에서 사용되고 있는 종합행정관리시스템을 잘 사용함.	3.58 (.79)	.37	.59	.20	.53	
제어판, 속성, 등록정보 등의 옵션을 통하여 내 컴퓨터의 환경설정을 원하는 대로 수정·변경할 수 있음.	3.51 (.91)	.50	.62	.14	.66	
원하는 인터넷 사이트에 접속하여 필요한 정보를 검색할 수 있음.	3.96 (.77)	.18	.75	.34	.72	
인터넷 상의 자료를 내려 받거나, 이미지 자료를 내 컴퓨터에 저장할 수 있음.	3.95 (.81)	.21	.82	.26	.78	
자료나 정보를 전달하거나 받을 때 전자메일, 메신저 등을 주로 활용함.	3.82 (.89)	.14	.69	38.	.63	
인터넷상에서 간단한 홈페이지, 커뮤니티, 카페 등을 구축하여 학생들에게 학습자료나 지도·상담을 제공할 수 있음.	3.35 (1.00)	.37	.51	.25	.46	
합계	−	Eigen value 5.28	Eigen value 5.03	Eigen value 3.54	Total comm-unality 13.85	.94

요인점수 사용방법은 비교적 앞의 두 방법보다 약간의 노력이 필요하다. 요인점수(factor score)와 총합점수가 다른 점은 총합점수가 선택된 변인들의 합에 의해 결정된다면 요인점수는 요인에 걸친 모든 변인들의 요인계수(factor loading)에 근거하여 결정된다는 점이다. 각각의 개체에 대한 새로운 요인점수를 계산하여 추후 통계분석에 사용하는 방법이다. 요인점수는 요인에 의해 새롭게 발생한 순수한 점수이기 때문에 비교적 다른 점수나 원래 변인들 점수보다 우수하다고 볼 수 있다. SAS에서 가령 변인 x_1-x_3까지 한 요인으로 간주된다면 이들을 하나의 요인으로 생각하여 총합점수를 만들어내고 그들 간의 신뢰도를 제시하는 것이 좋다. 그러나 이러한 것은 요인계수가 틀릴 때 이들 변인들을 가중치를 똑같이 준다는 점에서 문제가 발생할 수 있다. 따라서 요인점수가 이론적으로는 더 바람직하다.

단점은 반복(replication)하는 게 어렵다. 왜냐하면 요인행렬(factor matrix)에 근거를 하기 때문이며, 요인행렬은 표집마다 다르기 때문이다. 또 다른 단점은 가상의 점수이기 때문에 직접적인 해석이 어려울 수도 있다. 그러나 표집의 속성이 같다면 순수한 점수라고 생각할 수 있다는 장점이 있으므로 최근에 추후연구에 많이 사용된다. 가령 24개의 관찰변인 모두를 다중회귀분석에 집어넣지 않고 요인이 세 개로 압축되었다면 그 세 개의 요인만을 다중회귀분석에 삽입하여 사용하는 방법이다. 이 경우 변인수도 압축되었다는 장점도 동시에 발생한다. 앞의 표에서 각 개체는 원래 관찰변인의 값 24개와 별도로 새로운 요인점수 1 2 3 세 개를 가질 수 있다.

13.7 SAS와 요인분석

SAS에서 요인분석을 수행하기 위해서는 proc factor; 명령문이 필요하다. 아래의 예는 저자가 실제로 고등학교 교사를 대상으로 컴퓨터 리터러시에 대하여 조사를 한 것이다. 데이터 스텝은 생략하고 proc 스텝만 제시한다. 위 〈표 13-3〉를 산출하기 위한 예이다.

예 ʃ 데이터 스텝 및 데이터 중간생략

```
2801029221042021005 4443443333 4413444444 4434444444
2811043122212151504 4444444444 4515544555 4444455444
```

```
proc corr alpha nocorr nosimple; var c2 c4-c10 ;run; ①
proc corr alpha nocorr nosimple; var a1 a2 a5-a10; run; ②
proc corr alpha nocorr nosimple; var p1 p2 p3 p4 p7-p10;
run;                                                     ③
proc factor data=psy method=prin priors=smc rotate=varimax
reorder nfact=3 res msa score outstat=scor;
var c2 c4-c10 a1 a2 a5-a10 p1 p2 p3 p4 p7-p10; run;     ④

proc score data=psy score=scor out=scores; var c2 c4-c10
a1 a2 a5-a10 p1 p2 p3 p4 p7-p10; run;                    ⑤
proc print data=scores; run;                             ⑥
proc corr data=scores; var factor1-factor3; run;         ⑦
```

• 각 명령문의 기본 해설 및 결과값

① 변인 c2와 c4부터 c10까지의 알파 신뢰도 계수를 산출하기 위한 구문이다. 신뢰도계수는 상관관계에서 이미 설명하였다. 참고로 c로 시작하는 변인은 컴퓨터 리터러시의 인지적 영역 아이템이다.

CORR 프로시저

8 변수: c2 c4 c5 c6 c7 c8 c9 c10

Cronbach의 α 계수

변수	α 계수
원데이터	0.920234
표준화	0.919177

변수를 제외했을 때의 Cronbach 계수

삭제한 변수	데이터 변수: 합계와의 상관계수	데이터 변수: α 계수	표준화된 변수: 합계와의 상관계수	표준화된 변수: α 계수
c2	0.613473	0.918797	0.613242	0.918029
c4	0.774988	0.906409	0.775306	0.905014
c5	0.758131	0.907843	0.759246	0.906332
c6	0.766146	0.907201	0.763109	0.906016
c7	0.588878	0.920420	0.588902	0.919930
c8	0.846043	0.900317	0.845427	0.899186
c9	0.787438	0.905393	0.782958	0.904384
c10	0.726771	0.910572	0.723761	0.909222

② 변인 a1 a2 a5부터 a10까지의 알파 신뢰도 계수를 산출하기 위한 구문이다. 참고로 a로 시작하는 변인은 컴퓨터 리터러시의 정의적 영역 아이템이다.

CORR 프로시저

8 변수: a1 a2 a5 a6 a7 a8 a9 a10

Cronbach의 α계수

변수	α계수
원데이터	0.851112
표준화	0.856883

변수를 제외했을 때의 Cronbach 계수

	데이터 변수		표준화된 변수	
삭제한 변수	합계와의 상관계수	α계수	합계와의 상관계수	α계수
a1	0.636331	0.827653	0.635523	0.835485
a2	0.590044	0.834194	0.585973	0.841296
a5	0.637788	0.827321	0.638386	0.835146
a6	0.430730	0.854784	0.424582	0.859557
a7	0.571342	0.835568	0.574459	0.842632
a8	0.672905	0.825435	0.686779	0.829371
a9	0.601431	0.831919	0.605941	0.838966
a10	0.642131	0.829453	0.653147	0.833395

③ 변인 p1 p2 p3 p4 p7부터 p10까지의 알파 신뢰도 계수를 산출하기 위한 구문이다. 참고로 p로 시작하는 변인은 컴퓨터 리터러시의 운동기능적 영역 아이템이다.

Cronbach의 α계수

변수	α계수
원데이터	0.918976
표준화	0.920981

변수를 제외했을 때의 Cronbach 계수

	데이터 변수		표준화된 변수	
삭제한 변수	합계와의 상관계수	α계수	합계와의 상관계수	α계수
p1	0.752856	0.906740	0.754184	0.909147
p2	0.744290	0.907298	0.742220	0.910110
p3	0.631488	0.915945	0.634735	0.918613
p4	0.758363	0.906154	0.757219	0.908902
p7	0.779184	0.905262	0.782236	0.906875
p8	0.809061	0.902479	0.813802	0.904296
p9	0.729656	0.908541	0.730616	0.911041
p10	0.671369	0.914989	0.667897	0.916018

④ proc factor data=psy method=prin priors=smc msa nfact=3 res rotate=varimax reorder score outstat=scor;

var c2 c4-c10 a1 a2 a5-a10 p1 p2 p3 p4 p7-p10; run;

proc factor는 요인분석을 수행하라는 기본 명령문이다. data=psy는 데이터 세트를 지정한 것이고 지정하지 않으면 가장 앞의 데이터 세트를 이용한다. method는 인자추출방법이다. prin, principal. 혹은 p는 주축분해법을 수행하라는 것이다. 아래 Principal Factors는 요인분석의 첫 페이지이다.

The FACTOR Procedure
Initial Factor Method: Principal Factors

Partial Correlations Controlling all other Variables

	c2	c4	c5	c6	c7	c8	c9	c10
c2	1.00000	0.00571	0.16726	0.01204	0.00078	0.00836	0.07418	0.03055
c4	0.00571	1.00000	0.33304	0.32221	0.03870	0.14823	0.04824	-0.08318
c5	0.16726	0.33304	1.00000	0.09921	0.09440	0.08119	-0.02058	0.09080
c6	0.01204	0.32221	0.09921	1.00000	0.10162	0.01879	0.07443	0.24520
c7	0.00078	0.03870	0.09440	0.10162	1.00000	0.22169	-0.02937	0.06054
c8	0.00836	0.14823	0.08119	0.01879	0.22169	1.00000	0.40846	0.20475
c9	0.07418	0.04824	-0.02058	0.07443	-0.02937	0.40846	1.00000	0.39666
c10	0.03055	-0.08318	0.09080	0.24520	0.06054	0.20475	0.39666	1.00000
a1	0.02291	-0.02510	0.09417	-0.11398	0.16627	0.09598	-0.04942	-0.01622
a2	0.01091	-0.00420	0.15839	-0.00277	-0.08244	-0.01551	0.10900	-0.14977
a5	-0.10727	-0.03687	-0.05851	0.19057	0.04113	-0.02209	0.04339	-0.07961
a6	-0.04607	-0.08348	0.11673	-0.02499	-0.13810	0.06050	-0.08544	0.19168
a7	0.18551	0.06041	-0.02125	0.07057	-0.04486	0.05433	-0.04459	-0.05699
a8	0.06601	0.00945	0.01217	0.00345	-0.02572	-0.10123	0.02052	0.01234
a9	0.11484	0.18193	-0.10228	-0.02966	-0.16873	-0.05670	-0.00032	0.08638
a10	-0.05226	0.00407	-0.15589	-0.08514	0.17680	0.04815	-0.01546	0.02273
p1	0.03200	0.14076	-0.05890	-0.04777	0.20703	-0.04490	-0.03022	-0.06630
p2	0.15850	0.08710	-0.07795	0.06863	-0.07110	0.01050	0.01582	0.05104
p3	0.04754	-0.04737	-0.01856	-0.04532	0.60862	0.03831	-0.04239	-0.08282
p4	0.04254	0.11798	0.14425	0.03939	-0.17925	0.04280	0.04420	-0.00667
p7	-0.09274	-0.13494	0.12738	0.01535	-0.16789	0.04840	0.03660	-0.02567
p8	0.09597	0.17046	-0.01637	-0.06375	0.03363	-0.03746	0.02398	-0.03939
p9	-0.06365	-0.18452	0.12447	0.03424	-0.04407	0.09942	-0.10738	-0.01125
p10	0.07488	-0.07668	-0.12239	0.07475	-0.01449	-0.03064	0.06499	0.10910

method=prinit는 반복적 주축인자추정방법을 method=ml은 최대우도법으로 추출하는 방식이다. priors=smc는 공통분산의 시초값을 smc방식으로 만약 주성분분석을 하려면 =one을 설정하면 된다. 아래에서 Prior Communality Estimate =SMC라고 되어 있다. msa는 Kaiser의 Measure of sampling adequacy를 산출하게 한다. 아래에서 Overall MSA=.9233이다. 요인분석을 수행하는 적절성 평가에 많이 사용된다. 일반적으로 전체 행렬 값이나 개인변인의 값이 최하 .5이상이어야 한다. 보통 .80이상일 때 우수하다.

Kaiser's Measure of Sampling Adequacy: Overall MSA = 0.92331009

c2	c4	c5	c6	c7	c8	c9	c10
0.96614710	0.92809572	0.94084015	0.94399541	0.85176071	0.94475447	0.92373512	0.90822462

Kaiser's Measure of Sampling Adequacy: Overall MSA = 0.92331009

a1	a2	a5	a6	a7	a8	a9	a10
0.94658262	0.94149885	0.91718450	0.80344527	0.86126145	0.91763901	0.88013070	0.90054642

Kaiser's Measure of Sampling Adequacy: Overall MSA = 0.92331009

p1	p2	p3	p4	p7	p8	p9	p10
0.95261621	0.94461804	0.89843567	0.95881111	0.91979587	0.90744788	0.91665945	0.94104370

Prior Communality Estimates: SMC

c2	c4	c5	c6	c7	c8	c9	c10
0.50844492	0.71180349	0.67750838	0.65427892	0.68912879	0.76750480	0.73369376	0.69413334
a1	a2	a5	a6	a7	a8	a9	a10
0.56954955	0.49261540	0.47697149	0.39116069	0.47420359	0.61435628	0.55698048	0.57657490

nfact=3 요인의 개수를 지정한 것이다. 일반적으로 컴퓨터 리터러시는 세 개의 하위영역(요인)으로 구성되어 있다고 하여 요인의 개수를 지정한 것이다. 요인의 개수를 산출하는 방식은 mineign과 proportion 등이 있다. mineign은 지정된 숫자 이상의 고유치 값을 가진 요인만을 추출한다. 가령 =0.7이면 요인계수가 .7이상인 것만을 취한다. proportion은 전체공통분산 중에서 공통요인에 의해 설명되는 분산의 누적이 80%까지 되는 요인까지를 산출한다. SAS는 디폴트가 proportion에 의해 요인을 추출한다. 즉, 요인의 수는 proportion에 의해 초기 결정된다. 아래에서 3 Factor will be retained by the NFACTOR criterion은 명령문에서 설정하였기 때문이다.

Eigenvalues of the Reduced Correlation Matrix: Total = 15.0850794 Average = 0.62854498

	Eigenvalue	Difference	Proportion	Cumulative
1	10.3917748	8.1113476	0.6889	0.6889
2	2.2804272	1.1008724	0.1512	0.8400
3	1.1795548	0.4658867	0.0782	0.9182
4	0.7136680	0.2687375	0.0473	0.9656
5	0.4449305	0.0266373	0.0295	0.9950
6	0.4182932	0.1658189	0.0277	1.0228
7	0.2524743	0.0527804	0.0167	1.0395
8	0.1996939	0.0319846	0.0132	1.0527
9	0.1677093	0.0327334	0.0111	1.0639
10	0.1349759	0.0562124	0.0089	1.0728
11	0.0787635	0.0366175	0.0052	1.0780
12	0.0421460	0.0454723	0.0028	1.0808
13	-0.0033263	0.0295535	-0.0002	1.0806
14	-0.0328797	0.0106403	-0.0022	1.0784
15	-0.0435200	0.0081292	-0.0029	1.0755
16	-0.0516492	0.0059377	-0.0034	1.0721
17	-0.0575869	0.0301706	-0.0038	1.0683
18	-0.0877575	0.0066529	-0.0058	1.0625
19	-0.0944105	0.0271040	-0.0063	1.0562
20	-0.1215145	0.0242662	-0.0081	1.0482
21	-0.1457807	0.0176431	-0.0097	1.0385
22	-0.1634237	0.0357041	-0.0108	1.0277
23	-0.1991279	0.0192272	-0.0132	1.0145
24	-0.2183551		-0.0145	1.0000

3 factors will be retained by the NFACTOR criterion.

Factor Pattern

	Factor1	Factor2	Factor3
p4	0.77012	-0.11409	-0.22387
p2	0.76848	-0.07684	-0.14264
p8	0.76842	0.23126	-0.36430
c8	0.75677	-0.41973	0.11584
p7	0.74953	0.28298	-0.27243
c4	0.73989	-0.33202	0.00736
p1	0.73703	0.08430	-0.27161
c5	0.73150	-0.30934	0.01386
p9	0.70028	0.31219	-0.20935
p3	0.69837	0.00933	-0.20313
c2	0.68016	-0.12126	-0.00595
a1	0.67822	0.25688	0.05746
c9	0.66748	-0.48466	0.17657
c6	0.66632	-0.41601	0.16911
p10	0.66608	0.01877	-0.11213
c7	0.62176	-0.20425	-0.11073

res 혹은 residual은 잔차상관행렬과 요인이 제거된 부분상관행렬을 제시하라는 것이다. 잔차상관이나 부분상관계수가 큰 경우 요인의 수가 적거나 요인이 데이터를 잘 설명 못한다고 해석할 수 있다. res값은 적을수록 좋고 보통 .10보다 적은 경우 받아들일 수 있다. 아래에서 전반적인 Root Mean Square Off-Diagonal Residuals: .04421이며 각 개개의 값도 모두 .10보다 적기 때문에 요인분석이 적절하다고 본다.

The FACTOR Procedure
Initial Factor Method: Principal Factors

Root Mean Square Off-Diagonal Residuals: Overall = 0.04427147

c2	c4	c5	c6	c7	c8	c9	c10
0.02962267	0.04015086	0.03974375	0.02867318	0.08304027	0.03032836	0.03607391	0.04277697

Root Mean Square Off-Diagonal Residuals: Overall = 0.04427147

a1	a2	a5	a6	a7	a8	a9	a10
0.03703451	0.04481500	0.03037516	0.04300489	0.04600177	0.03890149	0.04819731	0.04210282

Root Mean Square Off-Diagonal Residuals: Overall = 0.04427147

p1	p2	p3	p4	p7	p8	p9	p10
0.03375912	0.04660370	0.06600522	0.03954725	0.03817262	0.03642964	0.03941916	0.06126648

Partial Correlations Controlling Factors

	c2	c4	c5	c6	c7	c8	c9	c10
c2	1.00000	0.01642	0.09673	-0.04180	-0.05552	-0.07811	-0.02414	-0.03604
c4	0.01642	1.00000	0.23747	0.19587	-0.00902	-0.05953	-0.13410	-0.21821
c5	0.09673	0.23747	1.00000	0.04860	-0.01940	-0.05251	-0.16511	-0.12503
c6	-0.04180	0.19587	0.04860	1.00000	-0.03014	-0.11689	-0.05673	0.03958
c7	-0.05552	-0.00902	-0.01940	-0.03014	1.00000	0.18358	-0.10808	-0.06802
c8	-0.07811	-0.05953	-0.05251	-0.11689	0.18358	1.00000	0.23369	0.10165
c9	-0.02414	-0.13410	-0.16511	-0.05673	-0.10808	0.23369	1.00000	0.26641
c10	-0.03604	-0.21821	-0.12503	0.03958	-0.06802	0.10165	0.26641	1.00000
a1	0.00844	0.01308	0.09583	-0.12817	0.12798	0.07430	-0.04322	-0.06094
a2	0.03332	0.01545	0.10171	-0.05642	-0.07266	-0.08171	-0.02516	-0.19581
[illegible]	[illegible]	[illegible]	[illegible]	[illegible]	[illegible]	[illegible]	[illegible]	[illegible]

rotate=varimax 회전을 varimax방식으로 하라는 것이다. reorder는 요인계수를 큰 순서대로 정렬하여 요인구조를 제시한다. 아래의 결과는 varimax방식으로 회전을 시키고 나서의 요인계수를 제시한다. Variance Explained by Each Factor는 각각의 고유치(eigen value)이고 전체설명분산(total communality)은 13.85이나. 선제설명분산 아래의 값들은 요인들에 의해 설명되는 각 변인들의 공통분산이다. 몇 개의 변인이 .5이하의 값을 가지지만 앞의 다른 통계치를 고려할 때 받아들일 수 있는 정도이다.

The FACTOR Procedure
Rotation Method: Varimax

Orthogonal Transformation Matrix

	1	2	3
1	0.61517	0.63936	0.46129
2	-0.74598	0.28271	0.60299
3	0.25511	-0.71505	0.65086

Rotated Factor Pattern

	Factor1	Factor2	Factor3
c9	0.81720	0.16348	0.13057
c8	0.80820	0.28235	0.17139
c10	0.80787	0.04323	0.13324
c6	0.76338	0.18747	0.16658
c4	0.70472	0.37392	0.14589
c5	0.68430	0.37032	0.15992
c2	0.50736	0.40484	0.23676
c7	0.50661	0.41896	0.09158
p8	0.20726	0.81717	0.25680
p7	0.18049	0.75402	0.33907
p1	0.32123	0.68927	0.21404
p9	0.14451	0.68568	0.37502
p4	0.50176	0.62021	0.14074
p3	0.37084	0.59439	0.19557
p2	0.49368	0.57161	0.21532
p10	0.36714	0.51135	0.24559
a8	0.01739	0.37426	0.68805
a5	0.14180	0.17955	0.65486
a10	0.01795	0.35929	0.64528
a7	0.10512	0.14428	0.62927
a9	0.16418	0.34887	0.55558
a6	0.26218	-0.10020	0.52742
a1	0.24025	0.46516	0.50515
a2	0.30076	0.30882	0.49808

Variance Explained by Each Factor

Factor1	Factor2	Factor3
5.2784285	5.0332788	3.5400495

Final Communality Estimates: Total = 13.851757

c2	c4	c5	c6	c7	c8	c9	c10
0.47736165	0.65772435	0.63097417	0.64564243	0.44056738	0.76229052	0.71159604	0.67228052

a1	a2	a5	a6	a7	a8	a9	a10
0.52927358	0.43391143	0.48119277	0.35694638	0.42784835	0.61379148	0.45733876	0.54579252

p1	p2	p3	p4	p7	p8	p9	p10
0.62409707	0.61681610	0.52906289	0.65622706	0.71608890	0.77666567	0.63168485	0.45658189

score옵션은 변인과 요인 간의 다중상관자승치(squared multiple correlation: SMC)와 요인점수화계수(standardized scoring coefficient)를 산출하라는 것이다. 변인과 요인 간의 다중상관자승치는 요인분석 방법(solution)에 대하여 안정성(stability)이나 일관성(internal consistnacy)을 나타내는 지수로 사용되기도 한다. 일반적으로 R^2값이 높을수록 좋으며 대체로 .70이상이 요구된다. 요인점수화계수는 각 개체들의 요인점수(factor score)를 산출하기 위한 것이다. 요인점수화계수는 요인계수를 표준화시켰다는 개념으로 이해를 하자.

```
                    The FACTOR Procedure
                 Rotation Method: Varimax

          Scoring Coefficients Estimated by Regression


  Squared Multiple Correlations of the Variables with Each Factor

              Factor1          Factor2          Factor3

           0.91258213       0.87193999       0.80997194

               Standardized Scoring Coefficients

                    Factor1          Factor2          Factor3

c9                  0.22072         -0.09886         -0.01483
c8                  0.23262         -0.07685         -0.00545
c10                 0.21909         -0.15150          0.03170
c6                  0.16052         -0.07934          0.02144
c4                  0.14565          0.00410         -0.04238
c5                  0.14190         -0.01646         -0.02229
c2                  0.04274          0.02042          0.00848
c7                  0.05215          0.10401         -0.09319
p8                 -0.11804          0.35958         -0.13280
p7                 -0.10734          0.21930          0.00448
p1                 -0.02243          0.16352         -0.05630
p9                 -0.07548          0.14316          0.03796
p4                  0.03801          0.14757         -0.10764
p3                  0.01381          0.11427         -0.03772
p2                  0.05768          0.09309         -0.03644
p10                 0.01929          0.06468         -0.00195
a8                 -0.07136         -0.02506          0.25285
a5                  0.00235         -0.09614          0.21383
a10                -0.06687         -0.01968          0.21379
a7                 -0.00178         -0.07954          0.19803
a9                 -0.02547          0.00966          0.14100
a6                  0.03211         -0.11389          0.17995
a1                 -0.02015          0.01121          0.13079
a2                  0.00635         -0.02155          0.13389
```

outstat=scor는 proc factor에서 수행된 여러 통계치를 scor라는 이름으로 보관하라는 것이다. 이것은 없어도 그만이나 요인점수를 산출하기 위한 절차이다. var c2 c4-c10 a1 a2 a5-a10 p1 p2 p3 p4 p7-p10;는 요인분석을 위한 변인들의 설정이다. 총 24개의 관찰변인이다.

⑤ proc score;는 한쪽에 회귀계수(regression coefficient)나 scoring coefficient가 있고 다른 쪽에 원자료가 있을 때 그것들을 곱하여 새로운 선형조합(linear combination)의 점수를 만들어 내는 명령문이다. data=psy score=scor out=scores; 여기서 원자료 psy를 가지고 score한 결과를 바깥으로 scores라는 이름으로 내보내라는 뜻이다. 중간의 옵션 score=scor는 scoring coefficient의 자료를 포함한 데이터세트를 지정하는 것이다. 없으면 가장 최근의 데이터 세트를 불러온다. score하라는 것이고 그 결과를 scores로 저장하라는 뜻이다. var는 변인들의 지칭이다. proc sort와 마찬가지로 실행의 결과가 output에 출력되지 않는다.

⑥ proc print data=scores; run; 앞에서 만든 새로운 점수 데이터 세트 scores를 출력하라는 명령문이다. 아래의 결과를 보면 각 관찰개체들이 원래의 데이터 세트에 없던 요인점수 Factor1 Factor2 Factor3 값들이 생긴 것을 알 수 있다. 참고로 SAS에서는 회귀방식에 의해(요인과 요인점수 간의 편차 자승합을 최소화 하는 원리)요인점수를 만들어낸다.

각 개체들의 요인점수는 앞에서 설명한 것과 같이 총합점수와는 다른 성격의 점수이다. 따라서 이러한 점수를 종속변인과 상관관계를 산출하거나 종속변인을 예측하는 회귀분석에 사용한다면 좀 더 순수한 결과를 얻을 것이다.

OBS	a8	a9	a10	p1	p2	p3	p4	p7	p8	p9	p10	cog	aff	psy	age1	career1	computer1	job1	Factor1	Factor2	Factor3
1	4	3	4	3	3	3	3	3	3	3	3	2.6	3.1	3.0	3	5	2	2	-0.49919	-0.80167	-0.60738
2	5	5	4	5	4	4	5	5	5	5	5	4.0	4.0	4.7	1	1	2	6	0.11495	1.69677	0.04067
3	5	5	5	5	5	5	5	5	5	5	5	4.1	4.9	5.0	1	1	2	6	0.39421	1.37528	1.53022
4	3	3	4	3	3	3	3	3	4	3	3	2.7	3.0	3.2	1	1	2	4	-0.86563	0.00033	-1.25868
5	4	4	4	4	3	3	4	4	4	4	3	3.1	2.9	3.7	1	1	2	3	-0.15058	0.37904	-1.39847
6	3	3	4	4	4	3	4	4	4	4	4	3.4	3.3	3.8	1	1	2	5	0.01595	0.41910	-0.94407
7	4	4	5	5	5	4	4	5	5	5	5	3.4	4.6	4.5	1	1	2	2	-0.40441	1.11496	1.44524
8	5	4	5	5	5	4	4	5	5	5	5	3.6	4.5	4.6	2	1	2	3	-0.02409	0.92934	1.33372
9	5	5	5	5	5	5	5	5	5	5	5	5.0	4.6	5.0	3	3	4	3	1.94739	0.68374	1.64380
10	4	4	5	5	5	4	4	5	5	5	5	3.6	4.0	4.6	1	1	2	5	-0.30947	1.80145	-0.10060
11	4	4	4	4	2	2	2	5	3	4	3	2.9	3.6	3.0	2	1	3	3	-1.04639	-0.72557	0.87561
12	5	4	4	5	5	4	5	5	5	5	5	4.7	4.7	4.9	3	3	2	5	1.76342	0.64765	1.07750
13	4	4	5	4	4	5	5	5	5	4	4	4.7	3.5	4.6	1	1	1	6	1.57384	1.29657	-1.02183
14	4	3	4	4	4	4	4	4	4	4	2	4.9	3.6	3.8	2	4	3	4	2.31456	-0.50191	-0.34743
15	4	4	4	4	4	4	4	4	4	4	4	3.1	3.4	4.0	1	1	2	5	-0.08551	0.36377	-0.31581

⑦ 앞에서 생긴 Factor1, Factor2, Facto3간에 상관관계를 제시하라는 것이다 우선 대각요소는 다른 상관계수 행렬과 마찬가지로 모두 1이다. 각 요인 간의 상관은 매우 낮으며 유의성(즉, p-value가 모두 0.05보다 큼) 또한 없다. 다시 말해서 요인 간에 상관이 없는 순수한 잠재변인이라고 봐도 무방하다.

```
                              CORR 프로시저
                    3 변수:   Factor1  Factor2  Factor3

                              단순 통계량
변수           N        평균     표준편차          합        최소값        최대값

Factor1      279           0      0.95529           0      -2.90502       2.31456
Factor2      279           0      0.93378           0      -3.25213       2.07421
Factor3      279           0      0.89998           0      -2.67098       2.01118

                         피어슨 상관 계수, N = 279
                      H0: Rho=0 검정에 대한 Prob > |r|

                      Factor1        Factor2        Factor3

        Factor1       1.00000        0.05316        0.01488
                                      0.3763         0.8045

        Factor2       0.05316        1.00000        0.10060
                       0.3763                        0.0935

        Factor3       0.01488        0.10060        1.00000
                       0.8045         0.0935
```

아래는 위에서 만들어낸 요인점수를 가지고 추가로 사용할 수 있는 명령문의 예이다. 즉, 각 요인점수 간 그리고 종속변인과의 상관관계 및 다중회귀분석의 명령문이다. 결과는 생략하도록 하겠다.

```
proc corr data=scores; var factor1-factor3; with y;
proc reg data=scores; model y=factor1-factor3/ stb
```

부 록

부록 1 9개 주의 a계수와 b계수 산출 예

부록 2 9개 주의 회귀계수 산출에 대한 단순회귀분석 (Simple Linear Regression) 행렬 사용

부록 3 3 X 3 행렬의 inverse 및 determinant 구하는 예

부록 4 통계표

부록 1 9개 주의 a계수와 b계수 산출 예

Obs#(i)	X_i	Y_i	X_i^2	$X_1 Y_1$
1	2520	534	6,350,400	1,345,680
2	4272	922	18,249,984	3,938,784
3	3568	659	12,730,624	2,479,760
4	3944	842	15,555,136	3,320,848
5	2194	476	4,813,636	1,044,344
6	2890	609	8,352,100	1,760,010
7	4421	1237	19,545,241	5,468,777
8	3779	904	14,280,841	3,416,216
9	3051	657	9,308,601	2,004,507
n=9	$\sum X_i =$ 30,639	$\sum Y_i =$ 6876	$\sum X_i^2 =$ 109,186,563	$\sum X_i Y_i =$ 24,778,926

$$\overline{Y} = \frac{6876}{9} = 764$$

$$\overline{X} = \frac{30,639}{9}$$

$$\doteq 3404.3\ldots$$

b계수는 아래와 같은 계산공식으로부터 구할 수 있다.

$$b = \frac{\sum X_i Y_i - \frac{\sum X_i \sum Y_i}{n}}{\sum X_i^2 - \frac{(\sum X_i)^2}{n}} = \frac{24,778,926 - \frac{(30.639)(6876)}{9}}{109.186,563 - \frac{(30,639)^2}{9}}$$

$$= \frac{24,778,926 - 23,408,196}{109,186,563 - 104,305,369} = \frac{1,370,730}{4,881,194} \doteq .2808$$

$$Then\ a = \overline{Y} - b\overline{X} \doteq 764 - .2808(3404.3333) \doteq 764 - 955.9368$$

다른 방식의 공식을 이용하면 다음과 같다.

$$b = \frac{n(\sum X_i Y_i) - (\sum X_i)(\sum Y_i)}{n(\sum X_i^2) - (\sum X_i)^2}$$

$$= \frac{9(24,778,926) - (30.639)(6876)}{9(109.186,563) - (30,639)^2}$$

$$= \frac{223,010,334 - 210,673,764}{982,679,067 - 938,746,321} = \frac{12,336,570}{43,930,746} \doteq .2808$$

공변량과 변량을 이용한 개념공식(definitional formula)을 이용하면 다음과 같다.

$$b = \frac{\sum(X_i - \overline{X})(Y_i - \overline{Y})}{\sum(X_i - \overline{X})^2}\ (set\ \overline{X} \doteq 3404.3)$$

X_i	$(X_i-\overline{X})$	$(X_i-\overline{X})^2$	Y_i	$(Y_i-\overline{Y})$	$(X_i-\overline{X})(Y_i-\overline{Y})$
2520	-884.3	781,986.49	534	-230	203,389.0
4272	867.7	752,903.29	922	-158	137,096.6
3568	163.7	26,797.69	695	- 69	11,295.3
3944	539.7	291,276.09	842	78	42,096.6
2194	-1210.3	1464,826.09	476	-288	348,566.4
2890	- 514.3	264,504.49	609	-155	79,716.5
4421	1016.7	1033,678.89	1237	473	480,899.1
3779	374.7	140,400.09	904	140	52,458.0
3051	-353.3	124,820.89	657	-107	37,803.1
	$\sum(X_i-\overline{X})$ =0	$\sum(X_i-\overline{X})^2$= 4,881,194.01		$\sum(Y_i-\overline{Y})$ =0	$\sum(X_i-\overline{X})(Y_i-\overline{Y})$ = 1,370,730.0

그러면 $b \doteq \frac{1,370,730}{4,881,194.01} \doteq .2808$

최종적으로 회귀식을 제시하면 다음과 같다.

$\widehat{Y_1} \doteq -191.9368 + .2808X_i$

회귀식에 기반한 일원변량분석표(analysis of variance table)를 구하면 다음과 같다.

X_i	Y_i	$\widehat{Y_i}$	$(Y_1-\overline{Y})$	$(Y_1-\overline{Y})^2$
2520	534	515.68	-230	52,900
4272	922	1007.64	158	24,964
3568	695	809.96	-69	4,761
3944	842	915.54	78	6,084
2194	476	424.14	-288	82,944
2890	609	619.48	-155	24,025
4421	1237	1049.48	473	223,729
3779	904	869.21	140	19,600
3051	657	664.78	-107	11,449
			$\sum(Y_1-\overline{Y})$ =0	$\sum(Y_1-\overline{Y})^2$ =450,456 =TSS

Source	SS	df	MS	F
회귀선	384,926	1	384,926	41.12
오차	65,530	7	9,361	
합계	450,456	8		

$F^{1}_{7,.05} = 5.59$ $reject\, H_o$: X and $Y unrelated$, $accept$ H_a : X and Y are related

$F^{1}_{7,.01} = 12.25$

F표에 제시된 95% 유의도 수준 5.59와 99%유의도 수준의 12.25보다 F값이 크므로 영가설을 기각하고 선형관계성이 있다고 결론짓는다.

부록 2 9개 주의 회귀계수 산출에 대한 단순회귀분석(Simple Linear Regression) 행렬 사용

$y = \alpha + \beta x + \epsilon_i$

└ 1개의 독립변인(independent variable)

만약 여러 개 있으면 행렬을 사용하여 회귀계수와 상수를 구한다.

$\begin{bmatrix} 1 & 2 & 3 \\ 4 & 5 & 6 \end{bmatrix}$ $A_{2\times 3}$ 용적(dimension) = 2×3

$[1\ 2\ 3]$

$A_{m\times n}$

정방형 행렬은 행과 열의 수가 같은 것이다.

(A is a square matrix, if the number of rows = number of columns m = n)

$A_{2\times 2} = \begin{bmatrix} 1 & 2 \\ 4 & 5 \end{bmatrix}$

$I_{2\times 2} = \begin{bmatrix} 1 & 0 \\ 0 & 1 \end{bmatrix}$

$I_{3\times 3} = \begin{bmatrix} 1 & 0 & 0 \\ 0 & 1 & 0 \\ 0 & 0 & 1 \end{bmatrix}$

단위행렬(identity matrix)은 대각선(diagonal)요소는 모두 1이며 나머지는 0인 행렬을 말한다.

벡터는 하나의 행이나 열을 가진 것이다(A vector is matrix having only one row or one column).

$A_{2\times 1} = \begin{bmatrix} 1 \\ 2 \end{bmatrix}$

$A_{1\times 2} = [1\ 2]$

행렬의 치환(transpose of a vector)은 prime이라고 한다.

$$A_{2\times1}=\begin{bmatrix}1\\2\end{bmatrix}\quad A'_{1\times2}=[1\,2]$$

행렬의 덧셈(Adding matrices). 반드시 같은 용적을 가져야한다. (They must have the same dimension.)

$$A_{3\times2}=\begin{bmatrix}6&5\\2&-1\\3&4\end{bmatrix}\quad B_{3\times2}=\begin{bmatrix}2&3\\10&7\\1&-2\end{bmatrix}$$

$$A_{3\times2}+B_{3\times2}=C_{3\times2}=B_{3\times2}+A_{3\times2}$$

$$\begin{bmatrix}6&5\\2&-1\\3&4\end{bmatrix}+\begin{bmatrix}2&3\\10&7\\1&2\end{bmatrix}=\begin{bmatrix}8&8\\12&6\\4&-2\end{bmatrix}$$

행렬의 뺄셈

$$A_{3\times2}-B_{3\times2}=\begin{bmatrix}4&2\\-8&-8\\2&-6\end{bmatrix}$$

$$A-B=-(B-A)$$

행렬에 상수를 곱하는 것

$$5A_{3\times2}=\begin{bmatrix}5\times6&5\times5\\5\times2&5\times-1\\5\times3&5\times4\end{bmatrix}=\begin{bmatrix}30&25\\10&-5\\15&-20\end{bmatrix}$$

A : matrix A': transpose of matrix $[A]$: determinant of matrix

A^{-1} : 역행렬(inverse of matrix) $A'A$: transpose of A times A

스칼라의 곱셈(scalar multiplication)

$$5\begin{bmatrix}1&2\\3&4\\5&6\end{bmatrix}=\begin{bmatrix}5&10\\15&20\\25&30\end{bmatrix}$$

치환(transpose)

$$\begin{bmatrix}1\,2\,3\,4\\5\,6\,7\,8\end{bmatrix}' = \begin{bmatrix}1\,5\\2\,6\\3\,7\\4\,8\end{bmatrix}$$

프라임을 프라임하여 치환

$(A')' = A$

행렬곱셈(matrix multiplication)

첫 번째 행렬의 열의 수와 두 번째 행렬의 행의 수가 같아야 한다(should be conformable - column dimension of the first matrix matches the row dimension of the second).

$A = \begin{bmatrix}1\,2\,3\\4\,5\,6\end{bmatrix}_{2\times3}$ $B = \begin{bmatrix}7\,8\\9\,0\end{bmatrix}_{2\times2}$ AB할 수가 없다.

$A'B$

$$A' = \begin{bmatrix}1\,4\\2\,5\\3\,6\end{bmatrix}_{3\times2} \quad B = \begin{bmatrix}7\,8\\9\,0\end{bmatrix}_{2\times2}$$

$$A'B = \begin{bmatrix}(1\times7)+(4\times9) & (1\times8)+(4\times0)\\(2\times7)+(5\times9) & (2\times8)+(5\times0)\\(3\times7)+(6\times9) & (3\times8)+(6\times0)\end{bmatrix} = \begin{bmatrix}43 & 8\\59 & 16\\75 & 24\end{bmatrix}$$

역행렬(Inverse) 2×2 - 먼저 determinant of A, $[A]$를 구해야 한다.

$A_{2\times2} = \begin{bmatrix}a_{11}\,a_{12}\\a_{21}\,a_{22}\end{bmatrix}$ $[A] = a_{11}a_{22} - a_{12}a_{21}$ (Scalar=numarical number)

$A = \begin{bmatrix}1\,2\\3\,4\end{bmatrix}$ $[A] = (4)(1) - (2)(3) = 4 - 6 = -2$

$A^{-1} = \frac{1}{|A|}\begin{bmatrix}a_{22} & -a_{12}\\-a_{21} & a_{11}\end{bmatrix}$ $A \cdot A^{-1} = I$

$$A^{-1}=\frac{1}{-2}\begin{bmatrix}4 & -2\\ -3 & 1\end{bmatrix}=\begin{bmatrix}-2 & 1\\ \frac{3}{2} & -\frac{1}{2}\end{bmatrix}$$

$$A \cdot A^{-1}=\begin{bmatrix}1 & 2\\ 3 & 4\end{bmatrix}\begin{bmatrix}-2 & 1\\ \frac{3}{2} & -\frac{1}{2}\end{bmatrix}=\begin{bmatrix}-2+3 & 1-1\\ -6+6 & 3-2\end{bmatrix}=\begin{bmatrix}1 & 0\\ 0 & 1\end{bmatrix}=I$$

※행렬을 이용하여 회귀계수를 구하기 위해서는 nonsingular행렬이어야 한다. 즉, 역행렬이 존재해야하고 따라서 determinant가 0이 되지 않아야한다. (a matrix whose inverse exists i.e. $|A| \neq 0$)

$(AB)^{-1}=B^{-1}A^{-1}$	$(A^{-1})'=(A')^{-1}$

Model : $y_i=\alpha+\beta_i+\epsilon_i$

$\epsilon_i \sim {}_{ij}d\, N(0,\sigma_\epsilon^2)$

Predication equation : $\hat{y_i}=a+bx_i$

$$\begin{bmatrix}Y\\ Y_1\\ \vdots\\ Y_n\end{bmatrix}=\begin{bmatrix}1 & X_1\\ 1 & X_2\\ \vdots & \vdots\\ 1 & X_n\end{bmatrix}\begin{bmatrix}\alpha\\ \beta\end{bmatrix}+\begin{bmatrix}\epsilon_1\\ \epsilon_2\\ \vdots\\ \epsilon_n\end{bmatrix}$$

$y=X\beta+\epsilon$ (행렬방식: model in matrix form)

$$\hat{y}=x\hat{\beta} \quad \hat{y}=\begin{bmatrix}\hat{y_1}\\ \hat{y_2}\\ \vdots\\ \hat{y_n}\end{bmatrix} \quad \hat{\beta}=\begin{bmatrix}a\\ b\end{bmatrix}$$

$$y'y=[y_1\, y_2\, y_3 \cdots y_n]\begin{bmatrix}y_1\\ y_2\\ \vdots\\ y_n\end{bmatrix}=\sum_{i=1}^{n} y_i^2$$ (자승합: row sum of squares)

$$x'x=\begin{bmatrix}1 & 1 & 1 & \cdots & 1\\ x_1 & x_2 & x_3 & \cdots & x_n\end{bmatrix}\begin{bmatrix}1 & x_1\\ 1 & x_2\\ 1 & x_3\\ \vdots & \vdots\\ n & x_n\end{bmatrix}=\begin{bmatrix}n & \sum_{i=1}^{n}x_i\\ \sum_{i=1}^{n}x_i & \sum_{i=1}^{n}x_i^2\end{bmatrix}$$

$$(x'x)\hat{\beta}=\begin{bmatrix} n & \sum x_i \\ \sum x_i & \sum x_i^2 \end{bmatrix}\begin{bmatrix} a \\ b \end{bmatrix}=\begin{bmatrix} na+\sum x_i b \\ a\sum x_i + b\sum x_i^2 \end{bmatrix}=\begin{bmatrix} \sum y_i \\ \sum x_i y_i \end{bmatrix}$$

※ $na+\sum x_i b=\sum y_i$ (L.S Normal Equation)

$$x'y=\begin{bmatrix} 1 & 1 & \cdots & 1 \\ x_1 & x_2 & \cdots & x_n \end{bmatrix}\begin{bmatrix} y_1 \\ y_2 \\ \vdots \\ y_n \end{bmatrix}=\begin{bmatrix} \sum_{i=1}^{n} y_i \\ \sum_{i=1}^{n} x_i y_i \end{bmatrix}$$

$(x'x)\hat{\beta}=x'y$ Normal Equation

$$\begin{bmatrix} na+b\sum x_i \\ a\sum x_i + b\sum x_i \end{bmatrix}=\begin{bmatrix} \sum y_i \\ \sum x_i y_i \end{bmatrix}$$

$$\begin{bmatrix} a \\ b \end{bmatrix}=\hat{\beta}$$

$(x'x)^{-1}x'x\hat{\beta}=(x'x)^{-1}x'y \qquad \hat{\beta}=(x'x)^{-1}x'y$

$y_i=\alpha+\beta_{\xi}+\epsilon_i \qquad i=1,2,3,\cdots n$

$y=\chi_{\beta}+\epsilon$

$$x=\begin{bmatrix} 1 & x_1 \\ 1 & x_2 \\ \vdots & \vdots \\ 1 & x_n \end{bmatrix} \quad \begin{bmatrix} y_1 \\ y_2 \\ \vdots \\ y_n \end{bmatrix}=\begin{bmatrix} 1 & x_1 \\ 1 & x_2 \\ 1 & \vdots \\ 1 & x_3 \end{bmatrix}\begin{bmatrix} \alpha \\ \beta \end{bmatrix}+\begin{bmatrix} \varepsilon_i \\ \varepsilon_2 \\ \vdots \\ \varepsilon_n \end{bmatrix}$$

$$SSR=\hat{\beta}'x'y-n\bar{y}^2=a\sum y_i+b\sum x_i y_i-n\bar{y}^2$$
$$=a\sum y_i+b\sum x_i y_i-n\bar{y}^2$$

※ $x'y=\begin{bmatrix} \sum y_i \\ \sum x_i y_i \end{bmatrix}$

$$SSE=y'y-\hat{\beta}'x'y=\sum y_i^2-(a\sum y_i+b\sum x_i y_i)$$

※ $y'y=\bar{2}y_i^2$

$$TSS=y'y-n\bar{y}^2=\sum(y_i-\bar{y})^2$$

e.g.) $y=\begin{bmatrix} 534 \\ 922 \\ 695 \\ 842 \\ 476 \\ 609 \\ 1237 \\ 904 \\ 657 \end{bmatrix} \quad x=\begin{bmatrix} 1 & 2520 \\ 1 & 4272 \\ 1 & 3568 \\ 1 & 3944 \\ 1 & 2194 \\ 1 & 2890 \\ 1 & 4421 \\ 1 & 3779 \\ 1 & 3051 \end{bmatrix}$

$$x'x = \begin{bmatrix} 1 & \cdots & 1 \\ 2520 & \cdots & 3051 \end{bmatrix} \begin{bmatrix} 1 & 2520 \\ 1 & \vdots \\ \vdots & \vdots \\ 1 & 3051 \end{bmatrix} = \begin{bmatrix} 9 & 30,639 \\ 30,639 & 109,186,563 \end{bmatrix}$$

$$x'y = \begin{bmatrix} 6876 \\ 24,778,926 \end{bmatrix}$$

$$(x'x)^{-1} = \frac{1}{9(109,186,563)-(30,639)^2} \begin{bmatrix} 109,186,563 & -30,639 \\ -30,639 & 9 \end{bmatrix} = \begin{bmatrix} 2.48542474 & -0.00069744 \\ -.00069744 & .000000204 \end{bmatrix}$$

$$\hat{\beta} = \begin{bmatrix} -2.48542476 & -.00069744 \\ -.00069744 & .000000204 \end{bmatrix} \begin{bmatrix} 6876 \\ 24,778,926 \end{bmatrix} = \begin{bmatrix} -192.0336 \\ .2808093 \end{bmatrix} = \begin{bmatrix} a \\ b \end{bmatrix}$$

부록 3 3 X 3 행렬의 inverse 및 determinant 구하는 예

If: $B_{3\times3} = \begin{bmatrix} a\,b\,c \\ d\,e\,f \\ g\,h\,k \end{bmatrix}$

then: $B_{3\times3}^{-1} = \begin{bmatrix} a\,b\,c \\ d\,e\,f \\ g\,h\,k \end{bmatrix}^{-1} = \begin{bmatrix} A\,B\,C \\ D\,E\,F \\ G\,H\,K \end{bmatrix}$

where:

A = $(ek - fh)/Z$	B = $(bk - ch)/Z$	C = $(df - ce)/Z$
D = $-(dk - fg)/Z$	E = $(ak - cg)/Z$	F = $-(af - cd)/Z$
G = $(dh - eg)/Z$	H = $(ah - bg)/Z$	K = $(ae - bd)/Z$

and: Z=a(ek − fh) − b(dk − fg) + c(dh - eg)

부록 4 통계표

Table A.1

Cumulative Standardized Normal Distribution

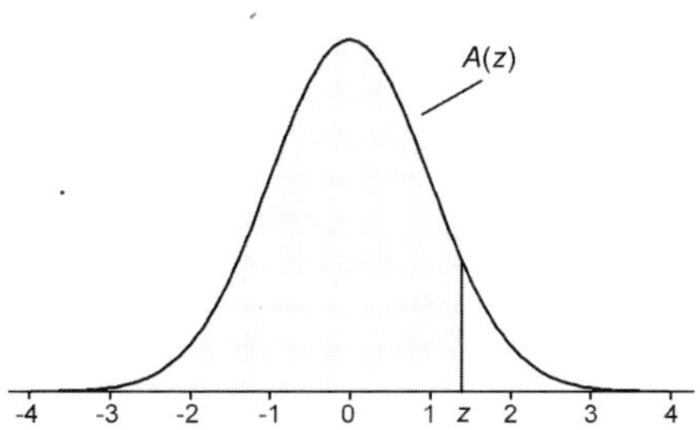

z	$A(z)$	
1.645	0.9500	Lower limit of right 5% tail
1.960	0.9750	Lower limit of right 2.5% tail
2.326	0.9900	Lower limit of right 1% tail
2.576	0.9950	Lower limit of right 0.5% tail
3.090	0.9990	Lower limit of right 0.1% tail
3.291	0.9995	Lower limit of right 0.05% tail

z	0.00	0.01	0.02	0.03	0.04	0.05	0.06	0.07	0.08	0.09
0.0	0.5000	0.5040	0.5080	0.5120	0.5160	0.5199	0.5239	0.5279	0.5319	0.5359
0.1	0.5398	0.5438	0.5478	0.5517	0.5557	0.5596	0.5636	0.5675	0.5714	0.5753
0.2	0.5793	0.5832	0.5871	0.5910	0.5948	0.5987	0.6026	0.6064	0.6103	0.6141
0.3	0.6179	0.6217	0.6255	0.6293	0.6331	0.6368	0.6406	0.6443	0.6480	0.6517
0.4	0.6554	0.6591	0.6628	0.6664	0.6700	0.6736	0.6772	0.6808	0.6844	0.6879
0.5	0.6915	0.6950	0.6985	0.7019	0.7054	0.7088	0.7123	0.7157	0.7190	0.7224
0.6	0.7257	0.7291	0.7324	0.7357	0.7389	0.7422	0.7454	0.7486	0.7517	0.7549
0.7	0.7580	0.7611	0.7642	0.7673	0.7704	0.7734	0.7764	0.7794	0.7823	0.7852
0.8	0.7881	0.7910	0.7939	0.7967	0.7995	0.8023	0.8051	0.8078	0.8106	0.8133
0.9	0.8159	0.8186	0.8212	0.8238	0.8264	0.8289	0.8315	0.8340	0.8365	0.8389
1.0	0.8413	0.8438	0.8461	0.8485	0.8508	0.8531	0.8554	0.8577	0.8599	0.8621
1.1	0.8643	0.8665	0.8686	0.8708	0.8729	0.8749	0.8770	0.8790	0.8810	0.8830
1.2	0.8849	0.8869	0.8888	0.8907	0.8925	0.8944	0.8962	0.8980	0.8997	0.9015
1.3	0.9032	0.9049	0.9066	0.9082	0.9099	0.9115	0.9131	0.9147	0.9162	0.9177
1.4	0.9192	0.9207	0.9222	0.9236	0.9251	0.9265	0.9279	0.9292	0.9306	0.9319
1.5	0.9332	0.9345	0.9357	0.9370	0.9382	0.9394	0.9406	0.9418	0.9429	0.9441
1.6	0.9452	0.9463	0.9474	0.9484	0.9495	0.9505	0.9515	0.9525	0.9535	0.9545
1.7	0.9554	0.9564	0.9573	0.9582	0.9591	0.9599	0.9608	0.9616	0.9625	0.9633
1.8	0.9641	0.9649	0.9656	0.9664	0.9671	0.9678	0.9686	0.9693	0.9699	0.9706
1.9	0.9713	0.9719	0.9726	0.9732	0.9738	0.9744	0.9750	0.9756	0.9761	0.9767
2.0	0.9772	0.9778	0.9783	0.9788	0.9793	0.9798	0.9803	0.9808	0.9812	0.9817
2.1	0.9821	0.9826	0.9830	0.9834	0.9838	0.9842	0.9846	0.9850	0.9854	0.9857
2.2	0.9861	0.9864	0.9868	0.9871	0.9875	0.9878	0.9881	0.9884	0.9887	0.9890
2.3	0.9893	0.9896	0.9898	0.9901	0.9904	0.9906	0.9909	0.9911	0.9913	0.9916
2.4	0.9918	0.9920	0.9922	0.9925	0.9927	0.9929	0.9931	0.9932	0.9934	0.9936
2.5	0.9938	0.9940	0.9941	0.9943	0.9945	0.9946	0.9948	0.9949	0.9951	0.9952
2.6	0.9953	0.9955	0.9956	0.9957	0.9959	0.9960	0.9961	0.9962	0.9963	0.9964
2.7	0.9965	0.9966	0.9967	0.9968	0.9969	0.9970	0.9971	0.9972	0.9973	0.9974
2.8	0.9974	0.9975	0.9976	0.9977	0.9977	0.9978	0.9979	0.9979	0.9980	0.9981
2.9	0.9981	0.9982	0.9982	0.9983	0.9984	0.9984	0.9985	0.9985	0.9986	0.9986
3.0	0.9987	0.9987	0.9987	0.9988	0.9988	0.9989	0.9989	0.9989	0.9990	0.9990
3.1	0.9990	0.9991	0.9991	0.9991	0.9992	0.9992	0.9992	0.9992	0.9993	0.9993
3.2	0.9993	0.9993	0.9994	0.9994	0.9994	0.9994	0.9994	0.9995	0.9995	0.9995
3.3	0.9995	0.9995	0.9995	0.9996	0.9996	0.9996	0.9996	0.9996	0.9996	0.9997
3.4	0.9997	0.9997	0.9997	0.9997	0.9997	0.9997	0.9997	0.9997	0.9997	0.9998
3.5	0.9998	0.9998	0.9998	0.9998	0.9998	0.9998	0.9998	0.9998	0.9998	0.9998
3.6	0.9998	0.9998	0.9999							

TABLE A.2

t* Distribution: Critical Values of *t

Degrees of freedom	Two-tailed test: / One-tailed test:	10% / 5%	5% / 2.5%	2% / 1%	1% / 0.5%	0.2% / 0.1%	0.1% / 0.05%
		Significance level					
1		6.314	12.706	31.821	63.657	318.309	636.619
2		2.920	4.303	6.965	9.925	22.327	31.599
3		2.353	3.182	4.541	5.841	10.215	12.924
4		2.132	2.776	3.747	4.604	7.173	8.610
5		2.015	2.571	3.365	4.032	5.893	6.869
6		1.943	2.447	3.143	3.707	5.208	5.959
7		1.894	2.365	2.998	3.499	4.785	5.408
8		1.860	2.306	2.896	3.355	4.501	5.041
9		1.833	2.262	2.821	3.250	4.297	4.781
10		1.812	2.228	2.764	3.169	4.144	4.587
11		1.796	2.201	2.718	3.106	4.025	4.437
12		1.782	2.179	2.681	3.055	3.930	4.318
13		1.771	2.160	2.650	3.012	3.852	4.221
14		1.761	2.145	2.624	2.977	3.787	4.140
15		1.753	2.131	2.602	2.947	3.733	4.073
16		1.746	2.120	2.583	2.921	3.686	4.015
17		1.740	2.110	2.567	2.898	3.646	3.965
18		1.734	2.101	2.552	2.878	3.610	3.922
19		1.729	2.093	2.539	2.861	3.579	3.883
20		1.725	2.086	2.528	2.845	3.552	3.850
21		1.721	2.080	2.518	2.831	3.527	3.819
22		1.717	2.074	2.508	2.819	3.505	3.792
23		1.714	2.069	2.500	2.807	3.485	3.768
24		1.711	2.064	2.492	2.797	3.467	3.745
25		1.708	2.060	2.485	2.787	3.450	3.725
26		1.706	2.056	2.479	2.779	3.435	3.707
27		1.703	2.052	2.473	2.771	3.421	3.690
28		1.701	2.048	2.467	2.763	3.408	3.674
29		1.699	2.045	2.462	2.756	3.396	3.659
30		1.697	2.042	2.457	2.750	3.385	3.646
32		1.694	2.037	2.449	2.738	3.365	3.622
34		1.691	2.032	2.441	2.728	3.348	3.601
36		1.688	2.028	2.434	2.719	3.333	3.582
38		1.686	2.024	2.429	2.712	3.319	3.566
40		1.684	2.021	2.423	2.704	3.307	3.551
42		1.682	2.018	2.418	2.698	3.296	3.538
44		1.680	2.015	2.414	2.692	3.286	3.526
46		1.679	2.013	2.410	2.687	3.277	3.515
48		1.677	2.011	2.407	2.682	3.269	3.505
50		1.676	2.009	2.403	2.678	3.261	3.496
60		1.671	2.000	2.390	2.660	3.232	3.460
70		1.667	1.994	2.381	2.648	3.211	3.435
80		1.664	1.990	2.374	2.639	3.195	3.416
90		1.662	1.987	2.368	2.632	3.183	3.402
100		1.660	1.984	2.364	2.626	3.174	3.390
120		1.658	1.980	2.358	2.617	3.160	3.373
150		1.655	1.976	2.351	2.609	3.145	3.357
200		1.653	1.972	2.345	2.601	3.131	3.340
300		1.650	1.968	2.339	2.592	3.118	3.323
400		1.649	1.966	2.336	2.588	3.111	3.315
500		1.648	1.965	2.334	2.586	3.107	3.310
600		1.647	1.964	2.333	2.584	3.104	3.307
∞		1.645	1.960	2.326	2.576	3.090	3.291

TABLE A.3

F Distribution: Critical Values of F (5% significance level)

ν_2 \ ν_1	1	2	3	4	5	6	7	8	9	10	12	14	16	18	20
1	161.45	199.50	215.71	224.58	230.16	233.99	236.77	238.88	240.54	241.88	243.91	245.36	246.46	247.32	248.01
2	18.51	19.00	19.16	19.25	19.30	19.33	19.35	19.37	19.38	19.40	19.41	19.42	19.43	19.44	19.45
3	10.13	9.55	9.28	9.12	9.01	8.94	8.89	8.85	8.81	8.79	8.74	8.71	8.69	8.67	8.66
4	7.71	6.94	6.59	6.39	6.26	6.16	6.09	6.04	6.00	5.96	5.91	5.87	5.84	5.82	5.80
5	6.61	5.79	5.41	5.19	5.05	4.95	4.88	4.82	4.77	4.74	4.68	4.64	4.60	4.58	4.56
6	5.99	5.14	4.76	4.53	4.39	4.28	4.21	4.15	4.10	4.06	4.00	3.96	3.92	3.90	3.87
7	5.59	4.74	4.35	4.12	3.97	3.87	3.79	3.73	3.68	3.64	3.57	3.53	3.49	3.47	3.44
8	5.32	4.46	4.07	3.84	3.69	3.58	3.50	3.44	3.39	3.35	3.28	3.24	3.20	3.17	3.15
9	5.12	4.26	3.86	3.63	3.48	3.37	3.29	3.23	3.18	3.14	3.07	3.03	2.99	2.96	2.94
10	4.96	4.10	3.71	3.48	3.33	3.22	3.14	3.07	3.02	2.98	2.91	2.86	2.83	2.80	2.77
11	4.84	3.98	3.59	3.36	3.20	3.09	3.01	2.95	2.90	2.85	2.79	2.74	2.70	2.67	2.65
12	4.75	3.89	3.49	3.26	3.11	3.00	2.91	2.85	2.80	2.75	2.69	2.64	2.60	2.57	2.54
13	4.67	3.81	3.41	3.18	3.03	2.92	2.83	2.77	2.71	2.67	2.60	2.55	2.51	2.48	2.46
14	4.60	3.74	3.34	3.11	2.96	2.85	2.76	2.70	2.65	2.60	2.53	2.48	2.44	2.41	2.39
15	4.54	3.68	3.29	3.06	2.90	2.79	2.71	2.64	2.59	2.54	2.48	2.42	2.38	2.35	2.33
16	4.49	3.63	3.24	3.01	2.85	2.74	2.66	2.59	2.54	2.49	2.42	2.37	2.33	2.30	2.28
17	4.45	3.59	3.20	2.96	2.81	2.70	2.61	2.55	2.49	2.45	2.38	2.33	2.29	2.26	2.23
18	4.41	3.55	3.16	2.93	2.77	2.66	2.58	2.51	2.46	2.41	2.34	2.29	2.25	2.22	2.19
19	4.38	3.52	3.13	2.90	2.74	2.63	2.54	2.48	2.42	2.38	2.31	2.26	2.21	2.18	2.16
20	4.35	3.49	3.10	2.87	2.71	2.60	2.51	2.45	2.39	2.35	2.28	2.22	2.18	2.15	2.12
21	4.32	3.47	3.07	2.84	2.68	2.57	2.49	2.42	2.37	2.32	2.25	2.20	2.16	2.12	2.10
22	4.30	3.44	3.05	2.82	2.66	2.55	2.46	2.40	2.34	2.30	2.23	2.17	2.13	2.10	2.07
23	4.28	3.42	3.03	2.80	2.64	2.53	2.44	2.37	2.32	2.27	2.20	2.15	2.11	2.08	2.05
24	4.26	3.40	3.01	2.78	2.62	2.51	2.42	2.36	2.30	2.25	2.18	2.13	2.09	2.05	2.03
25	4.24	3.39	2.99	2.76	2.60	2.49	2.40	2.34	2.28	2.24	2.16	2.11	2.07	2.04	2.01
26	4.22	3.37	2.98	2.74	2.59	2.47	2.39	2.32	2.27	2.22	2.15	2.09	2.05	2.02	1.99
27	4.21	3.35	2.96	2.73	2.57	2.46	2.37	2.31	2.25	2.20	2.13	2.08	2.04	2.00	1.97
28	4.20	3.34	2.95	2.71	2.56	2.45	2.36	2.29	2.24	2.19	2.12	2.06	2.02	1.99	1.96
29	4.18	3.33	2.93	2.70	2.55	2.43	2.35	2.28	2.22	2.18	2.10	2.05	2.01	1.97	1.94
30	4.17	3.32	2.92	2.69	2.53	2.42	2.33	2.27	2.21	2.16	2.09	2.04	1.99	1.96	1.93
35	4.12	3.27	2.87	2.64	2.49	2.37	2.29	2.22	2.16	2.11	2.04	1.99	1.94	1.91	1.88
40	4.08	3.23	2.84	2.61	2.45	2.34	2.25	2.18	2.12	2.08	2.00	1.95	1.90	1.87	1.84
50	4.03	3.18	2.79	2.56	2.40	2.29	2.20	2.13	2.07	2.03	1.95	1.89	1.85	1.81	1.78
60	4.00	3.15	2.76	2.53	2.37	2.25	2.17	2.10	2.04	1.99	1.92	1.86	1.82	1.78	1.75
70	3.98	3.13	2.74	2.50	2.35	2.23	2.14	2.07	2.02	1.97	1.89	1.84	1.79	1.75	1.72
80	3.96	3.11	2.72	2.49	2.33	2.21	2.13	2.06	2.00	1.95	1.88	1.82	1.77	1.73	1.70
90	3.95	3.10	2.71	2.47	2.32	2.20	2.11	2.04	1.99	1.94	1.86	1.80	1.76	1.72	1.69
100	3.94	3.09	2.70	2.46	2.31	2.19	2.10	2.03	1.97	1.93	1.85	1.79	1.75	1.71	1.68
120	3.92	3.07	2.68	2.45	2.29	2.18	2.09	2.02	1.96	1.91	1.83	1.78	1.73	1.69	1.66
150	3.90	3.06	2.66	2.43	2.27	2.16	2.07	2.00	1.94	1.89	1.82	1.76	1.71	1.67	1.64
200	3.89	3.04	2.65	2.42	2.26	2.14	2.06	1.98	1.93	1.88	1.80	1.74	1.69	1.66	1.62
250	3.88	3.03	2.64	2.41	2.25	2.13	2.05	1.98	1.92	1.87	1.79	1.73	1.68	1.65	1.61
300	3.87	3.03	2.63	2.40	2.24	2.13	2.04	1.97	1.91	1.86	1.78	1.72	1.68	1.64	1.61
400	3.86	3.02	2.63	2.39	2.24	2.12	2.03	1.96	1.90	1.85	1.78	1.72	1.67	1.63	1.60
500	3.86	3.01	2.62	2.39	2.23	2.12	2.03	1.96	1.90	1.85	1.77	1.71	1.66	1.62	1.59
600	3.86	3.01	2.62	2.39	2.23	2.11	2.02	1.95	1.90	1.85	1.77	1.71	1.66	1.62	1.59
750	3.85	3.01	2.62	2.38	2.23	2.11	2.02	1.95	1.89	1.84	1.77	1.70	1.66	1.62	1.58
1000	3.85	3.00	2.61	2.38	2.22	2.11	2.02	1.95	1.89	1.84	1.76	1.70	1.65	1.61	1.58

TABLE A.3 (continued)

***F* Distribution: Critical Values of *F* (5% significance level)**

ν_1 / ν_2	25	30	35	40	50	60	75	100	150	200
1	249.26	250.10	250.69	251.14	251.77	252.20	252.62	253.04	253.46	253.68
2	19.46	19.46	19.47	19.47	19.48	19.48	19.48	19.49	19.49	19.49
3	8.63	8.62	8.60	8.59	8.58	8.57	8.56	8.55	8.54	8.54
4	5.77	5.75	5.73	5.72	5.70	5.69	5.68	5.66	5.65	5.65
5	4.52	4.50	4.48	4.46	4.44	4.43	4.42	4.41	4.39	4.39
6	3.83	3.81	3.79	3.77	3.75	3.74	3.73	3.71	3.70	3.69
7	3.40	3.38	3.36	3.34	3.32	3.30	3.29	3.27	3.26	3.25
8	3.11	3.08	3.06	3.04	3.02	3.01	2.99	2.97	2.96	2.95
9	2.89	2.86	2.84	2.83	2.80	2.79	2.77	2.76	2.74	2.73
10	2.73	2.70	2.68	2.66	2.64	2.62	2.60	2.59	2.57	2.56
11	2.60	2.57	2.55	2.53	2.51	2.49	2.47	2.46	2.44	2.43
12	2.50	2.47	2.44	2.43	2.40	2.38	2.37	2.35	2.33	2.32
13	2.41	2.38	2.36	2.34	2.31	2.30	2.28	2.26	2.24	2.23
14	2.34	2.31	2.28	2.27	2.24	2.22	2.21	2.19	2.17	2.16
15	2.28	2.25	2.22	2.20	2.18	2.16	2.14	2.12	2.10	2.10
16	2.23	2.19	2.17	2.15	2.12	2.11	2.09	2.07	2.05	2.04
17	2.18	2.15	2.12	2.10	2.08	2.06	2.04	2.02	2.00	1.99
18	2.14	2.11	2.08	2.06	2.04	2.02	2.00	1.98	1.96	1.95
19	2.11	2.07	2.05	2.03	2.00	1.98	1.96	1.94	1.92	1.91
20	2.07	2.04	2.01	1.99	1.97	1.95	1.93	1.91	1.89	1.88
21	2.05	2.01	1.98	1.96	1.94	1.92	1.90	1.88	1.86	1.84
22	2.02	1.98	1.96	1.94	1.91	1.89	1.87	1.85	1.83	1.82
23	2.00	1.96	1.93	1.91	1.88	1.86	1.84	1.82	1.80	1.79
24	1.97	1.94	1.91	1.89	1.86	1.84	1.82	1.80	1.78	1.77
25	1.96	1.92	1.89	1.87	1.84	1.82	1.80	1.78	1.76	1.75
26	1.94	1.90	1.87	1.85	1.82	1.80	1.78	1.76	1.74	1.73
27	1.92	1.88	1.86	1.84	1.81	1.79	1.76	1.74	1.72	1.71
28	1.91	1.87	1.84	1.82	1.79	1.77	1.75	1.73	1.70	1.69
29	1.89	1.85	1.83	1.81	1.77	1.75	1.73	1.71	1.69	1.67
30	1.88	1.84	1.81	1.79	1.76	1.74	1.72	1.70	1.67	1.66
35	1.82	1.79	1.76	1.74	1.70	1.68	1.66	1.63	1.61	1.60
40	1.78	1.74	1.72	1.69	1.66	1.64	1.61	1.59	1.56	1.55
50	1.73	1.69	1.66	1.63	1.60	1.58	1.55	1.52	1.50	1.48
60	1.69	1.65	1.62	1.59	1.56	1.53	1.51	1.48	1.45	1.44
70	1.66	1.62	1.59	1.57	1.53	1.50	1.48	1.45	1.42	1.40
80	1.64	1.60	1.57	1.54	1.51	1.48	1.45	1.43	1.39	1.38
90	1.63	1.59	1.55	1.53	1.49	1.46	1.44	1.41	1.38	1.36
100	1.62	1.57	1.54	1.52	1.48	1.45	1.42	1.39	1.36	1.34
120	1.60	1.55	1.52	1.50	1.46	1.43	1.40	1.37	1.33	1.32
150	1.58	1.54	1.50	1.48	1.44	1.41	1.38	1.34	1.31	1.29
200	1.56	1.52	1.48	1.46	1.41	1.39	1.35	1.32	1.28	1.26
250	1.55	1.50	1.47	1.44	1.40	1.37	1.34	1.31	1.27	1.25
300	1.54	1.50	1.46	1.43	1.39	1.36	1.33	1.30	1.26	1.23
400	1.53	1.49	1.45	1.42	1.38	1.35	1.32	1.28	1.24	1.22
500	1.53	1.48	1.45	1.42	1.38	1.35	1.31	1.28	1.23	1.21
600	1.52	1.48	1.44	1.41	1.37	1.34	1.31	1.27	1.23	1.20
750	1.52	1.47	1.44	1.41	1.37	1.34	1.30	1.26	1.22	1.20
1000	1.52	1.47	1.43	1.41	1.36	1.33	1.30	1.26	1.22	1.19

TABLE A.3 (continued)

F Distribution: Critical Values of F (1% significance level)

ν_2 \ ν_1	1	2	3	4	5	6	7	8	9	10	12	14	16	18	20
1	4052.18	4999.50	5403.35	5624.58	5763.65	5858.99	5928.36	5981.07	6022.47	6055.85	6106.32	6142.67	6170.10	6191.53	6208.73
2	98.50	99.00	99.17	99.25	99.30	99.33	99.36	99.37	99.39	99.40	99.42	99.43	99.44	99.44	99.45
3	34.12	30.82	29.46	28.71	28.24	27.91	27.67	27.49	27.35	27.23	27.05	26.92	26.83	26.75	26.69
4	21.20	18.00	16.69	15.98	15.52	15.21	14.98	14.80	14.66	14.55	14.37	14.25	14.15	14.08	14.02
5	16.26	13.27	12.06	11.39	10.97	10.67	10.46	10.29	10.16	10.05	9.89	9.77	9.68	9.61	9.55
6	13.75	10.92	9.78	9.15	8.75	8.47	8.26	8.10	7.98	7.87	7.72	7.60	7.52	7.45	7.40
7	12.25	9.55	8.45	7.85	7.46	7.19	6.99	6.84	6.72	6.62	6.47	6.36	6.28	6.21	6.16
8	11.26	8.65	7.59	7.01	6.63	6.37	6.18	6.03	5.91	5.81	5.67	5.56	5.48	5.41	5.36
9	10.56	8.02	6.99	6.42	6.06	5.80	5.61	5.47	5.35	5.26	5.11	5.01	4.92	4.86	4.81
10	10.04	7.56	6.55	5.99	5.64	5.39	5.20	5.06	4.94	4.85	4.71	4.60	4.52	4.46	4.41
11	9.65	7.21	6.22	5.67	5.32	5.07	4.89	4.74	4.63	4.54	4.40	4.29	4.21	4.15	4.10
12	9.33	6.93	5.95	5.41	5.06	4.82	4.64	4.50	4.39	4.30	4.16	4.05	3.97	3.91	3.86
13	9.07	6.70	5.74	5.21	4.86	4.62	4.44	4.30	4.19	4.10	3.96	3.86	3.78	3.72	3.66
14	8.86	6.51	5.56	5.04	4.69	4.46	4.28	4.14	4.03	3.94	3.80	3.70	3.62	3.56	3.51
15	8.68	6.36	5.42	4.89	4.56	4.32	4.14	4.00	3.89	3.80	3.67	3.56	3.49	3.42	3.37
16	8.53	6.23	5.29	4.77	4.44	4.20	4.03	3.89	3.78	3.69	3.55	3.45	3.37	3.31	3.26
17	8.40	6.11	5.18	4.67	4.34	4.10	3.93	3.79	3.68	3.59	3.46	3.35	3.27	3.21	3.16
18	8.29	6.01	5.09	4.58	4.25	4.01	3.84	3.71	3.60	3.51	3.37	3.27	3.19	3.13	3.08
19	8.18	5.93	5.01	4.50	4.17	3.94	3.77	3.63	3.52	3.43	3.30	3.19	3.12	3.05	3.00
20	8.10	5.85	4.94	4.43	4.10	3.87	3.70	3.56	3.46	3.37	3.23	3.13	3.05	2.99	2.94
21	8.02	5.78	4.87	4.37	4.04	3.81	3.64	3.51	3.40	3.31	3.17	3.07	2.99	2.93	2.88
22	7.95	5.72	4.82	4.31	3.99	3.76	3.59	3.45	3.35	3.26	3.12	3.02	2.94	2.88	2.83
23	7.88	5.66	4.76	4.26	3.94	3.71	3.54	3.41	3.30	3.21	3.07	2.97	2.89	2.83	2.78
24	7.82	5.61	4.72	4.22	3.90	3.67	3.50	3.36	3.26	3.17	3.03	2.93	2.85	2.79	2.74
25	7.77	5.57	4.68	4.18	3.85	3.63	3.46	3.32	3.22	3.13	2.99	2.89	2.81	2.75	2.70
26	7.72	5.53	4.64	4.14	3.82	3.59	3.42	3.29	3.18	3.09	2.96	2.86	2.78	2.72	2.66
27	7.68	5.49	4.60	4.11	3.78	3.56	3.39	3.26	3.15	3.06	2.93	2.82	2.75	2.68	2.63
28	7.64	5.45	4.57	4.07	3.75	3.53	3.36	3.23	3.12	3.03	2.90	2.79	2.72	2.65	2.60
29	7.60	5.42	4.54	4.04	3.73	3.50	3.33	3.20	3.09	3.00	2.87	2.77	2.69	2.63	2.57
30	7.56	5.39	4.51	4.02	3.70	3.47	3.30	3.17	3.07	2.98	2.84	2.74	2.66	2.60	2.55
35	7.42	5.27	4.40	3.91	3.59	3.37	3.20	3.07	2.96	2.88	2.74	2.64	2.56	2.50	2.44
40	7.31	5.18	4.31	3.83	3.51	3.29	3.12	2.99	2.89	2.80	2.66	2.56	2.48	2.42	2.37
50	7.17	5.06	4.20	3.72	3.41	3.19	3.02	2.89	2.78	2.70	2.56	2.46	2.38	2.32	2.27
60	7.08	4.98	4.13	3.65	3.34	3.12	2.95	2.82	2.72	2.63	2.50	2.39	2.31	2.25	2.20
70	7.01	4.92	4.07	3.60	3.29	3.07	2.91	2.78	2.67	2.59	2.45	2.35	2.27	2.20	2.15
80	6.96	4.88	4.04	3.56	3.26	3.04	2.87	2.74	2.64	2.55	2.42	2.31	2.23	2.17	2.12
90	6.93	4.85	4.01	3.53	3.23	3.01	2.84	2.72	2.61	2.52	2.39	2.29	2.21	2.14	2.09
100	6.90	4.82	3.98	3.51	3.21	2.99	2.82	2.69	2.59	2.50	2.37	2.27	2.19	2.12	2.07
120	6.85	4.79	3.95	3.48	3.17	2.96	2.79	2.66	2.56	2.47	2.34	2.23	2.15	2.09	2.03
150	6.81	4.75	3.91	3.45	3.14	2.92	2.76	2.63	2.53	2.44	2.31	2.20	2.12	2.06	2.00
200	6.76	4.71	3.88	3.41	3.11	2.89	2.73	2.60	2.50	2.41	2.27	2.17	2.09	2.03	1.97
250	6.74	4.69	3.86	3.40	3.09	2.87	2.71	2.58	2.48	2.39	2.26	2.15	2.07	2.01	1.95
300	6.72	4.68	3.85	3.38	3.08	2.86	2.70	2.57	2.47	2.38	2.24	2.14	2.06	1.99	1.94
400	6.70	4.66	3.83	3.37	3.06	2.85	2.68	2.56	2.45	2.37	2.23	2.13	2.05	1.98	1.92
500	6.69	4.65	3.82	3.36	3.05	2.84	2.68	2.55	2.44	2.36	2.22	2.12	2.04	1.97	1.92
600	6.68	4.64	3.81	3.35	3.05	2.83	2.67	2.54	2.44	2.35	2.21	2.11	2.03	1.96	1.91
750	6.67	4.63	3.81	3.34	3.04	2.83	2.66	2.53	2.43	2.34	2.21	2.11	2.02	1.96	1.90
1000	6.66	4.63	3.80	3.34	3.04	2.82	2.66	2.53	2.43	2.34	2.20	2.10	2.02	1.95	1.90

TABLE A.3 (continued)

***F* Distribution: Critical Values of *F* (1% significance level)**

ν_2 \ ν_1	25	30	35	40	50	60	75	100	150	200
1	6239.83	6260.65	6275.57	6286.78	6302.52	6313.03	6323.56	6334.11	6344.68	6349.97
2	99.46	99.47	99.47	99.47	99.48	99.48	99.49	99.49	99.49	99.49
3	26.58	26.50	26.45	26.41	26.35	26.32	26.28	26.24	26.20	26.18
4	13.91	13.84	13.79	13.75	13.69	13.65	13.61	13.58	13.54	13.52
5	9.45	9.38	9.33	9.29	9.24	9.20	9.17	9.13	9.09	9.08
6	7.30	7.23	7.18	7.14	7.09	7.06	7.02	6.99	6.95	6.93
7	6.06	5.99	5.94	5.91	5.86	5.82	5.79	5.75	5.72	5.70
8	5.26	5.20	5.15	5.12	5.07	5.03	5.00	4.96	4.93	4.91
9	4.71	4.65	4.60	4.57	4.52	4.48	4.45	4.41	4.38	4.36
10	4.31	4.25	4.20	4.17	4.12	4.08	4.05	4.01	3.98	3.96
11	4.01	3.94	3.89	3.86	3.81	3.78	3.74	3.71	3.67	3.66
12	3.76	3.70	3.65	3.62	3.57	3.54	3.50	3.47	3.43	3.41
13	3.57	3.51	3.46	3.43	3.38	3.34	3.31	3.27	3.24	3.22
14	3.41	3.35	3.30	3.27	3.22	3.18	3.15	3.11	3.08	3.06
15	3.28	3.21	3.17	3.13	3.08	3.05	3.01	2.98	2.94	2.92
16	3.16	3.10	3.05	3.02	2.97	2.93	2.90	2.86	2.83	2.81
17	3.07	3.00	2.96	2.92	2.87	2.83	2.80	2.76	2.73	2.71
18	2.98	2.92	2.87	2.84	2.78	2.75	2.71	2.68	2.64	2.62
19	2.91	2.84	2.80	2.76	2.71	2.67	2.64	2.60	2.57	2.55
20	2.84	2.78	2.73	2.69	2.64	2.61	2.57	2.54	2.50	2.48
21	2.79	2.72	2.67	2.64	2.58	2.55	2.51	2.48	2.44	2.42
22	2.73	2.67	2.62	2.58	2.53	2.50	2.46	2.42	2.38	2.36
23	2.69	2.62	2.57	2.54	2.48	2.45	2.41	2.37	2.34	2.32
24	2.64	2.58	2.53	2.49	2.44	2.40	2.37	2.33	2.29	2.27
25	2.60	2.54	2.49	2.45	2.40	2.36	2.33	2.29	2.25	2.23
26	2.57	2.50	2.45	2.42	2.36	2.33	2.29	2.25	2.21	2.19
27	2.54	2.47	2.42	2.38	2.33	2.29	2.26	2.22	2.18	2.16
28	2.51	2.44	2.39	2.35	2.30	2.26	2.23	2.19	2.15	2.13
29	2.48	2.41	2.36	2.33	2.27	2.23	2.20	2.16	2.12	2.10
30	2.45	2.39	2.34	2.30	2.25	2.21	2.17	2.13	2.09	2.07
35	2.35	2.28	2.23	2.19	2.14	2.10	2.06	2.02	1.98	1.96
40	2.27	2.20	2.15	2.11	2.06	2.02	1.98	1.94	1.90	1.87
50	2.17	2.10	2.05	2.01	1.95	1.91	1.87	1.82	1.78	1.76
60	2.10	2.03	1.98	1.94	1.88	1.84	1.79	1.75	1.70	1.68
70	2.05	1.98	1.93	1.89	1.83	1.78	1.74	1.70	1.65	1.62
80	2.01	1.94	1.89	1.85	1.79	1.75	1.70	1.65	1.61	1.58
90	1.99	1.92	1.86	1.82	1.76	1.72	1.67	1.62	1.57	1.55
100	1.97	1.89	1.84	1.80	1.74	1.69	1.65	1.60	1.55	1.52
120	1.93	1.86	1.81	1.76	1.70	1.66	1.61	1.56	1.51	1.48
150	1.90	1.83	1.77	1.73	1.66	1.62	1.57	1.52	1.46	1.43
200	1.87	1.79	1.74	1.69	1.63	1.58	1.53	1.48	1.42	1.39
250	1.85	1.77	1.72	1.67	1.61	1.56	1.51	1.46	1.40	1.36
300	1.84	1.76	1.70	1.66	1.59	1.55	1.50	1.44	1.38	1.35
400	1.82	1.75	1.69	1.64	1.58	1.53	1.48	1.42	1.36	1.32
500	1.81	1.74	1.68	1.63	1.57	1.52	1.47	1.41	1.34	1.31
600	1.80	1.73	1.67	1.63	1.56	1.51	1.46	1.40	1.34	1.30
750	1.80	1.72	1.66	1.62	1.55	1.50	1.45	1.39	1.33	1.29
1000	1.79	1.72	1.66	1.61	1.54	1.50	1.44	1.38	1.32	1.28

Table A.3 (continued)

F Distribution: Critical Values of F (0.1% significance level)

ν_2 \ ν_1	1	2	3	4	5	6	7	8	9	10	12	14	16	18	20
1	4.05e05	5.00e05	5.40e05	5.62e05	5.76e05	5.86e05	5.93e05	5.98e05	6.02e05	6.06e05	6.11e05	6.14e05	6.17e05	6.19e05	6.21e05
2	998.50	999.00	999.17	999.25	999.30	999.33	999.36	999.37	999.39	999.40	999.42	999.43	999.44	999.44	999.45
3	167.03	148.50	141.11	137.10	134.58	132.85	131.58	130.62	129.86	129.25	128.32	127.64	127.14	126.74	126.42
4	74.14	61.25	56.18	53.44	51.71	50.53	49.66	49.00	48.47	48.05	47.41	46.95	46.60	46.32	46.10
5	47.18	37.12	33.20	31.09	29.75	28.83	28.16	27.65	27.24	26.92	26.42	26.06	25.78	25.57	25.39
6	35.51	27.00	23.70	21.92	20.80	20.03	19.46	19.03	18.69	18.41	17.99	17.68	17.45	17.27	17.12
7	29.25	21.69	18.77	17.20	16.21	15.52	15.02	14.63	14.33	14.08	13.71	13.43	13.23	13.06	12.93
8	25.41	18.49	15.83	14.39	13.48	12.86	12.40	12.05	11.77	11.54	11.19	10.94	10.75	10.60	10.48
9	22.86	16.39	13.90	12.56	11.71	11.13	10.70	10.37	10.11	9.89	9.57	9.33	9.15	9.01	8.90
10	21.04	14.91	12.55	11.28	10.48	9.93	9.52	9.20	8.96	8.75	8.45	8.22	8.05	7.91	7.80
11	19.69	13.81	11.56	10.35	9.58	9.05	8.66	8.35	8.12	7.92	7.63	7.41	7.24	7.11	7.01
12	18.64	12.97	10.80	9.63	8.89	8.38	8.00	7.71	7.48	7.29	7.00	6.79	6.63	6.51	6.40
13	17.82	12.31	10.21	9.07	8.35	7.86	7.49	7.21	6.98	6.80	6.52	6.31	6.16	6.03	5.93
14	17.14	11.78	9.73	8.62	7.92	7.44	7.08	6.80	6.58	6.40	6.13	5.93	5.78	5.66	5.56
15	16.59	11.34	9.34	8.25	7.57	7.09	6.74	6.47	6.26	6.08	5.81	5.62	5.46	5.35	5.25
16	16.12	10.97	9.01	7.94	7.27	6.80	6.46	6.19	5.98	5.81	5.55	5.35	5.20	5.09	4.99
17	15.72	10.66	8.73	7.68	7.02	6.56	6.22	5.96	5.75	5.58	5.32	5.13	4.99	4.87	4.78
18	15.38	10.39	8.49	7.46	6.81	6.35	6.02	5.76	5.56	5.39	5.13	4.94	4.80	4.68	4.59
19	15.08	10.16	8.28	7.27	6.62	6.18	5.85	5.59	5.39	5.22	4.97	4.78	4.64	4.52	4.43
20	14.82	9.95	8.10	7.10	6.46	6.02	5.69	5.44	5.24	5.08	4.82	4.64	4.49	4.38	4.29
21	14.59	9.77	7.94	6.95	6.32	5.88	5.56	5.31	5.11	4.95	4.70	4.51	4.37	4.26	4.17
22	14.38	9.61	7.80	6.81	6.19	5.76	5.44	5.19	4.99	4.83	4.58	4.40	4.26	4.15	4.06
23	14.20	9.47	7.67	6.70	6.08	5.65	5.33	5.09	4.89	4.73	4.48	4.30	4.16	4.05	3.96
24	14.03	9.34	7.55	6.59	5.98	5.55	5.23	4.99	4.80	4.64	4.39	4.21	4.07	3.96	3.87
25	13.88	9.22	7.45	6.49	5.89	5.46	5.15	4.91	4.71	4.56	4.31	4.13	3.99	3.88	3.79
26	13.74	9.12	7.36	6.41	5.80	5.38	5.07	4.83	4.64	4.48	4.24	4.06	3.92	3.81	3.72
27	13.61	9.02	7.27	6.33	5.73	5.31	5.00	4.76	4.57	4.41	4.17	3.99	3.86	3.75	3.66
28	13.50	8.93	7.19	6.25	5.66	5.24	4.93	4.69	4.50	4.35	4.11	3.93	3.80	3.69	3.60
29	13.39	8.85	7.12	6.19	5.59	5.18	4.87	4.64	4.45	4.29	4.05	3.88	3.74	3.63	3.54
30	13.29	8.77	7.05	6.12	5.53	5.12	4.82	4.58	4.39	4.24	4.00	3.82	3.69	3.58	3.49
35	12.90	8.47	6.79	5.88	5.30	4.89	4.59	4.36	4.18	4.03	3.79	3.62	3.48	3.38	3.29
40	12.61	8.25	6.59	5.70	5.13	4.73	4.44	4.21	4.02	3.87	3.64	3.47	3.34	3.23	3.14
50	12.22	7.96	6.34	5.46	4.90	4.51	4.22	4.00	3.82	3.67	3.44	3.27	3.41	3.04	2.95
60	11.97	7.77	6.17	5.31	4.76	4.37	4.09	3.86	3.69	3.54	3.32	3.15	3.02	2.91	2.83
70	11.80	7.64	6.06	5.20	4.66	4.28	3.99	3.77	3.60	3.45	3.23	3.06	2.93	2.83	2.74
80	11.67	7.54	5.97	5.12	4.58	4.20	3.92	3.70	3.53	3.39	3.16	3.00	2.87	2.76	2.68
90	11.57	7.47	5.91	5.06	4.53	4.15	3.87	3.65	3.48	3.34	3.11	2.95	2.82	2.71	2.63
100	11.50	7.41	5.86	5.02	4.48	4.11	3.83	3.61	3.44	3.30	3.07	2.91	2.78	2.68	2.59
120	11.38	7.32	5.78	4.95	4.42	4.04	3.77	3.55	3.38	3.24	3.02	2.85	2.72	2.62	2.53
150	11.27	7.24	5.71	4.88	4.35	3.98	3.71	3.49	3.32	3.18	2.96	2.80	2.67	2.56	2.48
200	11.15	7.15	5.63	4.81	4.29	3.92	3.65	3.43	3.26	3.12	2.90	2.74	2.61	2.51	2.42
250	11.09	7.10	5.59	4.77	4.25	3.88	3.61	3.40	3.23	3.09	2.87	2.71	2.58	2.48	2.39
300	11.04	7.07	5.56	4.75	4.22	3.86	3.59	3.38	3.21	3.07	2.85	2.69	2.56	2.46	2.37
400	10.99	7.03	5.53	4.71	4.19	3.83	3.56	3.35	3.18	3.04	2.82	2.66	2.53	2.43	2.34
500	10.96	7.00	5.51	4.69	4.18	3.81	3.54	3.33	3.16	3.02	2.81	2.64	2.52	2.41	2.33
600	10.94	6.99	5.49	4.68	4.16	3.80	3.53	3.32	3.15	3.01	2.80	2.63	2.51	2.40	2.32
750	10.91	6.97	5.48	4.67	4.15	3.79	3.52	3.31	3.14	3.00	2.78	2.62	2.49	2.39	2.31
1000	10.89	6.96	5.46	4.65	4.14	3.78	3.51	3.30	3.13	2.99	2.77	2.61	2.48	2.38	2.30

TABLE A.3 (continued)

***F* Distribution: Critical Values of *F* (0.1% significance level)**

ν_2 \ ν_1	25	30	35	40	50	60	75	100	150	200
1	6.24e05	6.26e05	6.28e05	6.29e05	6.30e05	6.31e05	6.32e05	6.33e05	6.35e05	6.35e05
2	999.46	999.47	999.47	999.47	999.48	999.48	999.49	999.49	999.49	999.49
3	125.84	125.45	125.17	124.96	124.66	124.47	124.27	124.07	123.87	123.77
4	45.70	45.43	45.23	45.09	44.88	44.75	44.61	44.47	44.33	44.26
5	25.08	24.87	24.72	24.60	24.44	24.33	24.22	24.12	24.01	23.95
6	16.85	16.67	16.54	16.44	16.31	16.21	16.12	16.03	15.93	15.89
7	12.69	12.53	12.41	12.33	12.20	12.12	12.04	11.95	11.87	11.82
8	10.26	10.11	10.00	9.92	9.80	9.73	9.65	9.57	9.49	9.45
9	8.69	8.55	8.46	8.37	8.26	8.19	8.11	8.04	7.96	7.93
10	7.60	7.47	7.37	7.30	7.19	7.12	7.05	6.98	6.91	6.87
11	6.81	6.68	6.59	6.52	6.42	6.35	6.28	6.21	6.14	6.10
12	6.22	6.09	6.00	5.93	5.83	5.76	5.70	5.63	5.56	5.52
13	5.75	5.63	5.54	5.47	5.37	5.30	5.24	5.17	5.10	5.07
14	5.38	5.25	5.17	5.10	5.00	4.94	4.87	4.81	4.74	4.71
15	5.07	4.95	4.86	4.80	4.70	4.64	4.57	4.51	4.44	4.41
16	4.82	4.70	4.61	4.54	4.45	4.39	4.32	4.26	4.19	4.16
17	4.60	4.48	4.40	4.33	4.24	4.18	4.11	4.05	3.98	3.95
18	4.42	4.30	4.22	4.15	4.06	4.00	3.93	3.87	3.80	3.77
19	4.26	4.14	4.06	3.99	3.90	3.84	3.78	3.71	3.65	3.61
20	4.12	4.00	3.92	3.86	3.77	3.70	3.64	3.58	3.51	3.48
21	4.00	3.88	3.80	3.74	3.64	3.58	3.52	3.46	3.39	3.36
22	3.89	3.78	3.70	3.63	3.54	3.48	3.41	3.35	3.28	3.25
23	3.79	3.68	3.60	3.53	3.44	3.38	3.32	3.25	3.19	3.16
24	3.71	3.59	3.51	3.45	3.36	3.29	3.23	3.17	3.10	3.07
25	3.63	3.52	3.43	3.37	3.28	3.22	3.15	3.09	3.03	2.99
26	3.56	3.44	3.36	3.30	3.21	3.15	3.08	3.02	2.95	2.92
27	3.49	3.38	3.30	3.23	3.14	3.08	3.02	2.96	2.89	2.86
28	3.43	3.32	3.24	3.18	3.09	3.02	2.96	2.90	2.83	2.80
29	3.38	3.27	3.18	3.12	3.03	2.97	2.91	2.84	2.78	2.74
30	3.33	3.22	3.13	3.07	2.98	2.92	2.86	2.79	2.73	2.69
35	3.13	3.02	2.93	2.87	2.78	2.72	2.66	2.59	2.52	2.49
40	2.98	2.87	2.79	2.73	2.64	2.57	2.51	2.44	2.38	2.34
50	2.79	2.68	2.60	2.53	2.44	2.38	2.31	2.25	2.18	2.14
60	2.67	2.55	2.47	2.41	2.32	2.25	2.19	2.12	2.05	2.01
70	2.58	2.47	2.39	2.32	2.23	2.16	2.10	2.03	1.95	1.92
80	2.52	2.41	2.32	2.26	2.16	2.10	2.03	1.96	1.89	1.85
90	2.47	2.36	2.27	2.21	2.11	2.05	1.98	1.91	1.83	1.79
100	2.43	2.32	2.24	2.17	2.08	2.01	1.94	1.87	1.79	1.75
120	2.37	2.26	2.18	2.11	2.02	1.95	1.88	1.81	1.73	1.68
150	2.32	2.21	2.12	2.06	1.96	1.89	1.82	1.74	1.66	1.62
200	2.26	2.15	2.07	2.00	1.90	1.83	1.76	1.68	1.60	1.55
250	2.23	2.12	2.03	1.97	1.87	1.80	1.72	1.65	1.56	1.51
300	2.21	2.10	2.01	1.94	1.85	1.78	1.70	1.62	1.53	1.48
400	2.18	2.07	1.98	1.92	1.82	1.75	1.67	1.59	1.50	1.45
500	2.17	2.05	1.97	1.90	1.80	1.73	1.65	1.57	1.48	1.43
600	2.16	2.04	1.96	1.89	1.79	1.72	1.64	1.56	1.46	1.41
750	2.15	2.03	1.95	1.88	1.78	1.71	1.63	1.55	1.45	1.40
1000	2.14	2.02	1.94	1.87	1.77	1.69	1.62	1.53	1.44	1.38

Table A.4

χ^2 (Chi-Squared) Distribution: Critical Values of χ^2

	Significance level		
Degrees of freedom	5%	1%	0.1%
1	3.841	6.635	10.828
2	5.991	9.210	13.816
3	7.815	11.345	16.266
4	9.488	13.277	18.467
5	11.070	15.086	20.515
6	12.592	16.812	22.458
7	14.067	18.475	24.322
8	15.507	20.090	26.124
9	16.919	21.666	27.877
10	18.307	23.209	29.588

참고 문헌

김기영 (1989). SAS 입문 및 기초통계 처리. 자유아카데미.

김기영·문권순·전명식 (1992). SAS 상관분석. 자유아카데미

김기영·전명식 (1990). SAS 인자분석. 자유아카데미.

오택번 (1984). 사회과학데이터분석법. 도서출판 나남.

이재창·송일성 (1990). SAS 비모수 통계분석. 자유아카데미.

이종구 (2001). Windows용 SAS와 통계자료 분석. 학지사.

차배근 (1990). 사회과학연구방법. 세영사.

허명회 (1986). SAS 회귀분석. 자유아카데미.

______ (1988). SAS 분산분석. 자유아카데미.

______ (1989). SAS 범주형데이터분석. 자유아카데미.

Agresti, A., & Finlay, B. (1986). *Statistical methods for the social sciences*. Canada: Collier Macmillan Inc.

Asher, H. B. (1983). *Causal modeling*. Newbury Park: Sage Publications.

Bollen, K. A. (1989). *Structural equations with latent variables*. NewYork: JohnWiley & Sons.

Borg, W. R., & Gall, M. D. (1989). *Educational research*. NewYork: Longman.

Dougherty, C. *(2002)*. *Introduction to econometrics*. Oxford University Press, Oxford.

Hair, J. F., Anderson, R. E., Tatham, R.L., & Black, W. C. (1998). *Multivariate data analysis*. London: Prentice-Hall International.

Hinkelmann, K., & Kempthorene, O. (1994). *Design and analysis of experiments*. NewYork: John Wiley & Sons, Inc.

Kim, J., & Mueller, C. W. (1991). *Introduction to factor analysis: What it is and how to do it*. Newbury Park: Sage Publications.

Marasinghe, M. (1992). *Computer processing of statistical data*. Iowa State University.

McMillan, J. H., & Schumacher, S. (2006). *Research in education: Evidence-based inquiry*. Boston: Person Education, Inc.

Neter, J. Wasserman, W., & Kutner, M. (1989). *Applied linear regression models. Boston*. MA: Irwin, Inc.

Park, S. (1994). *Computer technology use by Iowa State University Extension personnel with implications for training and support: An analysis of alternative structural equation models*. Doctoral dissertation, Iowa State University, Ames, IA.

SAS. (2010). SAS online documentation 9.2. Retrieved January 10, 2010, from, http://support. sas.com/cdlsearch?ct=80000

Sullivan, J. L., & Feldman, S. (1989). *Multiple indicators: An introduction*. Newbury Park: Sage Publications.

Dougherty, C. Introduction to Econometrics (second edition), Oxford University Press, Oxford.

찾아보기

ㅇ

저자 소개

박 성 열

미국 Iowa State University 교육학박사

Agricultural Extension Education(Ag. Information) 전공

Technology and Social Change 제1부전공

Statistics 제2부전공

현재 건국대학교 교육공학과 교수

Educational Technology and Society Reviewer

British Journal of Educational Technology Reviewer

한국교육공학회, 한국교육정보미디어학회, 농업교육학회 이사

한국농림수산정보센터 발전미래전략자문위원

약 력

2003~2005 건국대 교수학습지원센터장

2006~2007 아이오와 주립대 Greenlee School of Journalism and Communication 연구교수

2006~2010 농촌진흥청 정보화 분야 평가 및 자문위원

2009 행정안전부 지방자치단체 평가위원, 서울시 교육청 중등교육기관 평가위원

저 서

북한 농촌 농업실태와 인력자원 개발 시스템을 통한 북한 농민의 구호방안(집문당, 2002), 컴퓨터기술과 교육공학(건국대 출판부, 2003), 평생교육학개론(창지사, 2007), 실기교육방법의 이해와 적용(학지사, 2009) 외 다수

논 문

An analysis of the technology acceptance model in understanding university students' behavioral intention to use e-learning. (Journal of Educational Technology and Society, 2009.07) SSCI논문 외 45편.

SAS와 교육통계처리 및 분석

초판 1쇄 인쇄 2010년 8월 25일
초판 1쇄 발행 2010년 8월 31일

지 은 이 | 박성열
펴 낸 이 | 김기섭
책임편집 | 박소정
펴 낸 곳 | 창지사 www.changjisa.com
121-809 서울시 마포구 대흥동 161
전화 (02) 719-2211~3
팩스 (02) 701-9386
등 록 | 1977년 4월 28일 · 제1-421호

ISBN 978-89-426-0589-7 (93370)

값 16,000원